本书系中国人民大学马克思主义新闻观研究中心

"中国人民大学新闻传播教育研究"（项目批准号：19MXG18）研究成果

新世纪中国人民大学
新闻传播学文丛 | 总主编/郭庆光 蔡雯

新时代
新闻传播教育

主编 胡百精

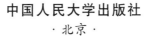

中国人民大学出版社
·北京·

编委会名单

主　编：方汉奇

编　委：郭庆光　胡百精　蔡　雯
　　　　周　勇　杨保军　王润泽
　　　　邓绍根　张辉锋　赵云泽

本书作者简介

郑保卫　中国人民大学新闻学院教授、博士生导师，广西大学新闻与传播学院院长，教育部社会科学委员会学部委员兼新闻传播学科召集人，曾任教育部人文社会科学重点研究基地中国人民大学新闻与社会发展研究中心主任。研究方向为新闻学基础理论、马克思主义新闻理论与实践等。出版《新闻学导论》《新闻理论新编》《中国共产党新闻思想史》等著作，发表《马克思主义新闻观中国化的历史进程及其理论贡献》《从"保卫新闻学"到"发展新闻学"——当前我国新闻学学科建设之我见》等论文。

陈力丹　中国人民大学荣誉一级教授、博士生导师，曾任国务院学位委员会新闻传播学学科评议组成员，《国际新闻界》主编。研究方向为新闻理论、传播学理论、中外新闻史、舆论学。1979年以来发表各类新闻传播学的研究成果800多万字，包括独著、第一署名著作和独编著53本，论文200多篇，一般文章1 900多篇。出版《精神交往论：马克思恩格斯的传播观》《舆论学：舆论导向研究》《马克思主义新闻观思想体系》等著作，发表《五四新文化运动与中国的新闻学》《党性和人民性的提出、争论和归结》等论文。

涂光晋　中国人民大学新闻学院教授、博士生导师，曾任教育部人文社会科学重点研究基地中国人民大学新闻与社会发展研究中心执行主任。主要研究领域为新闻评论、公共关系。出版《时代之"声"——新时期中国新闻评论研究》、*Interpreting China's Public Opinion Environment* 等专著，发表《从"自己走路"到"走自己的路"——电视评论类节目的演变、发展与未来走向》《社会价值观重构中的媒介影响刍议》等论文。

倪　宁　中国人民大学新闻学院教授、博士生导师，曾任中国人民大学新闻学院执行院长、教育部高等学校新闻学学科教学指导委员会副主任委员。主要研究领域为广告传播、新闻业务。出版《广告学教程》等专著，发表《互联网广告的长尾理论管理》《试论广告传播中的议程设置》《公益广告中的中国元素回顾与展望》《试论"大广告"时代的我国广告教育》等论文。

高　钢　中国人民大学新闻学院教授、博士生导师，曾任中国人民大学新闻学院执行院长、教育部高等学校新闻学学科教学指导委员会副主任委员、中国高等教育学会新闻学与传播学专业委员会理事长。在新闻一线从事采写工作25年，主要研究方向为新闻学、新媒体传播。出版《新闻写作精要》《新闻采访与写作》等作品，发表《物联网和Web 3.0：技术革命与社会变革的交叠演进》《互联网时代公共信息传播面对的理念转型》等论文。

郭庆光　中国人民大学新闻学院教授、博士生导师，曾任中国人民大学新闻学院执行院长、国务院学位委员会新闻传播学学科评议组成员。主要研究领域为新闻传播学基础理论、传播制度比较、媒介启蒙教育、新闻传播教育。出版专著《实证分析：战后日本人的中国观》《传播学教程》等，发表《大众传播、信息环境与社会控制》《传播学的研究对象与基本问题》等论文。

盛希贵　中国人民大学新闻学院教授、博士生导师。研究方向为新闻摄影史论与实务、视觉传播史论与实务。出版《影像传播论》《新闻摄影教程》等著作，发表《新闻摄影的道德选择与道德评价》等论文。

蔡　雯　中国人民大学新闻学院教授、博士生导师，教育部人文社会科学重点研究基地中国人民大学新闻与社会发展研究中心主任，曾任中国人民大学新闻学院党委书记兼副院长。主要研究领域为应用新闻学、新闻媒介研究。出版《新闻编辑学》《新闻报道策划与新闻资源开发》等专著，发表《媒介融合前景下的新闻传播变革——试论"融合新闻"及其挑战》等论文。

许向东　中国人民大学新闻学院教授、博士生导师、新闻系主任。主要研究领域为新闻媒体、新闻实务。出版《数据新闻：新闻报道新模式》《数据新闻可视化：如何用可视化讲故事》等专著，发表《智媒时代的新闻生产：自动化新闻的实践与思考》《数据可视化传播效果的眼动实验研究》等论文。

高贵武 中国人民大学新闻学院教授、博士生导师、视听传播系主任，中国新闻史学会视听传播研究委员会副会长，中国广播电影电视社会组织联合会专家委员会专家，多家媒体播音员、主持人评委及节目评审专家。主要研究方向为新闻传播、广播电视传播和主持人传播。出版《主持传播学概论》《出镜报道与新闻主持》等著作，发表《竖屏：移动场景下视频呈现的创造性选择》《拓展与回归：中国电视新闻报道的实践革新与观念演进》《新媒体环境下的主持传播格局演变》等论文。

王润泽 中国人民大学新闻学院副院长、教授、博士生导师，教育部人文社会科学重点研究基地中国人民大学新闻与社会发展研究中心执行主任，中国新闻史学会会长。研究方向为新闻传播史。出版《北洋政府时期的新闻业及其现代化》《中国新闻媒介史》等著作，发表《专业化：新闻史研究的方法和路径的思考》《在服从宣传需要与尊重新闻规律之间——中国当代记者心态史研究》等130多篇论文。

邓绍根 中国人民大学新闻学院教授、博士生导师，中国新闻史学会联席秘书长、常务理事。研究方向为中国新闻传播史、新闻传播史论。出版《美国在华早期新闻传播史（1827—1872）》《中国新闻学的筚路蓝缕：北京大学新闻学研究会》等著作，发表《"记者"一词在中国的源流演变历史》《论哥伦比亚大学新闻学院与民国新闻界的交流合作及其影响》等论文。

周 勇 中国人民大学新闻学院党委书记兼副院长、教授、博士生导师、视听传播研究中心主任，中国高等教育学会新闻学与传播学专业委员会理事长。主要研究领域为广播电视新闻理论与实务、视觉传播效果。出版《广播电视新闻学导论》《电视新闻编辑教程》等专著，发表《从"受众"到"使用者"：网络环境下视听信息接收者的变迁》《从图像到舆论：网络传播中的视觉形象建构与意义生成》《大数据驱动下的视频内容生产模式探索》等论文。

胡百精 中国人民大学新闻学院执行院长兼党委副书记、教授、博士生导师、公共传播研究所所长,教育部高等学校新闻传播学类专业教学指导委员会副主任委员。主要研究领域为传播学与公共传播。出版《说服与认同》《公共关系学》《危机传播管理》等专著,发表《互联网与重建现代性》《互联网与集体记忆构建》《互联网与对话伦理》《互联网与信任重构》等论文。

赵云泽 中国人民大学新闻学院副院长、教授、博士生导师。研究方向为中国新闻传播史、新媒体、网络舆论。出版《作为政治的传播——中国新闻传播解释史》《中国社会转型与互联网伦理》、*A History of Journalism and Communication in China* 等著作,发表《当下中国网络话语权的社会阶层结构分析》《中国上古时期的媒介革命:"巫史理性化"与文字功能的转变及其影响》等论文。

总　序

　　进入新世纪以来，伴随着互联网技术、信息通信技术的发展，新闻传播的媒介日趋多元化，中国的新闻传播事业进入飞速发展阶段。习近平总书记指出，党的新闻舆论工作是党的一项重要工作，是治国理政、定国安邦的大事。面对复杂多变的国际形势和意识形态领域激荡并存的社会思想，在新时代，如何更好地尊重新闻传播规律，如何构建中国特色新闻学的学科体系、学术体系和话语体系，这既是时代赋予的命题，也是新闻传播学研究者的自觉思考。

　　中国人民大学出版社推出的"新世纪中国人民大学新闻传播学文丛"，力图梳理中国人民大学新闻学院在长期教学和科研实践中形成的思想认知和智慧成果，系统呈现在媒介技术和媒介环境发生剧烈变化的过程中，本学院在新闻传播学研究领域所坚持的思考方向和研究路径。文丛内容涉及马克思主义新闻观、新闻传播基础史论、融媒体业务变革、公共传播和新闻传播教育等领域。

　　"新世纪中国人民大学新闻传播学文丛"收录了 2000 年以来中国人民大学新闻学院教师们在新闻传播学研究领域具有代表性的前沿思考和学术成果，每位老师精选几篇学术论文纳入文丛。该文丛是一套反映新时期新闻传播学研究者密切联系新闻工作实际、广泛吸收最新研究成果，可供广大新闻教育工作者参考的新闻传播学教育文丛。

　　文丛共分为五卷。第一卷《马克思主义新闻观》由邓绍根教授主编，该卷主要选取了马克思主义新闻观的发展历史与理论创新的文章，体现了马克思主义新闻观在中国的具体实践与探索。

　　第二卷《新闻历史与理论》由王润泽教授主编，该卷选取了 2000 年以来，能够代表中国人民大学新闻学院在新闻史和新闻理论领域的研究水平，且在研究方法、范式、理论等方面具有引领性和标志性的论文成果。

　　第三卷《融媒体建设与创新》由蔡雯教授主编，该卷讨论了融媒体时代背景下新闻传播事业的发展与变革，并重点关注了我国在这一领域的业务创新与前沿实践。

　　第四卷《公共传播与社会治理》由胡百精教授主编，主要选取了新世纪以来中国人民大学新闻学院在新媒体研究、公共传播与社会治理以及新兴传播学研究领域的代表性文章，它们不仅体现出较高的研究水准，同时还饱含着学术研究者强烈的社会关怀。

　　第五卷《新时代新闻传播教育》由胡百精教授主编，该卷追溯了我国新闻传播教育的历史与发展，探讨了我国新闻传播教育的理念与方向，并为新闻传播教育在新时代的实践与探索描绘了蓝图。

　　呈现在读者面前的，正是这样一套伴随着时代需要而产生的新时代新闻传播学教育文丛，汇聚了人大新闻学院之众智，也是教育部人文社会科学重点研究基地中国人民大学新闻与社会发展研究中心多年研究积累的呈现。中国人民大学新闻传播学科于 2017 年进入国家"双一流"学科建设序列，在教育部开展的四次全国一级学科评估中蝉联第一或被评为"A＋"。每一代人大新闻人勇于担当，始终坚持正确的政治方向，把握新闻传播规律，本文丛的出版是对前辈筚路蓝缕、不忘初心的致敬，亦是对后人守正创新、锐意进取的召唤。

　　文丛在选题和内容上肯定还存在着不少瑕疵，在此恳请各界同仁不吝批评。文丛的出版得到了中国人民大学出版社的支持，特此表示感谢！

　　中国特色社会主义进入新时代，对于新闻传播学的办学实践和学术研究来说，挑战与机遇并存。希望本文丛能够为我国新闻传播学的未来发展贡献力量！

　　是为序。

郭庆光

2019 年 12 月

前　言

　　这本文集记录了中国人民大学新闻学院自新世纪开元以来推进新闻传播教育改革的基本考量和观点。倘若用一个主题统摄这二十年的发展思路，那就是促成学科转型和教育创新。

　　现代大学及其知识生产模式大抵经历了三代更迭：一是洪堡时代，大学以契应人的好奇心，养成健全心智和高贵灵魂为理想；二是以威斯康星大学、麻省理工学院的创办为象征，开启了大学面向社会历史、世俗生活敞开之路；三是自千禧年前后，象牙塔不再独守于高处远处别处，也不只是户牖初启，而是与现实铺展多元多维多层多节点的对话和连接。更迭亦有交叠，未必非此即彼。譬如，洪堡理想至今仍为很多大学教育者的乡愁。此中变与不变，皆属对教育事业、民族国家和人类文明新境况的响应。

　　新闻传播学科的转型概念与观念、方向与方法，同样以明确历史方位为现实和逻辑起点。我们几乎用尽了所有可用来描述全球传媒业态和传播生态变革的形容词，诸如剧烈、普泛、深刻和颠覆等。从宏观上看，这场变革还可以被标记为社会转型、民族复兴、全球化、互联网革命、媒介融合、"双一流"等多重语境下的一种整体性变迁和结构性调整。全球新闻传播教育界都在试图响应或引领变革，给出可能的解释和解决方案。而在中国情境下讨论学科转型则需进一步明确扎根脚下泥土的坐标。

　　中国特色新闻传播学科转型，最基本的问题是面向国家现代化建设的新时代、面向新技术革命、面向复杂全球化进程重构学科体系。此中关键，是人居主位。这反映在教育方针上即以立德树人为本位，体现于学科建设上即以人才培养为中心，作用于学术研究上即重振新闻传播学作为"人学"的初心——在人与信息、共在者交往、人与世界的关系层面上关怀共同体及其间个体的命运。

　　这并非易事，毕竟教育者的每一个举动都可能影响一代学生的选择和命运，关涉重要历史节点上的理论和知识创新。中国人民大学新闻学院历史悠久，面对各个历史时期的变革一贯保持审慎、持重的态度，主要是为了获得能够把握变革的历史眼光、尽可能完整的理解力和相对清晰的行动路线图。这本文集收纳了我们在变革中的一些做法和经验，为老师们直面变革的勇气、智慧和美德留存一段记忆。当然，书中也记述了我们遇到的诸多困惑和问题，至今仍无明朗、周全的答案，刚好借由这本文集求教同行和所有关心我们的人。

胡百精

2020 年 2 月

目　录

第四部分　新闻传播学业务教学探索发展

第一部分

新闻传播学教育理念与方向

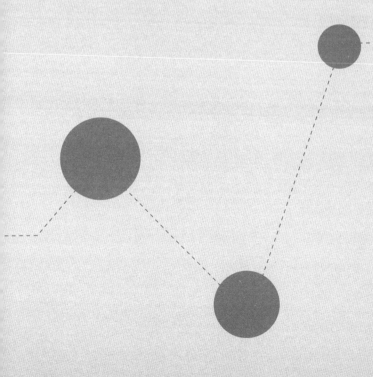

大学现代化、生态型学科体系与新闻传播教育的未来选择 *

胡百精

作为传播学的主要奠基人，施拉姆（Wilbur Schramm）在 1959 年描述了传播学的历史方位：十字街头。❶ 新闻学素来也被公认为杂家之学，向社会和历史敞开自身。与二者的学术和学科属性相应，新闻传播教育一直身处多元交叉地带，常为时势、技术和外学科的近邻所冲击，以致"边缘化""再出发""整体性否思"甚或"颠覆"之音未绝于耳。持续的身份焦虑和认同危机形成了"领域的骚动"❷，骚动的实质便是要走出"十字街头"，确立新闻传播学科的自主性和合法性。

及至今日大数据、泛媒介、万物互联时代，这种主体性和合法性欲求显得更加汹涌，远非"机遇与挑战并存""变与不变统一"之类的老话所能平抑。大量论文和演说在检讨新闻理论和实践的"专业主义"，反思传播学的主体性、西方进路和中国化，探讨新闻传播教育的改变与改造。十字街头看起来辉煌又幻灭，前后左右皆可挺进而又令人迷失。这就要以更开阔的观念、视野来重估新闻传播教育的历史方位。本文着眼高等教育现代化进程中三种模式的更迭，从主体性、正当性、有效性等维度切入，辨析多元关系的夹缠、对立和对话，进而提出构建敞开型、生态型学科体系的可能性。生态型的主旨在于强调新闻传播教育的未来之路是坚守而非走出"流动的"十字街头。

一、大学教育现代化与学科合法性危机

在教育思想史领域，人们对现代大学及其知识生产模式的回溯中往往将起点

---

* 原载于《中国人民大学学报》，2019（2）：132－139。

❶ SCHRAMM W, RIESMAN D, BAUER R. The state of communication research: comment. The public opinion quarterly, 1959, 23 (1): 6－17.

❷ 龙强，吴飞. 认同危机与范式之惑：传播研究反思之反思. 国际新闻界，2008 (2): 73－82.

置于洪堡时代和洪堡理想。1809 年，深受启蒙思想熏染的洪堡（Wilhelm Humboldt）创立了柏林大学，他主张大学应出于人的"好奇心"而非功利主义培养人、治学术和服务社会。这一主张后来被表述为著名的洪堡理想（Humboldt ideal）：造就自由、自主、平等、心智高贵的人；坚持"纯科学模式"，而不必以事功介入社会。大学以涵养纯粹心智为中心，舍此便是脱轨或大学精神的堕落。

教育学界将洪堡理想指引下的大学理念和知识生产模式称为高等教育现代化的"模式 1"。它放弃了中世纪大学的神学本位教育，转而挺立人的主体地位，开启了大学教育的现代化进路。"模式 1"被认为大抵持续至二战后，至今仍有人牵念不忘。及至 1861 年创办的麻省理工学院已然挑战了洪堡模式。这所"新式大学"的校徽出现了两个人物形象：一位是手持经卷的思想者，尚有洪堡理想的余绪；另一位则是工程师，拿着象征工业文明、意在改造世界的工具，大学经世济用之意昭揭显现。稍后创办的霍普金斯大学（1876 年）、威斯康星大学（1894 年）则被认为是大学真正走向经世济用、开启"模式 2"时代的标志。及至 20 世纪六七十年代，西方大学彻底卷入现代化洪流，经受了世俗化和市场化的剧烈改造。学术资本主义和工程师主义逐渐凌驾于洪堡理想之上，"模式 2"已然成为大学知识生产和人才培养的主流。

"模式 2"主张大学积极介入社会，从专注心智和真理的"象牙塔"转向一切可能的"应用情境"，解释和解决国家和时代遭遇的现实问题。为此，大学要生产有用的知识，培养有专业技能的人才。系科和专业分工日趋繁复精细，以契应工业社会的结构与功能之需。"模式 1"向"模式 2"的转变体现了现代性强烈的进步意志和效率追求，有人认为此乃大学现代化的必然选择。❶ 批评者则指控大学在变得"更现代""更有用"的同时，背叛洪堡求索高深知识、高贵心智之初心，投靠了学术资本主义。❷

美国正规新闻教育肇端于 20 世纪初，正处"模式 2"萌芽阶段，最早创建的密苏里大学新闻学院（1908 年）和哥伦比亚大学新闻学院（1912 年）皆表现出强烈的务实和实务取向。1917 年，北京大学开设新闻学课程，并于次年组建了新闻学研究会。及至 20 世纪 20 年代，之江大学、上海圣约翰大学、燕京大学等

---

❶ 李志峰，高慧，张忠家. 知识生产模式的现代转型与大学科学研究的模式创新. 教育研究，2014（3）：55-63.

❷ 吴洪富. 理性大学·学术资本大学·民主大学：大学转型的知识社会学阐释. 高等教育研究，2012（12）：9-16.

正式开办新闻系或专业，它们普遍借鉴甚至直接引进了美国模式。"中国的新闻教育是从美国横向移植过来的。"❶ 譬如，燕大新闻系素有"小密苏里"之称，以提供"急契报界之需"的知识和具有"即战力"的专业人才为办学宗旨。❷ 显然，民国大学的新闻系科因其"美国横向移植者"身份和救亡图存的国情而带有"模式2"强烈的实用主义色彩。

改革开放后，伴随国家现代化进程，中国新闻传播学科以产出能够解释、解决新闻传媒和舆论宣传实践问题的知识，培养适应新闻传播实践需求的人才为导向，并在中西互动中全面拥抱了"模式2"时代。新闻传播教育总体上以生产有用的专业知识为职志，重视学生的专业抱负、智识和技能训练。反映在系科设置上，便是响应、对应传媒与传播形态设置精细的专业、方向和人才培养类型。譬如，中国教育部设立的新闻传播学专业目录包括新闻学、广播电视学、广告学、传播学、网络新媒体、编辑出版学、数字出版，一些体量稍大的专业之下更依据传媒生产领域或环节不同而细分若干方向。在理论建设上，即使对新闻传播问题的哲学反思、范式讨论以及对职业理想、伦理的考察，亦强调其实操标准和多元情境下的适用性。

然而，新闻传播教育对业界和社会的持续主动响应并未真正缓解身份焦虑，至少未能确立学界普遍期待的自主和独立地位。相反，认同与合法性危机常在教育政策制定与资源分配、跨学科比较与评审、传媒与传播实践变革、技术创新与社会转型等紧要关头显现和发作。所谓合法性危机，即特定主体在核心价值、存在理据和行动正当性上遭遇的挑战、威胁或颠覆，往往表现为主体性、有效性和正当性等三个方面的缺失、薄弱或偏差。对照工业社会的整体安排和"模式2"原则，新闻传播学科遭遇如下三重合法性危机实属必然：

一是主体性危机。"模式2"强调每一学科皆应具足独特的核心价值和清晰的外部边界，以在系统分工中确立其主体地位。从学科内部的生成、生长情况看，长期置身十字街头的新闻传播学确实存在核心概念、经典理论不足和方法薄弱、专业知识和技能门槛低嵌的窘境。"新闻无学论"从未止歇，传播学则更像施拉

❶ 张咏，李金铨. 密苏里新闻教育模式在现代中国的移植：兼论帝国使命：美国实用主义与中国现代化//李金铨. 文人论政：知识分子与报刊. 桂林：广西师范大学出版社，2008：281.
❷ 张如彦. 新闻教育（1945年5月）//方汉奇，王润泽. 中国人民大学图书馆藏燕京大学新闻系毕业论文汇编：第15册. 北京：国家图书馆出版社，2014：283.

姆所称的"租界"——很多人来了又走，很多学科穿插而过。❶ 人文学科针对新闻与传播问题的哲学批判、修辞与叙事研究、历史分析并不逊于新闻传播学界的努力，甚或在某些纵深领域占据话语霸权；政治学、经济学、法学、社会学、心理学和新近崛起的计算科学在介入新闻学、传播学议题时亦有令人瞩目的作为，至少表现出方法上的显著优势。对此，凯利（James W. Carey）在讨论"新闻教育错在哪里"时甚至说，人文社会科学甚至"以新闻学为耻"❷。而新闻传播学者一旦将研究议题挺进中心地带，反而"一不小心"进入了近邻学科的领地。当喧嚣的十字街头容不下独立、专属的理论大厦和知识殿堂，学科主体性危机便呼啸而至了。

二是有效性危机。按照"模式2"的要求，大学分科须与社会系统分工大体匹配，以供给可用、好用的专业知识和人才，而业界对新闻传播教育最常抱怨的是"理论无用""理论落后于实践"。业界的指责在中国新闻教育早期即已存在。1931年4月，《大公报》主笔张季鸾在燕京大学新闻系演讲时便提出了"大学何以开展新闻教育"的疑问，他自称二十年"凭一管笔与社会相见"，"却未曾读过一部新闻学的书"❸。当时很多报界名流都认为大学新闻系未能提供可用、好用的专业知识和人才，知识难以"契切急需"，人才缺少"即战力"。实际上，每当社会和技术变革潮起，业界便牢骚炽盛，于今更加甚嚣尘上。在大数据、泛媒介、万物互联的时代，新闻传播领域的内容生产、运营管理、技术革新一时由业界主导，大学由观念和知识的启蒙者、"立法者"沦为旁观者和追随者，学术生产和人才培养面临整体性重构的挑战。若全然以有效性的标准度量之，挑战必然引发危机。

三是正当性危机。正当性亦为合法性的重要范畴，包括经验和理性两个维度的正确性与合理性。就经验而论，正当性表现为行动主体获得广泛的社会认同和尊重；在理性层面，正当性即经过主流道德准则或道德哲学检验而获得信任和确证。新闻传播教育近年遭遇的正当性批评，主要有学生专业理想黯淡、职业伦理训练不足、专业主义教育薄弱，以及学界对业界的道义冷漠——譬如当业界遭

❶ SCHRAMM W, RIESMAN D, BAUER R. The state of communication research: comment. The public opinion quarterly, 1959, 23 (1): 6-17.

❷ CAREY J W. 新闻教育错在哪里. 李昕，译. 国际新闻界, 2002 (3): 8-11.

❸ 张季鸾. 诸君为什么想做新闻记者？//燕京大学新闻学系. 新闻学研究. 北平：良友公司, 1932.

逢规治上的"艰难时刻",学界被指认"集体失语"。不唯如此,新闻传播实践领域出现的信念缺位、伦理失范或在道德"灰色地带"的妄言与劣迹,亦常被溯源、归因于早年新闻传播教育的亏欠。而在民族国家和人类共同体层面,新闻传播教育对主流意识形态、公共伦理、共同价值的灌输方式和涵化效果亦常遭到质疑。

　　以上指向主体性、有效性、正当性的学科合法性危机,既是实存的,也是建构的,反映了学界的焦虑、自省和改造的决心。惜乎这样的决心尚未有效解决实存的问题。譬如:新闻传播"中心理论"的创新及其向教学实践的创造性转化依然任重道远,反思仍胜于实绩;过度响应业界动态而增设新专业、新方向、新课程的做法难以为继,驰逐于变化莫测的实践前沿未免消解大学教育传统,加剧知识碎片化;专业信念、理想和伦理教育仍主要停留于书本和课堂讲授,知识训练与人格训练融合的"大培养"格局仍缺少坚固柱石的支撑。当"模式2"框架下的新闻传播教育还在深受合法性危机之困,大学教育的"模式3"时代降临了。

二、多元对话与敞开的学科主体性

　　"模式3"是带着诸如后现代、后工业、全球化、网络革命、知识集群、跨界融合等标签到来的。在2003—2012年间,来自华盛顿大学、斯坦福大学的卡拉雅尼斯(Elias Carayannis)和坎贝尔(David Campbell)等人发表了《创新网络和知识集群中的知识生产、撒播和应用》《模式3和四重螺旋:走向21世纪分形创新生态系统》等多部(篇)著述,提出并详述了"模式3"的核心主张和逻辑。新模式直面后工业时代的思想和技术革命,不反对"模式2"对分工和应用情境的追求,但更关切多样连接、跨界融合、网络化创新和生态式成长。

　　"模式3"的核心特征是"多层次、多边化、多形态、多节点",强调多元主体在复杂场景下的开放性、包容性对话与合作,以实现"创新驱动"和"协同放大"。❶ 循此原则和路径,学科主体性不再表现为独善其身的能力、自恃自足的价值、专属的领地和边界,而恰为进入多元学科生态、向关联学科敞开、助益融合创新提供必要性与可能性。换言之,学科主体性走出了传统上精细分工的自我建

---

❶ CARAYANNIS E G, CAMPBELL D F J. Open innovation diplomacy and a 21st century fractal research, education and innovation (FREIE) ecosystem: building on the quadruple and quintuple helix innovation concepts and the "Mode 3" knowledge production system. Journal of the knowledge economy, 2011 (2).

构，转而寻求一种"主体-主体"关系，即培育学科主体间性。理论与实践、学界与业界的关系亦不再两厢分立，而是在不同层次、形态和节点上拓展多样共生、彼此增益的合作场景。

在空间维度，"模式3"主张加强跨界、跨学科、跨文化的一切可能的连接，以建立"全球-在地"的知识集群。与此相应，学科正当性将接受多元主体在更广阔范围内的持续检验，直到将自身的正当性契入公共性。而公共性乃多元主体通过对话形塑的互为主体性，在经验和理性上表现为基于多元共识的公共利益、公共精神和公共伦理。在时间维度，"模式3"是一种动态更新、实时共享、同步反馈的知识生产机制，强调多元主体对应用场景的灵敏响应和适应。为此，学科及其知识生产的有效性首先表现为动态更新、实时共享的能力，进而要在复杂的具体情境中评价其效用。

显然，"模式3"的时代标签今日已打在新闻传播学科身上，并且具化为算法、大数据、社交网络、人工智能、媒介融合、万物互联等更贴合学科属性的诸多印迹。按照"模式3"的逻辑，新闻传播学科应从平衡如下多重关系入手，重构学科主体性、有效性和正当性：

一是重构学科间关系，构建敞开的学科主体性。如是敞开，包括内部融通和外部拓展两个指向。向内者，即打破学科内部的专业壁垒，人才培养机制由"专业-方向"转向"项目-任务"或"兴趣-专长"，知识生产机制亦然。目前，新闻传播学科仍主要依照媒介和传播形态划分专业领域，每一教师皆归属于特定教研室或系科，每一学生皆进入特定专业及其细分方向。这种壁垒分明的专业分工，限制了融媒体、公共传播时代人才培养、学术创新的想象力和现实选择。新闻传播学科理应穿越乃至取消内部的专业边界，依据学生的兴趣和专长，设立承载特定培养任务的人才项目。这些项目以学生为中心，尊重其自由选择，包容其禀赋和气质，因材施教，个性化培养，进而将之培育为兴趣、任务导向的学术共同体和成长共同体。

向外者，即主动敞开自身，寻求跨学科对话与合作。"模式3"提出的融合创新理念没用多久便成为高等教育界的共识。新闻传播教育自然也认识到了学科开放的重要性，却未免担忧本学科在边界突围、多元融合中持续弱化自身的独立自主地位——十字街头的焦虑由来已久。而若将大学现代化视为一个整体性的历史进程，将"模式1""模式2""模式3"的次第更迭理解为这一进程中的必然安排，即可得出两个基本判断：新闻传播学科在"模式2"阶段于大学教育中获得了一席之地，但并未完成自身主体性建构，十字街头的处境持续引发合法性危机；而在"模式3"时代，学科主体性不再完全源于固守堡垒、看护边界的能力，而是寻求在多元对话中成就开放、共享的价值，十字街头恰好可以转换为对话、合作、融合创新的场景。往昔走出十字街头的焦虑和冲动，自然亦应转换为构建敞开的主体性或曰学科主体间性的动力。

二是重构理论与实践、学界与业界关系，拓展多元、多维、多节点的应用场景。互联网革命引发了新闻传播教育界和业界的剧烈变迁，二者所遭遇的巨变既有相同的结构和方式，亦有不同的逻辑和进路。除了各自应变，教育界与业界的关系也处于调整、重构之中："人才供给-人才使用""学术引领-实践转化"的传统关系变得紧张，理论与实践、学界与业界的鸿沟或有加深之势。从教育界一端看，有效性危机——诸如"理论无用"、"理论落后于实践"、人才缺少"即战力"的批评再度盛行。所谓有用与无用、引领与落后之争，一方面表达了人们对教育的忧思，另一方面也犯了简单二元论的错误。学界与业界未必是非前即后的二元关系。在人才培养方面，大学教育有时恰要守在原地，不忘立德树人之初心，致力于培养有抱负、有德性、有担当、有美感的年轻人，而不是为业界输送生产车间的技工；在理论研究方面，学术的也未必领跑业界或尾随其后做出总结，而应站在高处，或批判其在规律、德性和文化上的偏差。业界及其实践亦有自己的价值、功能和逻辑，不必成为学界某些概念和理论的操演场，正如大学不应成为业界的前置车间或技校。

由于共同面临着信息传播技术革命带来的颠覆性巨变，新闻传播教育界和业界之间对话、合作的需求比以往任何时候都更强烈和迫切。对话尊重多样性和差异性，进而谋求复调和共生的可能性，而非一厢投向另一厢的怀抱，在迎合中丧失自主的凭据。根据"模式3"的主张，教育界与业界应基于有效对话，共同创造新型知识生产体系。这一体系承认多样性和差异性，坚持问题导向，构建创新驱动的关系网络，针对关键节点寻求可能的突破。为此，教育界与业界应拓展多维度、多层次合作空间，如共建团队和实验平台、数据与知识产权共享、课程与产品联合开发，并根据具体应用场景动态调整合作内容和方式。

三是重构公共伦理、大学精神与专业理想之间的关系，确立后真相时代的学科正当性。"模式3"描绘了一个无边界、全链接、开放性、包容性的知识创新网络，进入其中的多元主体必然面临价值协商和校准问题。每一主体皆有其价值排序和正当性追求，这就要求基于多元对话寻找共同价值、培育公共伦理。具体到新闻传播学科，对专业理想、职业伦理的研究和教育亦应契入公共性的价值安排和伦理选择，持存个性而又不悖公共性。正是在二者的平衡中，学科正当性得以确立。"传统新闻职业道德的演进趋势，很可能是两个方向：一是新闻职业道德要求的公共化、大众化……二是新闻职业道德进一步窄化、专业化。"❶ 值得深究的是，"模式3"在拓展"模式2"的同时，确乎存在进一步疏离、背叛"模式1"洪堡理想的风险。它更关切知识创新的场景和路径，而相对忽视传统大学精神的生成和持守。卡拉雅尼斯等人也承认，"模式3"将引领大学趋向"学术企业"。❷那么，洪堡理想所召唤的求真、独立、自由、平等和批判精神何以安立？这些精神与新闻传播教育所倡导的专业理想和伦理准则高度契合，也是重振学科正当性的重要价值依据。在今日泛媒介、后真相时代，造就追求真理、独立思考、自由表达且有批判精神的专业人才，仍为新闻传播教育使命所系。

每一种模式皆有其局限。"模式1"倡扬的大学理想总能令人生起信念或道德正当性上的"归乡感"，但它很难支撑当代大学合法性中的有效性；"模式2""模式3"逐步推动大学趋向"接地气"的功利主义效用，而正当性困境则可能持续加剧。在此背景下，今日新闻传播学科正当性的建构实则面临两种选择：一方面拥抱新时代、新形势，对外积极介入、参与公共性的培育；另一面则不妨做保守派，无论时势、技术和知识生产模式经历何等剧变，皆护持大学知识生产和人才培养的初心。两种选择看似矛盾，而假以融合发展的眼光，未来大学的知识生产和人才培养未必循线性更迭模式，亦不应受限于非此即彼的二元论。三种模式的差异和矛盾正是对话、融合的张力、动力之源。照此理解，未来新闻传播学科的正当性培育，既非重返、固守启蒙时代的洪堡理想，亦非滑向"学术企业"的事功和逐利精神，而是二者的对话、平衡与共创。

三、马克思主义新闻观与中国新闻传播教育改革

以上从三条纵线——"模式1""模式2""模式3"切入，结合三个平行维度——主体性、有效性、正当性的考察，初步解释了新闻传播教育变革与学科合

---

❶ 杨保军. 公共化或社会化："后新闻业时代"新闻道德的一种走向. 编辑学刊，2010（3）：32-36.

❷ CAMPBELL D F J，GÜTTEL W H. Knowledge production of firms：research networks and the "Scientification" of business R&D. International journal of technology management，2005，31（31）：152-175.

法性问题。若将这一分析框架应用于中国情境下的新闻传播教育改革和创新，则可得出一些共性结论和特殊判断。而在讨论这些结论和判断之前，尚须确认一个前提：就历史方位而论，中国高等教育尤其是大学新闻传播教育是否也正在经历新一轮现代化进程，或者说，是否也面临由"模式2"向"模式3"的演进？

从历史和经验层面回答这个问题并不困难。早在民国时期，新闻教育已经提出服务国家现代化、建设现代社会、启蒙大众、促进民主等带有鲜明现代性色彩的办学宗旨。改革开放四十年来，新闻传播教育及其对应的新闻舆论工作始终是中国现代化事业重要而特殊的组成部分。党的十八大以后，新闻舆论工作的地位上升至"治国理政、定国安邦的大事"，构建现代新闻传播体系成为国家战略。及至2018年9月全国教育大会召开，教育现代化、创新驱动、协同发展、"互联网＋教育"成为大会主题词，并将之写入"中国教育现代化2035"行动计划。教育部、中宣部下发"卓越新闻传播人才教育培养计划2.0"则可被视为官方推进"模式3"时代新闻传播教育的行动纲领。从新闻传播教育近年的改革实践看，诸如专业融合、跨学科培养、技术导入、创新创业等"模式3"意义上的举措已取得实绩。当然，全国600余家新闻传播院系、1200余家学科点发展并不均衡，部分仍处专业初建、资源积聚阶段，从"模式2"迈向"模式3"尚有力所不逮处。而一些条件充裕的后来者，譬如清华大学、上海交通大学等理工科为主型高校创办的新闻传播院系，则善用后发之势，顺势进入了"模式3"情境。

综上可知，中国新闻传播教育亦处在现代化进路之中，同样面临"模式2"向"模式3"的转换。既确认如是，以下便探讨新时代、新模式下新闻传播教育改革的可能方案：

一是学科正当性建设。立足中国国情考察新闻传播学科的合法性和可持续发展，首先应面对的是学科正当性问题，而这一正当性的首要来源乃中国特色社会主义意识形态所确立的马克思主义新闻观。这是中西新闻传播学科建设的根本差异所在。以美国为代表的西方新闻传播教育和实践奉行新闻专业主义（journalistic professionalism），强调客观性、独立性和自由主义的新闻传播原则。中国共产党基于唯物史观和长期革命、建设经验提出，应坚持党的领导与新闻传播规律、党性与人民性、舆论引导与舆论监督相统一的马克思主义新闻观。据此，新闻媒体是党和人民的耳目喉舌，新闻传播教育应构建中国新闻传播学术话语体系，培养中国新闻舆论事业的建设者和接班人。在党的十九大宣告中国特色社会主义和国家现代化建设进入新时代之后，马克思主义新闻观对新闻传播教育和实践的指导、统摄地位得到进一步强化。习近平在关于新闻舆论工作的系列重要论述指出，马克思主义新闻观是"灵魂""旗帜"和"定盘星"，事关新闻舆论事业扎根何处、方向何在的大问题。具体到新闻传播教育，坚持马克思主义新闻观的首要任务是重返大学立德树人本位，培养中国特色社会主义新闻舆论事业的合格建设者和可靠接班人。这些人坚持党性原则，以人民为中心，尊重新闻传播规律，有深厚的家国情怀和开阔的国际视野，在事业发展中能够高举旗帜、服务大局、明辨是非、凝聚共识、沟通世界。同时，要以马克思主义新闻观为指导构建中国特色新闻传播的概念、知识和理论体系，把论文写在中国大地上，解释、解决中国新闻舆论实践发展中的重大、基本问题。

事实上，"模式 1"的出现乃欧洲启蒙运动和现代化转型进程中神学思想退场、人本主义成为时代主流价值的产物；"模式 2"的形成与美国工业化、城市化进程中实用主义哲学的主流化紧密相关；"模式 3"则与全球化、互联网革命引发的创新思潮相呼应。如是而观，每一种模式皆有其诞生和发展的时空语境，皆响应了特定时代主题的召唤。中国有自己独特的意识形态和文化传统，有自己的道路选择和历史使命，新闻传播学科的正当性亦应深植于本土情境，反映中国的主流价值和时代主题。同时，随着中国深度介入全球化和加快推进现代化进程，新闻传播教育亦应观照人类社会发展的普遍规律和共同价值，主动适应、引领"模式 3"时代的知识生产和人才培养机制变革。

在坚持马克思主义新闻观的前提下，新闻传播教育应进一步平衡公共伦理、大学精神和专业理想之间的关系，铸就"专业之魂"，培养有信仰、有理想、有操守、有仁爱之心、有责任感和使命感的新闻传播专业人才，避免出现学科建设和人才培养中"重物质轻精神""重技巧轻操守""重知识轻道德""重现实轻理想"的问题。❶ 在今日人人皆可成为内容生产者、传播者的时代，信念、德性和专业理想教育更应成为大学新闻传播教育的本职、底线和正当性基础。而欲为学生铸魂，师者及学术共同体则须率先养成崇高的大学精神、学术理想和堪为世范的德性。此外，当公共议题和业界发展需要学界做出响应时，则应担起"社会良心"之职，以智识的力量探求真理、澄清谬误，以道义的力量增益公共精神。

二是学科主体性重构。前文论及对内专业融通、对外学科拓展以构建敞开的学科主体性，兹举数例，以为扩充。中国人民大学新闻学院近年逐步突破新闻

---

❶ 张昆. 铸魂：新闻传播教育的天职. 新闻与写作，2016（9）：72-74.

学、广播电视学、广告学和传播学等传统的"专业-方向"模式，建立了跨学科、跨界、跨文化的生态型人才培养体系。学院在本科层面创办了"新闻学-法学"、"新闻学-国际政治"、创意传播、未来传播学堂、学术拔尖人才成长计划、明德明新厚重人才成长计划等培养项目，在硕士层面增设了"大数据与新闻传播"、"战略传播"、"一带一路"全球新闻传播英文硕士等培养项目。这些项目以"双一流"为目标，最大限度尊重学生的自主选择权，基于学生的个性、兴趣、专长因材施教，训练团队，培育成长共同体。复旦大学新闻学院推行了跨专业、跨学科的本科人才培养"2+2"模式——本科学习的前两年系统选修某一非新闻传播学科课程，后两年再重返本专业学习；在专硕层面，也实施了跨学科、跨界联合培养，并着力提升学生的国际化水平。

需要指出的是，对外拓展应坚持"固本"优先。中国人民大学新闻学院的做法包括：实施"新闻与传播学科核心与特色课程创新计划"，每年重点建设5门以上学科基础课，以通过五年左右时间建成、完善承载本学科核心理论、知识、技能的30余门专业课程组成的体系；裁减传统专业和细分方向下的部分边缘、琐细和重复性课程，以释放跨学科联合培养的学分空间；重构课程体系，力图使全部史论、实务课程整合成完整的知识地图，以培养学生的整体理解力和判断力。

三是构建理论与实践、学界与业界对话、合作的新机制。无论技术引发怎样的变革，学界和业界首先应各守本位。前者要对知识和人格训练负责，对人的自由、解放和全面发展负责，对学术规律、理论创新负责，对中国和人类命运共同体重大、基本的理论问题负责；后者要对内容生产、运营管理、技术创新负责，对专业规范和伦理负责，对新闻舆论事业的发展和进步负责。同时，变革也敦促二者建立"模式3"时代的新型对话、合作关系，在知识生产、人才培养和社会服务诸领域确立创新驱动的生态型合作机制。从麻省理工学院建立跨界跨学科的未来媒体实验室、斯坦福大学与谷歌等硅谷公司的合作经验看，管理机制设计乃关键所在。中国传媒大学、上海交通大学媒体与传播学院在建设产学研平台、联合培养人才方面取得了系列标志性成果，一个重要原因也是设计了适合国情、校情的有效合作机制。

综上所述，所谓生态型新闻传播学科体系可从历史-逻辑、结构-功能、知识生产-人才培养等维度描述如下：它是"模式1""模式2""模式3"三种大学现代化进路在新闻传播学科的贯通和延展，此中既有纵向的观念更迭，也有多元逻辑之间的对话与融汇；它强调构建敞开的学科系统，在系统内部打破结构性的专业壁垒、知识边界和理论阈限，在系统外部参与跨学科共创、介入实践应用场景，进而基于多样共生、边界互通、彼此增益的生态原则，寻求学科主体性、正当性和有效性。显然，生态型学科体系不再完全按照线性历史观铺展自己的演化进路，也不再彻底服膺工业社会的结构-功能主义，而是主张历史与现实、系统内部诸要素与系统外部诸主体之间敞开、动态、均衡的对话。正是基于多元对话，学科主体性、正当性和有效性才得以确立和延展。

行文至此，有必要澄清一个历史细节：施拉姆在论及传播学的十字街头处境时，一方面表达了多元交叉、缺少"中心理论"的遗憾，一方面也专门使用了"great cross"这个词组强调传播学乃人类研究、人之存在研究的"伟大路口"。这个路口一度为学科主体性、正当性和有效性带来巨大挑战，如今则提供了构建学科与学科、理论与实践、专业性与公共性、中国与世界之间连接、互通、共创生态型学科体系的现实可能性。因此，新闻传播学科及其教育的未来之路不是走出十字街头，而恰是安身立命于"伟大路口"，于多元生态中自利利他、融合共创。

从教育部全国评估谈新闻传播学科建设 *

郭庆光

2004 年，教育部学位与研究生教育发展中心发布了 2002—2004 年全国一级学科评估排名。由于人文社会科学首次参加全国评估，排名产生了很大的社会影响。令人高兴的是，中国人民大学新闻传播学科获得了排名第一的好成绩，这对人大新闻学院来说，既是鼓励，又是压力。

一、如何冷静地审视这轮评估结果

这轮一级学科评估是由教育部学位与研究生教育发展中心组织的，各项数据都经过验证核实，比较客观准确，反映了各校的真实状况，排名结果也是权威的。不过，由于新闻传播学科初次参加评估，自然也会有缺陷和遗憾。最大的遗憾是参加评估的学科点较少，全国目前有 400 多个新闻传播学院系和专业点，而参加评估的单位只有九个，参评面过小。评估结果排序依次是中国人民大学、复旦大学、清华大学、华中科技大学、厦门大学、暨南大学、四川大学、北京印刷学院、广西大学。这些学校可以说都是新闻传播学科的名校，但是，在广播电视新闻界享有盛名的中国传媒大学和新闻传播学科综合实力很强的武汉大学等院校因故未参加评估，如果参加了，这个排名顺序会有很大变化。人大新闻传播学科获得排名第一，我们在感到光荣的同时必须保持清醒的头脑，因为新闻传播学科近年很热，各大学都在重点建设和发展，清华大学新闻与传播学院成立短短三年时间就跃居全国第三，就说明了这一点。在强手如林的竞争条件下，稍不留神，就会失去自己的优势。

二、人大新闻学院的优势与弱项

在这轮评估中，人大新闻传播学科整体排名第一，在评价的四个要素中"科

＊ 原载于《新闻战线》，2005（8）：57－58。

学研究""人才培养""学术声誉"三项均获得了满分100分的评价，领先兄弟院系较多，而"学术队伍"一项复旦大学获得了满分评价，人大则得了90分，显示了人大的弱项。

科研评价有客观数据的支撑。2001年到2003年，人大新闻学院共出版专著47部，人均1.2部；发表核心期刊论文172篇，人均4.3篇。3年完成和在研项目31项，其中国家和省部级重大项目16项。科研总经费达到1 148万元，其中省部级以上项目经费达到1 050.1万元。12项科研成果获奖，其中省部级以上重要奖项5项。这些数据，在全国新闻传播学科中应该是名列前茅的。据有关研究人员统计，2004年中国期刊网（CNKI）发表论文数量排名前10名中，有5位是人大学者；引证量排名前10名中有4名是人大学者。中文社会科学引文索引（CSSCI）的这两项指标前10名中也是人大学者居多，说明了人大新闻传播学科雄厚的科研实力。

在人才培养方面，人大新闻传播学科50年积累的成果也是明显的。人大的本科、硕士毕业生遍布全国主流媒体，在新闻界享有盛誉。全国新闻传播学科的博士学位获得者，近一半毕业于人大，他们当中一部分人已经成为学科的领军学者，绝大多数已成为核心骨干或有影响的学术新锐。人大新闻学院有2名博士获得全国百篇优秀博士论文奖，1名获得全国提名奖。之所以能够做到这些，是因为人大新闻传播学科有厚重务实的办学传统，有较为成熟的教学体系和教材体系，有奋发学习的优秀学生，有敬业负责的优秀教师。

在学术声誉上，人大新闻传播学科也得到了满分的高度评价，这是值得我们骄傲的。当前学术腐败、剽窃、抄袭等成为社会普遍关注的现象，人大新闻传播学者活跃在学术舞台上，尚未发现有人与此有牵连。诚实、规范、挑战、创新、求真是人大这支队伍的学术信条，也是人大新闻传播学科恪守的优良传统。

在四项评估指标中，人大唯独在"学术队伍"一项未能获得满分，凸显了近年来的薄弱环节。造成这种情况有几个原因：一是2000年前后有十几位老教授退休，并有几位教授调离，与过去的阵容相比学术队伍相对弱化；二是相对于办学规模而言，师生比过高，目前简单师生比为1∶21；三是我们学术队伍中的博士学位获得者比例过低，目前只有35%。专家们的眼睛是雪亮的，学术队伍建设的确是我们目前最大的问题。对此，新闻学院已经制订了师资队伍建设三年规划，加大一流人才引进力度，并加快现职人员的培养。计划未来三年内形成15～20名全国一流学者组成的学术领军队伍，师资规模达到77人，师生比降低为

1：15，博士学位获得者比例超过 70％，使人大新闻传播学科的学术队伍不但居于国内一流，而且在国际上发挥更大的影响。

三、人大新闻学院 50 年大庆与学科建设新起点

这轮学科评估已经成为过去，下轮评估预计在 2007 年，届时此轮评估的格局必然会发生重大变化。人大新闻学院能否保持第一的地位，关键看如何在保持传统优势的同时进行开拓创新，扎扎实实搞好学科建设。今年是人大新闻学院 50 周年大庆，50 年的历程，数代人的努力，7 000 余名优秀毕业生，使人大新闻学院成了中国新闻传播教育和中国新闻界的一个重要品牌。50 年的积淀特别是 1978 年以来 27 年的奋斗，也使人大新闻传播学科建设具备了登上新台阶的基本条件。目前，人大新闻学院正在实施"211 工程"和"985 工程"。通过"211"，我们要实现新世纪新闻传播学科的整合和创新；通过"985"，我们要建成"中国新闻传播研究国家哲学社会科学创新基地"。两个项目一个目标，就是"利用 10 年或稍长时间，把中国人民大学新闻传播学科建成国际一流学科"。项目中包括了队伍建设、科学研究、教学改革、硬件支撑等各个方面。在"985 工程"中，人大新闻学院规划建设了高清晰度的"广播电视新闻演播中心"、"新闻采编模拟编辑部"和"新一代互联网新闻传播实验室"。这三个高端实验室加上历史悠久的新闻摄影实验室，以及在今年年底前投入使用的新的新闻楼，将使人大新闻学院拥有国际一流的办学硬件环境。但是，仅有国际一流的硬件环境并不能保证一流的学科。正如这轮评估所显示的，人大新闻学院还面临着许多问题，如教材体系老化、教师知识结构过时、教学方法陈旧、师资力量不足等等，需要改革与创新。优秀人才的确保、引进，加大中青年学术尖子的培养力度，培养新一代学术领军人物，也是老牌院系面临的重要课题。总之，这轮评估也使我们认识到了自己的差距，人大新闻学院应汲取各兄弟院系的好经验，认真改进自己的工作，才能确保学科建设再上一个新台阶。

四、在竞争中交流合作，共同推进新闻传播学科建设

近年来，新闻传播学科成了高等教育的热门学科，许多大学把它作为学科建设的新增长点而加大投入，重点发展。在这种情况下，各所高校特别是重点大学之间，学科竞争日趋激烈。这种竞争表现在以下方面：一是生源竞争，各校无论

在本科、硕士还是博士招生层次上，都在努力争取优秀生源；二是师资科研人才竞争，这从新闻传播学科近年来知名学者流动频繁可以看出；三是办学资质和资源竞争，表现在有一定条件的学校都在努力争取硕士点、博士点、一级学科授权、博士后流动站等等；四是科研项目竞争，各校都在投入很大力量来争取国家、省部级重要课题以及横向合作项目。

竞争无疑是学科建设的重要动力，也使得这个学科充满了勃勃生机。但是，我们必须看到，新闻传播学科在我国人文社会科学体系当中还是一个弱小学科，这与新闻媒体的巨大社会影响、信息传播在当今国家建设和社会发展中的重要地位极不相称。使新闻传播学科尽快成熟壮大起来，成为我国人文社会科学中的一个主流学科，是新闻传播学界面临的一项重要使命，而要完成这个使命，则需要全国新闻传播院系的通力合作。今年4月在清华大学举办的学科建设研讨会上，尹鸿教授提出全国新闻传播教育进入"资源整合""从竞争激烈到互补合作时期"，引起了其他教授的共鸣，并成了会议的共识，这是令人高兴的。

在这个问题上，办学历史比较悠久并积累了相对学科优势的人大新闻学院，既应对新建的兄弟院系提供积极的支持，又要认真学习兄弟院系学科建设的新思路和新办法。只有这样，人大新闻学院才能在确保自己的学科建设更上一层楼的同时，也为全国新闻传播学科的成熟、壮大与发展做出应有的贡献。开展新闻传播学科建设，既要有热情和干劲，又要有科学态度。在我国现行的学科体系中，新闻传播学科目前依然被包含在文学门类当中，这种状况并不合理。新闻传播学与文学既有联系，又有根本区别，这种区别就在于新闻传播学处理和研究的是事实信息，需要对事实严格负责，而文学则允许夸张和虚构。将文学与新闻传播学混同起来，必然会在新闻传播实践中带来一系列的问题。我个人的看法是，新闻传播学属于应用与理论并重的社会科学，在与其他学科交融互动的同时，独立发展成一个学科门类非常有必要。在这个门类下，可设三个一级学科：新闻学（下设理论新闻学、历史新闻学和应用新闻学三个二级学科）；传播学（下设传播学理论、广告与公关传播、出版传播三个二级学科）；媒介经济学（下设媒介经济理论、媒介经营管理两个二级学科）。这样，各学科既有应用与实践的平台，又有科学研究的高地，三根支柱支撑起一个学科门类应该说是有希望的。当然，从目前的状况来说，由于各学科、各专业之间发展还不平衡，设学科门类的时机还不能说已经成熟。但唯其如此，新闻传播教育界和实践界同行才更应通过自己的奋斗、努力和合作，加快新闻传播学科的基础建设，使其越来越成熟并获得其他学科的承认与尊重。

　　教育部组织全国学科评估是一件好事，它不但能推动竞争，而且能推动反思、推动合作、促进学科的整合与改革。从学科建设而言，合作与竞争同等重要，这是我们新闻传播教育界应该形成的一个共识。

中国新闻教育改革的三个方向性融合[*]

高　钢

今天，信息环境已经是一个国家、一个民族生存与发展的基础环境要素。信息传播，特别是新闻信息传播，已经直接影响到一个国家、一个民族的生存环境的建造。因此，21世纪的中国需要现代新闻业的支持，而这种支持的核心力量是高端专业人才。

为此，中国新闻教育担负的神圣使命，就是培养具有强烈的社会责任感、宽阔的国际视野、深厚的文化修养、科学的思维方法和精湛的专业技能的新闻工作者。

近10年来，中国新闻教育进入了一个高速度、大规模、多元化发展的时代。如今，已经有近400所高等院校建立了新闻传播学院或者新闻传播系，新闻传播的教学点（即专业点）已经超过800个，在校学生超过15万人。❶

为达到培养高端新闻人才的目的，我们需要遵循与新闻实践的融合、与信息技术的融合、与国际社会的融合这三个方向性的原则。

一、与新闻实践的融合

新闻教育智慧的源头，在生机勃勃的新闻实践之中。

新闻学界与新闻业界的融合首先要做好三件事：

一是联手改革新闻实务教学体系。

今天已经有越来越多的新闻教育机构聘请新闻业界人士给本科生和研究生开办各种专题讲座。但是这样的讲座目前还是零碎的、截面的甚至是随机的，而教育的过程应该是系统的、全面的、连续的、深入的。因此，新闻教育机构需要把

　＊　原载于《当代传播》，2009（2）：卷首语。

　❶　2006—2010年教育部高等学校新闻学学科教学指导委员会.2008—2009新闻传播学学科发展战略报告.

具有丰富实践经验的新闻业界人士引入实务新闻学的课堂，担任实务新闻学的学分课程的授课，建立起让富有专业工作经验和专业教学能力的新闻工作者加盟新闻教育的机制。

二是联手打造实践教学基地。

目前新闻学院的专业实践教学需要解决三个问题：

其一，实习基地的种类要丰富。中国的媒体业态是丰富的，中央和地方媒体、行业媒体、不同形态的媒体都是新闻专业的学生增长知识、掌握技能、丰富阅历、了解国情的专业平台。

其二，要让学生进入真实的职业角色。

其三，严密规划、科学管理。新闻教育需要学界与业界联手，对实践教学做出严密的设计规划，建立科学的管理体系。

三是联手推进双向交流机制。

除举办各种学术交流会议和各式专业培训之外，新闻业界和学界需要建立起常设的交流机制，随时互通信息、交流观点、分析问题、商讨对策，共同关心我国新闻业发展的前沿性问题和趋势性问题，联手推进对策研究、方法研究和理论研究。

二、与信息技术的融合

信息传播技术深刻作用着新闻传播的方法、途径、效果，作用着新闻传播的模式与趋向。

当所有已经出现和将会出现的网络信息传播技术与移动信息传播、多媒体信息传播的趋向融合在一起的时候，新闻传播更为深刻的变革即将呈现。

面对这样的技术演变趋势，今天的新闻教育需要高度关注与信息技术的结合，下述三项工作应该引起重视。

第一项是建造起多功能、跨媒体、可扩展的实验教学平台。今天新闻教育机构的实验平台已经不再是信息采集工具和编辑工具的简单集成，而是拥有多元设备、多元功能、多元扩展空间的教学与科研的基础设施。

第二项是建造起与技术界进行能量交换的各种通道，了解技术动态，把握技术趋势，熟悉技术思维，拓展技术应用。

第三项是让具有科学技术背景的教师充实师资队伍，以带动师资队伍科学技术素质和课程科学技术含量的提高。

三、与国际社会的融合

今天，在全球化的大趋势下，国际文化交往日益频繁。中国的新闻工作者需要了解多元文化、理解多元文化、尊重多元文化，掌握在多元文化环境中开展交流、和谐相处的专业工作方法。

一是建立科学的课程体系。新闻教育机构对人才的培养一般包括三个层面的内容，即通识教育、专门学科基础教育和新闻传播专业教育。从新闻学科应用型人才培养目标上看，专门学科基础教育体系的引入和跨媒体工作能力教育体系的建造，是中国新闻教育课程体系改革的两个重点。因为在媒介分工日渐细化的今天，新闻界需要的是拥有各种专业知识背景同时具有跨媒体工作能力的现代新闻人。

二是强化外语能力。当今的新闻传播，将随着国际社会相互关联程度和网络技术普及程度的提高，加快其国际化的进程。因此，新闻专业人才的外语能力是进行国际信息交流的基本能力之一。它直接关系到新闻工作者的信息采集能力、对国际社会的专业表达能力和与多元文化的专业沟通能力。

三是促进各种形式的国际交流。借助各种国际交流的场合，不仅我们可以了解国际社会情状，丰富国际交往的阅历，提升国际交流的能力，而且这也是我们向国际社会描述中国情态、讲述中国理念、解析中国问题、塑造中国形象的重要机会。业界和学界需要共同创造与国际社会交流的机会，在国际考察、国际培训、国际会议、国际研讨等各个领域有更多的联合行动。

网络信息时代中国新闻教育的改革思考[*]

高　钢

今天的中国新闻教育担负着神圣的使命，这就是培养热爱祖国和人民，具有强烈的社会责任感、宽阔的国际视野、深厚的文化修养、科学的思维方法和精湛的专业技能的新闻工作者。

中国新闻传播的学科建设和人才培养正在面临信息传播技术发展的深刻影响。这种影响迫使我们不得不重新考虑与新闻教育的职业责任相关的很多重大的事项。

一、互联网信息技术正在施放的影响

互联网信息技术比人类历史上的任何科学发明都更加广泛、更加深入地影响着社会生活的各个领域、各个层面、各个环节、各个时段，从而改变着人们的思维方式和行为方式，改变着社会的存在方式与运行方式。

影响未来网络信息传播形态与模式改变的技术是多元的。从已有的网络技术的社会应用趋势来看，直接影响信息传播形态与模式改变的三大技术已经日益显现：一是移动互联网的发展，它拓展着信息传播的自由时空，使人类的信息交流在任何时间任何地点得以实现；二是智能便携终端的发展，它提供了网络信息技术多元社会应用的个人平台；三是云计算服务的发展，它将极大推进人类的信息共享、资源共享、服务共享，在满足多元社会需求的同时，提高社会的运行效率。

这三大核心技术将形成千姿百态的信息服务，改变人与人之间、人与物之间的信息交流的模式与样态，从而使公共信息的提供方式、社会关系的经营方式、社会结构的演进方式发生革命性改变。

与新闻传播学科发展直接相关的媒介融合的趋势已经清晰呈现。

---

　*　原载于《新闻春秋》，2013（1）：4-8。

今天我们感受到的媒介融合，是数字化技术推进的信息传播的技术手段、功能结构和形态模式的界限改变及能量交换。数字化信息技术正在改变着信息的采集、合成、传播、经营等各个环节的运行方式，把历史上不同媒介形态的独立演进过程统一为一个更加丰富、更加有序的过程。这种新的信息传播结构对传统的新闻教育模式产生着颠覆性影响，对今天的新闻教育提出了全新的要求。

新闻传播学科需要高度关注网络技术对媒介形态的融合性影响，高度关注社会发展对信息传播的广泛性需求，高度关注其他学科与新闻传播学科之间的交互性渗透，高度关注公共信息传播的实践与理论的延展趋势，突破按照传统媒介形态进行专业划分的教育认知局限，突破传统新闻学以机构为主体进行信息传播的实践认知局限，突破经典传播学研究逻辑框架的方法认知局限，突破新闻传播学科壁垒森严孤立发展的学术认识局限，在信息传播全新的实践进程的基础上，在多元学科对信息传播学科领域全面渗透的基础上，在对新闻传播与信息传播的特点与规律的新的科学认知的基础上，建造起具有科学价值的学科理论体系和学科应用体系。

二、中国新闻教育三大基础元素的建构

在新闻教育的发展过程中，师资队伍、课程体系、教学平台仍然是决定新闻教育质量的三大基础元素。这三大基础元素的建构关系着新闻教育的科学性、前瞻性和实用性，关系着新闻教育目标的实现层次。

（一）建设拥有跨学科知识、跨文化思维、跨媒体技能的师资队伍

师资队伍的素质是保证教育质量的核心环节。今天新闻教育事业的师资队伍，既需要精通新闻传播专业的知识，也需要拥有跨学科背景知识的支撑，既需要了解专业理论知识，也需要掌握实务工作方法，既需要了解人类的经典知识体系，也需要洞察学科前沿的发展，既需要深刻理解和把握中国的国情与传统，也需要准确把握世界的前沿动态和趋向。

面对急剧变化的环境，我国新闻教育机构的教师队伍普遍面临知识重构、能力再造的任务。拥有不同专业背景的教师，都需要突破自己的专业局限，优化自己的知识结构，使自己拥有跨媒体、跨学科、跨文化的思维观，形成以下的专业素质与能力：

跨学科知识基础：这种跨越学科的知识基础，对于个体教师来说，不仅是对同一学科不同专业之间的核心知识体系的了解，更是对至少一门跨越部类学科知

识体系的了解，同时掌握各种科学工具的使用。对于整个师资队伍来说，由于新闻传播学科所具有的广泛的人文社会科学的属性和与自然科学的密切关联，因此，需要具有人文社会科学主要学科知识背景和与信息传播相关的理工学科知识背景的人员广泛加入新闻传播学科的师资行列，新闻传播学科的发展才能够拥有坚实的人才基础。

跨文化思维能力：新闻传播学科的教师需要了解和把握国际范围内业界与学界的基本情状与前沿动态，需要具有对于世界多元文化的了解与尊重。这不仅关系到教师视野的开阔度、思维的深刻度，而且关系到教师与时俱进的潜能蓄积。

跨媒体工作能力：特别是实务专业课教师，应该了解网络数字信息时代新闻传播的技术核心与技术趋势，各种媒体形式之间的能量互换方式和传播效果控制的原则及手段。

新闻传播学科的师资队伍的建造，需要强调学科背景的丰富性、学缘关系的多元性、实践经验的广博性，在此基础上建造起整个师资队伍的协作机制，使得个体教师的能量在团队集群中发挥更大的专业效应。

一个新闻教育机构要想自身组建起一支专业覆盖全面、知识结构完整、创新机能健全的师资队伍是困难的，因此，需要在国家制度层面上考虑高校师资队伍建设机制上的改革。新闻教育机构需要通过与业界的衔接、与学界的衔接、与技术行业的衔接、与国际专业教育机构和科研机构的衔接，探索提高师资队伍学术水平和专业素质的新途径。

（二）建设宽口径、厚基础、跨媒体、精专业的课程体系

为保证新闻教育的质量标准和教育目标的完整实现，就必须对新闻专业人才培养的基本环节进行质量控制。这种质量控制应该从课程体系的标准化建造和教学过程的标准化管理着手。新闻传播学科课程体系应该能够保证学生具备和拥有以下方面：

（1）高尚的人文品格和道德情操。

（2）热爱祖国和人民的政治素养。

（3）对中国历史、中华文化和中国国情的全面知晓和深刻理解。

（4）坚实的人文社会科学知识基础。

（5）宽阔的国际视野和跨文化交往能力。

（6）科学的思维方法和科学工具的使用能力。

（7）良好的新闻专业素养和精湛的专业工作能力。

　　中国新闻教育在长期历史中形成的课程体系是宝贵的，这些课程体系的核心成分和新闻业的职业使命和职业道德一样，也具有其自身的稳定基因。然而，面对今天信息传播技术的发展和媒介市场化的进程所推进的新闻传播业的变革，基于传统新闻业结构模式和运营方式形成的新闻教育课程体系面临着与时俱进的改革需要。

　　从世界范围看，今天的新闻传播学科的专业教育包括三个层面的教育，即通识教育、各专门学科基础教育和新闻传播专业教育。

　　通识教育是指人的生命潜能全面开发和人的品格精神健康发展所需要接受的构成人类文明基础知识体系和价值认识体系的教育。通识教育作为大学的理念应该是造就具有远大眼光、通融识见、博雅精神和优美情感的人才的高层的文明教育和完备的人性教育。❶ 通识教育的课程设计应该保证学生了解人类文明的进程及传统，塑造起高尚的人文精神和良好的品格修养，了解不同知识体系的结构方式和方法体系，掌握语文、计算、外语这些终身学习和潜能开掘所需要的基础知识与技能。

　　各专门学科基础教育是指新闻传播学科之外的一门相对完整的专业学科知识体系的教育。在今天，媒体分工日益细化，新闻报道专业深度日益加强，业界对新闻人才的专业性要求也变得日益突出。

　　从美国一些著名新闻传播院校进入 21 世纪后的课程设置情况来看，基于一门专业学科的基础教育之上进行的新闻传播的专业教育已经是普遍的课程设置原则。哥伦比亚大学新闻学院就开设了一系列专业分工细致的双学位课程，包括地球与环境科学新闻、新闻与法律、新闻与商业、新闻与宗教，以及与法国大学合办的国际与公共事务新闻。❷ 北卡罗来纳大学新闻与传播学院根据自身的学科发展优势，突出强调法律与新闻传播学的结合教育，他们与该大学的法学院合作，联合培养具有法律专业背景的新闻传播领域的专门人才。此外，他们还注重培养医学领域的新闻传播的专门人才。❸ 密苏里大学新闻学院则是让学生在大学的前两年接受人文社会科学或自然科学各个领域的专业教育，在后两年实施新闻专业教育。中国人民大学新闻学院从 2011 年起，与法学院和国际关系学院分别联合培养法学与新闻学、国际政治学与新闻学双学位的本科生。复旦大学新闻学院也

❶ 李曼丽. 通识教育：一种大学教育观. 北京：清华大学出版社，1999：15.
❷ 哥伦比亚大学新闻学院网站：http：//www. journalism. Columbia. edu/.
❸ 北卡罗来纳大学新闻与传播学院网站：http：//www. jomc. unc. edu/.

在为培养学生掌握各个学科的知识体系和方法体系，对本科生教育的整体进程进行着重大的结构性调整。

上述探索都预示着今天新闻专业人才培养设计的趋向。

新闻传播专业教育是专业工作的思维与方法及专业工作技能的培训教育。目前我国新闻传播学科专业课程体系的一般缺陷表现如下：专业课程内容陈旧；专业方法课程欠缺；与专业实践连接薄弱；专业课程总量过大。

由于教育过程特有的周期性，上述缺陷造成的影响会形成巨大惯性，加大了培养目标与新闻业人才需求之间的差距。我国新闻传播学科的课程体系整体上面临着加强科学性、前沿性和实用性的改造。

传媒市场对人才的选择已经告诉我们，仅仅具有新闻传播的知识和技能已经不能适应传媒市场对人才的需求。多学科知识背景和跨媒体专业技能的集成成为今天媒体选择人才的共同价值取向。从新闻传播学科应用型人才培养目标上看，专门学科基础教育体系的引入和跨媒体工作能力教育体系的建造是中国新闻教育体系改革的两个重点。

从新闻传播学科研究型人才培养目标上看，我们需要加大跨学科课程的比重，加大科学研究方法课程的比重，优化课程结构，改良教学方法，给学生更多的知识以滋养其智慧，给学生更多的方法以增强其能力，给学生更多的自由去探索其未知。

（三）建设多功能、跨媒体、可扩展的教学平台

在新技术条件下，教学平台的建设已经不是传统概念中的独立的实验室建设，而是拥有多种专业功能、多种使用目标的融合性实验教学和实习教学平台的构建。这种多功能、跨媒体、可扩展的教学平台是今天新闻教育依托的设施基础。

今天新闻教育机构的教学平台已经不再是信息采集工具和编辑工具的简单集成，而是具有多元设备、多元功能、多元扩展空间的教学平台。这种教学平台建设需要考虑的原则如下：

（1）注重教学平台技术设备与技术标准的前沿性，以保证学生和教师掌握现代新闻传播业所依赖的技术体系，知晓这一技术体系的核心要素和发展趋势。

（2）注重教学平台和新闻业界实务工作平台的衔接性，以保证学生和教师对业界主流技术系统的精确了解，从而保证学生投入专业工作时的高度适应性。

（3）注重教学平台对新闻传播学科各个专业方向的兼容性，以保证在有限的

物理空间和有限的设备规模下让教学平台对整个学科产生最大的功能效益。

（4）注重教学平台先进功能的持续扩展性，以保证实验物理空间和软硬件设施能够最大限度兼容技术发展的能量，能够持续平稳顺畅地扩充新的实验教学与科研的功能。

今天的新闻教育需要建成"融合性平台"系统。这种融合性体现在两方面。其一是教学、实验、实习的融合，其二是多种媒体技术平台的融合。每一门课程的教学或实践成为大系统中的一个单元，每个单元都可以充分调用各个实验室的资源，各个单元之间也可以实现资源的共享、流程的衔接。

新闻教育的改革是一个复杂的系统工程，三大基础元素的建构不是孤立的，也不是改革的全部内容，它们需要在严谨的制度体系、高效的管理模式和科学的运行机制之下形成整体能量，需要与高端科研规划的实施相结合、与业界的动态实践成果相结合、与前沿的社会服务相结合以获得新闻教育可持续发展所需的源源不断的动力。

三、中国新闻教育需要完成的三个方向性融合

面对社会的急剧变化、技术的快速进步、业界的迅猛发展，中国新闻教育在秉承自己优秀传统的同时，需要清醒地看到自身的局限，瞩目未来趋势，坚持改革创新，提高人才培养的前瞻性和实用度。

今天中国新闻教育的改革，需要遵循与新闻实践的融合、与信息技术的融合、与国际社会的融合这三个方向性的原则。

（一）与新闻实践的融合

新闻学界与新闻业界的融合在今天变得十分迫切。我认为三件事情是当务之急。

第一，联手改革新闻实务课程。中国新闻教育机构需要把更多具有丰富实践经验的新闻业界人士引入实务新闻学的课堂，建造起让富有专业工作经验和专业教学能力的新闻工作者加盟新闻教育的机制，特别是要让业界优秀人士担任实务新闻学的学分课程的授课。在这样的结合中，需要选择优秀的教材，制定严谨的教学方案，对新闻实务课程所涉及的专业工作原则、技术方法体系进行精准认定，对教学的方式和方法进行科学的规范，对任课教师进行严格的选择和考察，以保证新闻学院的实务课程既能够得到来自新闻实践前沿的智慧滋养，也不失进程模式的严谨和技术体系的缜密。

第二，联手打造实践教学基地。今天，不少新闻院系都在课程设置中安排了实践教学环节。但是，实践教学的进行方式、时间安排、考核标准却大相径庭。我认为目前新闻学院的专业实践教学需要解决三个大的问题。

首先，是实习基地的种类要丰富。中国的国情是复杂的，中国的媒体业态是丰富的，各种区域媒体、各种行业媒体、各种级别媒体、各种形态媒体都是新闻专业的学生增长知识、掌握技能、丰富阅历、了解国情的专业平台。今天中国如此大量的新闻专业学生是要为不同的媒体工作的。过于单一的媒体实习取向会限制学生的眼界和能力。

其次，是要让学生进入真实的职业角色。在严谨的领导和指导之下，报社能否让新闻院系的学生们独立完成一个深度报道任务？电视台能否让新闻院系的学生们独立拍摄一档专题报道节目？网站能否让新闻院系的学生们独立运营一个即时更新的栏目？模拟和实战永远是性质不同的两回事。只有实战才能培养新闻工作人员的真才实学。

最后，是严密规划、科学管理。新闻人才的培养是媒体机构和教育机构共同的任务。今天的新闻教育，需要对学生实践教学做出严密的定性与定量规划，并且建造起相关的管理制度。

第三，联手推进双向交流机制。除了目前每年举办的各种学术交流会议和各式专业培训之外，新闻业界和学界需要建立起常设的交流机制。双方互通信息、交流观点、分析问题、商讨对策，打破相互隔绝的常态，创造能量交互的机制。

在学界与业界的交流机制中，我认为最为重要的是联席科研机制。学界和业界需要瞩目于共同关心的中国新闻业发展的前沿性问题和趋势性问题，联手推进对策研究、方法研究和理论研究。具有影响力的学界机构和业界机构应该率先建立起这样的交流机制，政府管理部门和行业组织机构应该推进这一机制的建成。

中国新闻学界和业界要联手打造中国新闻教育的平台。

（二）与信息技术的融合

信息传播技术深刻作用着新闻传播的方法、途径、效果，作用着新闻传播的模式与趋向。面对这样的技术演变趋势，今天的新闻教育需要高度关注与技术的结合，三件事情是当务之急。第一是建造起多功能、跨媒体、可扩展的实验教学平台，开发技术教育课程体系。第二是建造起与技术界进行能量交换的各种通道，了解技术动态，把握技术趋势，熟悉技术思维，拓展技术应用。第三是让具有科学技术背景的教师充实师资队伍，由他们带动提高师资队伍的科学技术素质和增加课程建设的科学技术含量。

（三）与国际社会的融合

今天，在全球化的大趋势下，整个世界的经济联系日益加强，文化交往日益频繁，与此同时，相互冲突的机遇也随之剧增。置身于这样的国际环境中，中国的职业新闻工作者需要了解多元文化、理解多元文化、尊重多元文化，从而掌握在多元文化中展现自己、与人交流、和谐共生的专业工作方法。赢得他人尊重的前提是尊重他人。只有更多了解多元文化，更深理解多元文化，才能更为深刻地认知自己所属文化群落的价值，才能为促进多元文化的和谐相处、共生共荣进行有效的专业工作。

中国新闻教育机构目前需要考虑的工作或许包括以下方面：

首先，建造提高学生跨文化交流能力的课程体系。

课程是锻造人才的模具，它关系到人的知识体系的建造，而知识体系对一个人的品质、胸怀、眼界、思维方式和专业能力有着决定性作用。从业界对跨文化传播的专业人才的需求和国际新闻教育机构课程体系设置的一般规律上看，新闻教育机构对培养对象的教育需要达及三个目标。

（1）知晓国际范围内政治、经济、文化发展的整体情态。

（2）了解人类社会多元文化体系的形成过程、基本现状及存在意义。

（3）掌握跨文化的观察方法、思维方式和传播技能。

其次，强化师生的外语能力。

外语的重要性已经被中国改革开放 30 多年的实践所不断阐释和证明。在美国 21 世纪就业技能委员会向总统提交的 21 世纪美国对学校培养人才要求的专题报告中，外语能力被作为 21 世纪人才的三大基础中智力基础的要素之一，置于重要位置。

21 世纪的新闻传播，将随着国际社会相互关联的密切程度的提高和网络技术应用的普及程度的提高，加快其国际化的趋势。因此，新闻专业人才的外语能力是进行国际信息交流的基本能力之一。

重要的是选择优秀的教师、适合的教材、科学的方法，特别是要创造外语学习的仿真环境，强化口头语言和书面语言交流能力的培养和训练。

最后，促进各种形式的国际交流。

这种国际交流的场合不仅可以了解国际社会情状、丰富国际交往的阅历、提升国际交流的能力，而且也是我们向国际社会描述中国情态、讲述中国理念、解析中国问题、塑造中国形象的重要机会。

　　中国新闻教育创造过自己辉煌的历史，但是和其他任何事物一样，只有与时俱进才能延续辉煌。中国改革开放 30 多年伟大实践验证的成功之道就是坚持开放、不断变革、自主创新。

　　我们越是开放，我们就越能汲取来自大千世界的能量，以强大自身；我们越是变革，我们就越能突破旧有的束缚，赢得全新的发展；我们越是创新，我们就越能享受物质文明与精神文明的创造，拥有属于我们的美好未来。

专业自信：新闻教育创新的基本前提[*]

郭庆光

60年来，中国人民大学新闻教育与新中国的新闻事业和新闻教育事业休戚与共，走过了一段极不平凡的历程。在数代师生的共同努力下，人大新闻教育逐步形成了具有中国特色的社会主义新闻学体系和人才培养体系，并为国家和媒体行业输送了上万名专业人才。他们成为我国新闻队伍的中坚，为我国的新闻事业做出了重要贡献，他们的新闻笔，甚至在中国社会重大的历史性转折时刻，产生过广泛而深刻的影响。撰写过《实践是检验真理的唯一标准》和《东方风来满眼春》等历史名篇的胡福明前辈和陈锡添前辈，就是他们的杰出代表。

应该说，过去的60年，人大新闻教育是辉煌的，有着我们引以为豪的成绩。但是我们必须清醒地认识到，当今是一个高岸为谷、深谷为陵的巨大变革时代。人类全球化进程的加速、新媒体与自媒体的崛起、媒体深度融合以及传统媒体的转型，都对新闻教育提出了严峻的挑战，赋予了新闻教育崭新的课题。人大的新闻教育在这些挑战面前，必须要加快改革创新的进程。

一、新闻专业教育不会衰退

随着互联网时代的到来，自媒体的崛起，传统媒体和传统新闻教育都面临转型的必要。在转型过程中出现了不少唱衰专业新闻媒体和专业新闻教育的声音，对于这些观点怎么看，是我们要面对的一个很重要的问题。我个人认为大部分的唱衰观点有一定的道理和根据，确确实实抓到了目前新闻媒体现状的蛛丝马迹，但大部分是发展过程中的临时现象。它们没有抓住事情的本质，也没有抓住新闻媒体在社会信息传播中的地位和作用，所以很多东西蛊惑力很强，但基本上经不起推敲。我认为问题的实质是，传播技术、传播介质和媒体平台在变，但我们可以很明显地看到社会对新闻的需求没有变化，不但没有衰退，而且更加旺盛了。

———————————

* 原载于《中国社会科学报》，2015-11-05（3）。

新闻在整个信息传播和社会发展中的影响力更大了。

自媒体和社交媒体的发展是一件好事，更大程度上实现了媒体的多元化，打破了过去由传统媒体独家垄断的情况，整个社会新闻传播系统更加多元、更加平衡，从这个角度来看，这是一个积极的进步。但是自媒体、社交媒体这些新的形态会不会取代专业媒体就是另一个问题。自媒体不断在暴露自身的弱点和局限，一旦这些局限暴露清晰，专业媒体就会得到社会更多认可。传统专业媒体需要转型，转型后的新型专业媒体依然会是社会信息系统中的正规军和主流。

由此而言，专业新闻教育不但不会衰退，而且有更宽广的发展空间，它将承担起培养新型专业新闻工作者和向公众普及新闻素养、媒介素养的双重任务。当然，这一切都是建立在新闻教育需要改革创新的前提之下，一味守旧，是在新形势下不负责任的行为。所以，目前新闻学院人才培养模式的改革、课程体系的改造以及专业创新，都需我们做出不懈的努力。

二、建立专业自信是基本前提

对这样一个有巨大影响力的学科进行学习和研究，唯有抱持足够的专业自信心和自豪感，才能增强对自己学科与专业的热爱和忠诚，此乃学好这个专业的基本前提。

建立牢固的专业自信极为重要的一点，就是要认清这个学科对社会进步的重大影响力。新闻传播学虽然是一个小学科，但是没有人能否认，新闻传播学是一门显学，和其他学科像法学、经济学相比，至少不亚于它们的社会关注度和影响力。从改革开放之后的发展来看，新闻传播学对社会进步的贡献也不亚于法学和经济学。有人曾经问过我，你们搞传播学的，对社会有什么贡献啊？我的回答是这样的："新闻传播学对社会的影响力是潜移默化的，虽然难以直观，但它确实对社会产生了深层次的变革影响。只提一点便明白，就是新闻传播学深刻地影响着当代中国的话语体系。"

新闻传播学，特别是传播学，在20世纪七八十年代是一个特别陌生的专业，学"传播"的被理解成学"船舶"的。在今天，经过几十年的努力，传播学首先改变了媒体的话语体系，其次渗透到百姓的社会话语体系，进而渗透到"十七大""十八大"文件，党和国家文件的主流话语体系当中。话语体系的改变意味着理念的改变，价值体系的改变，思维方式和行为模式的改变，对中国社会有很大影响。说新闻传播学影响着当代中国的话语体系，恐怕这一点没有人能够否定。

三、以"三跨"为核心改造学科专业

新闻需求是社会基本需求。只要坚定这一信念，该变革什么，该坚守什么，创新的路径选择应该是清晰的。人大新闻学院院长赵启正对人大新闻学院办学理念有个定位：站在潮头永不落后，培养卓越新闻人才，改革创新教育和科研模式。这些思路和措施也已经凝结为新闻学院的"十三五"规划。

第一，在未来五年内，我们要通过以"三跨"为核心的学科专业改造，实现新闻传播人才培养模式的大幅创新。这"三跨"，也就是把跨文化、跨媒体、跨学科培养，作为人才培养模式创新的主要路径。

跨文化培养指的是适应全球化的趋势，培养在"向中国传播世界"和"向世界说明中国"两个方面都有着明显优势、能够"讲好中国故事"的专业人才，以适应我国对涉外新闻人才的需要。在这方面，我们已经有了国际新闻硕士班，在本科层面上开设国际新闻传播专业的论证工作也已提上日程。

跨媒体培养则是为了适应多媒体、融媒体技术的发展，打破文字报道、图片报道、广播记者或影视记者等单科培养的惯例，通过课程体系的融媒体改造，培养熟练驾驭多媒体的多面手。

跨学科培养的目的，是培养"一专多能"的复合型新闻传播人才。在这方面，我们与法学院、国际关系学院分别合作建立了新法班和新国班。下一步，我们将进一步推动新闻学与财政金融学和信息科学的联合培养，希望新闻学院的学生能够在财经报道、数据新闻和可视化报道等方面形成专业优势。

第二，在科研创新方面，我们要通过科研体制的改革和激励机制的实施，尽快推出创新含量较大的标志性学术成果，积极回应学科建设和国家经济、社会、文化发展等提出的重大需求和崭新问题。在这方面，我院的教育部重点研究基地"新闻与社会发展研究中心"正在着力于新闻传播的高端智库建设。同时，我们又与IT企业合作成立了融媒体实验室，这个实验室将在科研创新、服务教学、服务产业方面寻求新的突破。

第三，在师资队伍上，结合新闻传播学应用性强的特点，我们正在重点建设专职教师和业界导师两支团队，积极吸纳一线新闻工作者进入教学和培养的各个

环节。目前，在专业硕士的培养上我们已经完全实行双导师制，在本科的专业课程中也有越来越多的一线优秀新闻工作者进入课堂。

总之，在对外拓展、对内重构的总体思路下，人大新闻学院"十三五"规划包含了非常丰富的内容。通过不懈的努力，人大新闻学院有决心、有信心实现新闻教育的创新发展。

关于新闻教育改革的对话 *

杨芳秀　张涛甫　周　勇

一、毕业季，新闻传播专业学生去哪儿了

主持人（杨芳秀）：两位院长好！近年来，新闻传播教育的外部环境发生了深刻变化，特别是因新媒体崛起引发的哥白尼式革命，深刻改写了社会生态和传播格局，打破了此前由机构媒体一统天下的传播格局，自媒体等的兴起改变了社会和媒体对新闻传播人才的需求结构，对新闻传播教育带来了颠覆性的影响。值此大学生很快走向社会的毕业季，一起来探讨新闻传播人才的教育与就业有非同寻常的现实意义。首先，请您两位分别介绍一下中国人民大学和复旦大学新闻学院近几年学生们的就业情况，如何？

周勇：中国人民大学新闻学院目前在读学生 1 182 人，本科生 761 人，硕士生 286 人，博士生 135 人，就业率100%，就职去向主要包括主流新闻媒体、国家部委、中央企业、新媒体公司、高校等，其中一半以上去往主流新闻媒体。从用人单位的反馈来看，对我院毕业生的总体评价保持在优秀水平，满意度较高。

张涛甫：从复旦大学新闻学院近几年的就业情况来看，我们的毕业生就业选择多元化，进入媒体机构的比例比较低，在两成左右，最多的年份不超过三成。有相当比重的毕业生不愿意到媒体工作，特别是传统媒体，它不是我们学生就业的首选。如今是传统媒体的转型阵痛期，未来前途不明朗，新闻专业的学生也没有强烈的愿望去传统媒体。

主持人：的确，由于新媒体的突飞猛进发展，媒体环境发生深刻变化，传统媒体面临着严峻的挑战，纷纷向建设新型媒体转型。作为培养专业新闻传播人才的高地，院校也得因势而动，紧跟业界的发展需求才是。作为我国新闻传播教育

---

　　* 原载于《新闻战线》，2016（11）：34－36。杨芳秀，《新闻战线》主任记者。张涛甫，复旦大学新闻学院副院长。

的两面旗帜，复旦与人大在怎样探索新闻教育的与时俱进？

张涛甫：由新媒体技术引爆的波澜壮阔的新传播革命，倒逼我们的新闻传播教育须以壮士断腕的勇气深化改革。当前，很多新闻传播院校和教育机构，各显神通，多方位寻求新闻传播教育改革路径。

复旦大学新闻学院围绕"2＋2"专业改革和媒体融合课程改革，在加固专业河床的同时，筑牢专业防洪堤，基础能力建设和专项能力建设并重。我们的"2＋2"课程体系改革，意在延展新闻传播专业知识和能力口径，变单一知识结构为复合知识结构，强化新闻传播专业能力厚度，缩小与实践前沿的知识沟，提升新闻传播教育对外部性变化的敏锐性。比如，我们围绕媒体融合这一业态趋势，在全面掌握中外新闻传播教育变革走势、精准把握好新闻传播实践前沿行情的基础上，对新闻传播教育专业课程菜单进行重新设计，重新建构新闻传播专业知识和话语体系。

周勇：人大主要在学科建设、人才培养两大方面着力。学科建设方面，一是新增新媒体专业或专业方向，并逐步将新媒体理念渗透进新闻、传播、广播电视、广告与传媒经济等传统专业，对其进行基于新媒体思维的专业体系改造。二是学术研究与媒体发展前沿对接，通过学术创新，为传统媒体转型升级和新媒体发展提供学术支持。

人才培养方面，主要是开展融媒体的课程体系改造和相应的支撑平台建设。比如，人大新闻学院近十多年来不断推进打破原有专业壁垒的"课程包"体系和课程全面开放的选修制度；学院所属的国家级实验教学示范中心也通过实验资源的全媒体整合，在硬件和软件上形成具有媒体融合能力的实验平台。总的来说，就是要把握"全"与"专"、"术"与"道"的平衡。

二、平衡处理两对关系：知与行、术与道

主持人：经常听到业界人士抱怨：毕业生在工作中往往眼高手低，使用时有一段漫长的过渡期。这暴露出新闻传播教育的一大软肋——理论与实践的脱节。在新闻传播教育中，怎样才能正确处理理论与实践的关系？

张涛甫：新闻传播教育不可能做到与实践的"零时差"，无缝对接，但要尽可能将这种距离缩至最小。为此，我们的课程设计一定是实践趋向的，哪怕是那些看起来是纯理论的课程，也不是不接地气的。因此课程安排具有高度的开放性，与业界之间开有"旋转门"：聘请业界人士来学院上课，坚持高标准，强调

质量和效果。

另外，新闻传播实务课程有专门的经费支持，用来开设工作坊，强化重点或热点专题的操练。为了加强学生的实战能力，除了常规化的小实习、大实习之外，还通过多种实训活动，把学生拉出去，进行实战训练。比如：今年暑期，我们启动"记录中国"项目，把学生分派到云南、贵州、甘肃等地进行以"精准扶贫"为主题的专题调研和报道。

周勇：人大新闻学院始终重视在教学科研中与实践全方位结合，在课程教学中引入各种实践资源。比如：在课程内容中加强实践能力的培养；通过"部校共建"、"双导师"制、"卓越人才培养计划"等渠道组织业界师资来学院开设课程并参与对学生的指导；定期选送教师到业界挂职锻炼；与实践单位合作建设实习基地，进一步提升学生的实习效果，还通过"新闻学子走基层"、国际新闻传播硕士"三项学习"新闻夏令营、"一带一路"沿线调研活动等，培养学生了解实际情况以及解决实际问题的能力。

当然，实践技能固然重要，但学校教育的本质还是要培养学生独立思考、举一反三的能力，即使是实践技能的训练，也必须有理论指导，引导学生探求具体事件中的抽象规律，而不是简单的技能赋予。

主持人：正确的价值观是一切新闻传播工作的基石。作为媒体人，其世界观与价值观的正确与否，维度高低，对社会思想的影响比其他行业都来得大。作为对价值观形成起关键作用的高等教育，处理好技术论与意识形态论的关系也很重要。两位能谈谈你们的感受吗？

周勇：人大新闻学院历来重视马克思主义新闻观在教学科研、人才培养中的指导作用。学院共有六位马克思主义理论研究和建设工程教材首席专家，在日常教学中也全面使用这些教材；通过与北京市委宣传部"部校共建"重大课题，强化马克思主义新闻观的研究。同时，注重与业界的合作，不断探索"实践中的马克思主义新闻观"研究和人才培养。

对于学生来说，如何让其了解国家、社会是培养正确价值观和判断力的基础。我们这些年也在通过国际教育课、传播与社会通识课、新闻学子走基层、名记者名编辑进课堂等多种形式，培养学生这方面的能力。

张涛甫：在新闻传播教育中，价值教育和技术教育都不能缺位。价值教育在新闻传播教育中普遍受到忽视。高校作为知识和价值的集散地，对大学生的思想价值观进行定型、建模很有必要，但难度很大。

在完全开放的传播语境中，大面积的知识流动及密集的价值负载，使得高校存在意识形态"流动性过剩"及价值"超载"现象突出等情况。而且，大学生正处在知识吸纳和价值成长的"易感"期。一方面，他们在敏感的好奇心驱动之下，容易被形形色色的知识和多元的价值观点吸引；另一方面，由于缺乏截断众流的定力和判断力，他们也易被悦目或动听的价值理念、观点分散注意力，致使坚守主流价值观基本盘的难度相对较大。

在这种背景下从事新闻传播教育，对新闻传播专业的大学生做价值观定型和建模，将他们的价值观导入预期的价值观基模内，进而校准新闻传播专业学生的马克思主义新闻观"定盘星"，其难度不小。在新闻传播教育中播撒马克思主义新闻观的种子，一是依靠理论和思想本身的力量和魅力，以道理说服人，二是需要掌握宣传规律和宣传的艺术。用理论的逻辑、价值的魅力，以喜闻乐见的形式，去说服学生，感染学生。复旦大学新闻学院的马克思主义新闻观"国家精品课程"教学团队，经过十多年的建设与积淀，已成功地探索出一套马克思主义新闻观教育模式。

三、占领未来制高点：培养融合型、国际型人才是关键

主持人：融合是目前媒体实践中热度最高的词。面对媒体融合实践中出现的相关人才短缺现象，高校应在哪些方面做出积极反应？

张涛甫：复旦大学新闻学院在国内较早进行"媒体融合"课程探索，曾经从理论和实践层面设计了两门课："媒体融合概论"和"媒体融合报道"。前者注重理论和技术传授，后者注重实务训练。经过多年探索，积累了一些经验，也遇到了不少困难。媒体融合这类课程，没有完成时，永远在路上，因为实践处在变化中，必须针对变化作出调整。

近两年来，围绕媒体融合课程建设，我们在对国内外一些知名新闻传播院校的课程体系进行深度调研的基础上，结合新媒体发展趋势的研究，对媒体融合课程进行升级设计，意在用新媒体理念和逻辑，改造专业课程体系。为了规避惨烈的同质化竞争，我们把培养目标定于为专业媒体机构培养高素质的专业新闻传播人才，为政府或社会机构培养高质量的公共传播人才，为企业培养优秀的商业传播人才。通过课程设计，我们为上述三类人才度身定制知识菜单和专业能力培养方案。

周勇：融媒体时代需要更高、更综合、更国际化的传播能力，因应这种需

求，人大新闻学院推出了人才培养的"三跨"模式：跨学科、跨媒体、跨文化。利用中国人民大学人文社会科学方面的综合优势，我们与国际关系学院、法学院合作分别开设了"新闻-国际政治""新闻-法学"双学位实验班，目前正在筹备跨学科开设"新闻-财经""新闻-大数据"实验班。

此外，学院开设跨媒体工作坊，将其纳入正式的课程体系，培养学生的融媒体综合操作技能；拓展学生海外交换学习渠道，同时加强中外学术交流，使学生具备跨文化的国际传播能力。

主持人：国际传播人才的培养是新闻传播教育的重要选项，也是培养高端新闻传播人才的必然要求，对于"讲好中国故事，传播中国声音"至关重要。对于国际传播人才，应有别于传统的培养模式。能否介绍具体的做法与想法？

周勇：人大新闻学院国际传播人才的培养主要做法是：其一，本硕联动，培养国际传播拔尖人才。学院在本科层面开办了"新闻-国际政治"跨学科联合人才培养实验班，毕业可获得双学位，依托中国人民大学苏州校区开办"中法国际财经新闻传播专业"，受中宣部委托设立国际新闻传播硕士专业。

其二，通过不断推动师生的海外实习、访学、国际学术交流等方式拓展学生的国际视野。

其三，通过"双导师"制引入人民日报社、新华社、中央电视台、中国新闻社等单位的业界精英担任硕士生业界导师，同时带动相关的课程教学。

其四，受外交部、中国记协委托，面向外国记者开展中长期系列培训项目，直接服务国家整体外交和"一带一路"倡议；受国务院侨办委托，连续举办多期海外华文媒体高级研修班，提高华文媒体"讲好中国故事"的能力。

张涛甫：我们复旦的做法，一是走出去，二是招进来，三是强化本领。

"走出去"就是通过国际化项目，把学生送到国外知名新闻传播院校去交流学习。比如，通过国际交流项目，我们选派优秀学生到美国、日本、法国、澳大利亚等国知名新闻传播学府交流深造，系统学习国外新闻传播学专业知识。

"招进来"是指通过国际化项目，直接招收海外留学生，在复旦大学接受系统的专业训练。比如，我们每年会招收 50 名左右的本科留学生，30 名左右的硕士留学生。他们在中国的教育经历增进了他们对中国的理解，有助于他们回去传播"中国故事"。

"强化本领"是指，在我们的专业教育中注重国际传播理念和能力的培养。讲好中国故事，前提是既要读懂中国，又要知晓天下。为此，我们增设了"国情教育"课程，同时强化了新闻传播专业学生社会实践的宽度和深度。为了强化学生的国际传播能力训练，我们在"2＋2"课程体系中设置了"国际关系和国际政治"方向供学生修读。

主持人：在毕业生即将离校走上就业岗位时，有哪些话想对他们说？

周勇：在怀疑的时代保持信心，脚踏实地、坚持理想，坚持做一个有专业操守和能力的人，新闻传播行业的春天还远未到结束时。阵地变了，新闻还在；价值实现的途径变了，专业价值还在。

张涛甫：我想说的是，完成了学校教育，只是人生之舟起航，你在学校里学得再优秀，并不一定说明你在未来的工作中就出色。在你们面前有很多机会等待你们去开发，但也有不少风雨等在你们人生的路上。如果你选择新闻传播这个行业，考验会更加严苛。须在思想上和能力上做好充分的准备，栉风沐雨，负重前行。

新闻教育亟待探索的主要问题*

蔡　雯

在新媒体环境下，新闻传播业呈现出前所未有的快速变化和复杂局面。行业变迁与社会资源的重新配置，使新闻教育改革不断面临新的问题和难点。笔者基于国家社科基金重点项目"媒介融合时代新闻传播教育研究"的持续性观察和研究，发现新闻院校已经获得的教育成果各具特色，而亟待探索的问题却很有共性。本文就其中最重要的几方面问题进行讨论。

一、新闻教育规模及人才培养定位

我国新闻传播业进入新的发展时期后，人才需求方面的变化有两个方面值得关注。一是专业新闻媒体所需要的人员结构出现变化，特别是对新闻采编人才的选拔越来越多地由以往侧重于新闻传播学科转向更广泛的学科领域。政治学、经济学、法学、社会学、历史学等学科培养的学生都是新闻媒体单位的选择对象，而且越是重视专业性新闻传播的媒体在这方面越是需要具备与所报道领域相关的专业背景的从业人员。因此，新闻传播学科的本科教育规模面对这种变化明显表现出过剩态势。我国新闻传播学科本科教学点过千的情况近几年已经成为学界与业界热议的话题，对新闻传播学科毕业生出路的担忧普遍存在。二是随着新媒体的兴盛，非专业新闻媒体对新闻传播人才的需求出现了高涨的趋势。政府机构、事业单位、社会团体和各类企业都纷纷创办了自己的官方媒体，包括网站、微博、微信公众号、客户端等等。这些媒体作为机构对外传播的工具，需要具有新闻传播专业知识和技能的人来管理和运营，近年来这类岗位已经在吸纳大量的新闻传播学专业的毕业生。当然，仅仅有新闻传播专业背景，是否就能胜任这些机构媒体的工作？还有待观察。综合上述两个方面的变化，我国新闻传播学科的办学规模应该控制在什么水平，目前还不是非常清晰，有待该学科的专业指导委员

* 原载于《国际新闻界》，2017（3）：6-18。

会及教育学会等组织机构以及研究人员展开相关的跟踪调查和分析。

对于从事新闻人才培养的各新闻传播院系，在这样一个已经超规模发展的新闻传播教育体系中，则面临着如何进行人才培养定位的问题。据 2013 年统计数据，中国有 1 080 个新闻传播类本科专业教学点，分布在 637 所高校；93 所高校设有新闻传播学硕士点，17 所高校设有一级博士点，在校大学生约 20 万人；大约有 5 000 名在校专职教师服务于新闻传播教育。也就是说，中国有四分之一多的高校涉足新闻传播教育，包括 985 高校、211 高校、一般高校、独立学院等。到 2015 年，开设新闻传播类专业的高校增加到 681 所，专业分布点增长到 1 244 个❶，短短两年中就增加了 164 个，在校本科生也增加到 23 万人。对于这种状况，很多新闻传播教育人士认为问题不少，如华中科技大学新闻与信息传播学院院长张昆认为，有两个问题值得注意：一是人才培养严重滞后于业界的需求，业界实践已经远远地抛离了教育界。全球传播、大数据、数据新闻、社交媒体、文化产业、政治参与、社会转型等，大多数学校的新闻院系没有跟上；大多数高校的新闻院系仍苦于专业细分化与融合化的矛盾难以自拔。二是学术生态的恶化。新闻传播学科在高校整体学科格局中的地位每况愈下，新闻传播学科对整个人文社会科学的贡献度没有提升甚至在下降，新闻传播学科与其他学科之间的差距越来越大，与其他学科的对话日益艰难。这些问题的根源在于新闻传播教育的定位不准，思路不清。几乎所有的高校，一流的、二流的、三流的，都是同一个定位，而这个定位都是由来于新闻传播教育的职业型特征，千篇一律，没有区隔，没有个性，没有特色，以致受到社会各界的批评。❷ 其实，定位不清晰的问题也从另一个角度反映了新闻教育规模扩张过快的弊端。一些并不具备办学条件的院校跟风开设新闻传播院系或专业，对人才培养的方向和路径缺乏科学严谨的调查论证，盲目照搬一些老牌新闻学院的思路和做法，最终导致缺乏特色，培养出来的学生也缺乏竞争力。

值得注意的是，我国教育管理部门对于高等院校专业设置的管理制度也在一定程度上不利于各教育单位的自主创新和特色化发展。如对新闻传播学科的专业设置，教育部 2014 年颁布的本科专业调整目录中增加了专业数量，但这次调整实际上并没有解决以往存在的一些问题，如根据媒体介质特点进行专业划分（如

❶ 截至 2019 年，全国 721 所高校开设了新闻传播类本科专业，专业分布点 1 352 个。
❷ 张昆. 一流大学传媒教育定位的困惑与思考. 新闻记者，2016（2）：54-59.

新闻学专业、广播电视专业、网络与新媒体专业)、传播学专业与其他专业的区分尚不清晰(如新闻、广告也可视为传播的分支)等,而且专业划分比以往更细。虽然增加专业数量有助于新闻传播学科在教育管理部门争取资源,但面对媒介及产业融合的加速,业界对复合型与跨媒体传播人才的需求增强这一趋势,这种专业细分化却是值得商榷的。而且所有新闻传播类院系都按此目录设置专业方向,各自的特色和优势也难以发展。

从新闻传播人才培养自身的规律来看,专业细分并不利于人才培养,应该鼓励和支持以新闻传播学一级学科来招收本科生和设计培养方案,淡化专业间的区分。而且应该鼓励各教育单位根据自己的资源优势规划设计培养目标,设立不同的教育项目。在一级学科的教育框架里,可以通过不同专业方向的课程包的设置,方便学生自主选择课程和跨专业方向进行课程组合,使他们能够全面掌握本学科的基础理论和知识,同时又能根据自己的兴趣和能力侧重某些专业领域的学习。研究生教育则需要进一步加强专业硕士教育的比重,减少学术型硕士生的人数,因为相比各类媒体和机构所需要的应用型人才,高校与研究机构所需要的学术型人才的数量要少得多。专业硕士招生,应该增加非新闻传播学科本科毕业生的招生比例,以实现本科与研究生教育的"跨专业"自然形成,对于培养复合型新闻人才极其有益。而学术型硕士则应该作为博士生的预备阶段,鼓励硕博连读。

教育规模控制与特色化定位这两个问题的解决,需要国家教育管理部门在高等院校专业设置方面进一步放权,鼓励各类学校根据自己的条件和人才需求情况设立专业和方向,并通过教学质量评估、毕业生质量评估等管理手段对各个教学点进行监察和评价,以促成新闻传播学科的教学点优胜劣汰,保持相对合理的规模;另外,也需要各个新闻传播院系进一步加大改革和创新力度,积极探索适合自身发展、具有独家特色的办学模式。

二、新闻教育的创新与守成

什么需要变革,什么应该坚守,是近年来新闻教育界一直讨论的问题。创新的各方面表现及成果,本文限于篇幅不加论述。需要关注的是,新闻传播院系纷纷加大课程改革力度,热衷于加强新技术新媒体内容的教学时可能产生的问题。已经有学者提出,"当新媒体迅速崛起时,传统的职业传媒人似乎已被搅得心神不宁,表现出渠道崇拜之下的慌乱,缺乏职业传媒人的淡定和对传播内容的精细打磨和把关，因而屡屡表现出有失真实、有失准确的业余水准。社会对职业传媒人种种过失的不满，反过来给新闻传播教育提出了警示：'固本'教育必须成为共识"❶。确实，新闻传播教育应用性较强，具有面向具体行业和岗位的职业教育特征，在新闻传播教育综合改革中有不少人主张按照新闻传播业对大学生提出的职业能力和职业素养的要求，调整新闻传播类专业人才培养的目标、课程体系和教学内容，使新闻传播教育改革表现出技能化和工具化的趋势。如一些高校在课程结构与课程体系调整时，凡与新闻传播理论和技能无直接关系的各类公共课能不开的尽量不开，能少开的尽量少开。尤其是文史类、管理类、艺术类的课程，在人才培养方案修订中，被大量剔除出去。这种做法堪忧。

不能否认，培养新闻传播人才需要紧跟传媒业发展步伐，加强对学生的专业知识、职业技能和职业素养的教育，帮助他们理解和掌握最新的技术工具和业务技能。但是新闻传媒为公共利益服务的根本属性还要求其从业者对社会有全面、深刻、准确的认识，承担社会瞭望者的责任。新闻传播教育必须帮助学生形成宽阔的知识视野和提高人格品德修养。因此，过去一直强调的"通才教育""厚基础""宽口径"等要求在新闻教育改革中不应弱化，而要继续坚守。

创新与守成这对矛盾，在一所新闻传播院系的改革方案中主要体现为，是以培养学生深厚的人文素养、丰富的社会知识为目标，还是以培养学生的新闻专业素养和技术能力为重点？如果是后者，显然难以保证学生在未来更加专业化的工作领域中有发展后劲。如果是前者，新闻学院办本科教育还要更多地依赖兄弟学科的教育资源来支持，如复旦大学新闻学院的"2＋2"培养模式、人大新闻学院的双学位实验班模式，以及西方国家很多新闻传播学院的本科课程有一半甚至70％由其他学科来提供，都体现了这一特点。这种教育模式虽然与培养目标（复合型、厚基础）是相符的，但在现实操作中，由于课程资源的配置是跨学科的，新闻学院对教育质量的控制难度很大。还有第三种选择，就是在通识教育与专业教育之间争取平衡，但限于本科教育只有四年时间，课程设置的挑战性很大，实际上潜存两方面都做不到最好的风险。因此，新闻传播学科的本科教育，是否应该更多考虑从其他学科的本科毕业生中选拔生源，进行第二学位教育，或者转为专业硕士的培养？这样是否能比新闻学院独立培养本科学生更有成效？当然，这可能也会带来另一个问题，即如何保证生源质量？尤其是著名高校和名牌新闻学

---

❶ 何志武．新闻传播教育，转型还是坚守？．青年记者，2016 (7)：73-74.

院，本科生源通常比第二学位和研究生生源更优秀，放弃或缩减新闻学科的本科教育将会产生什么样的后果？这些矛盾和纠结，本身也说明新闻传播学本科教育还有很长的探索之路要走。

三、师资队伍建设

新闻传播类专业应用性很强，但从目前我国新闻传播院系的师资情况来看，比较突出的问题是难以保证从事新闻传播业务课程教学的师资的数量和质量。新闻传播学科的师资队伍建设一直没能解决重学术资历和学位、轻实践经验的问题。如大多数新闻院系招聘教师以获得博士学位为必备条件，更适合讲授业务课程的业界优秀人才因为没有博士学位难以转入教学岗位，这严重影响了实务类课程的教学水平。在结构组成上，擅长基础理论研究和教学的人多，能够教授业务实践类课程的人少；高学历的人多，有业界工作经验的人少。

出现这种状况的主要原因是，我国对于包括新闻传播学科在内的各学科专业水平的评价，按照目前通行的标准和办法，主要是学术导向。如在师资队伍考核方面，重视学历学位，重视来自海外的博士研究生，重视学术论文的发表，尤其是 SSCI、CSSCI 期刊论文的发表，重视重大课题、研究经费以及学术奖项等。近年来各高校片面追求研究生学位点，特别是追求博士点，更加导致与技能、专业知识相关的要素在整个评估体系中所占的权重很低，如学生质量，课程水平，实务课程教师的业界经历、实验实践环节等。近年来，校部共建新闻传播学院在一定程度上促进了业界的优秀人才进入高校承担一部分业务课程的教学任务，但因为这些人员的第一岗位还是在新闻媒体，时间和精力上并不能保证优先满足高校的教学需要，而且这类人员每年处于流动中，无法保证稳定性。

在我国教育管理部门的学科评估指标这一"指挥棒"下，在高校行政化管理还没有真正得到纠正之前，师资结构这一难题或将继续存在下去。此外，对于已经在岗的教师，业绩考核、职称晋升中重科研、轻教学的问题也较普遍存在，尤其青年教师受此影响，不得不把大量时间放在撰写论文和专著上，没有时间到传媒单位参与实践，也缺乏指导学生动手实践的热情，最终可能导致理论研究与实践相脱节，论文数量上去了，真正有价值的成果并不多。更大的受害者是学生，他们得不到老师更多的关心和指导，高校教育事实上背离了其培养人才的宗旨。

师资建设的另一个问题是，科班出身的新闻传播学博士、博士后在现有的教师团队中所占比例很高，他们在理论研究方面具有优势，但普遍缺乏媒体从业经

验和复合型知识背景，在教学中重视理论思考，对实际操作和业界变化不甚敏
感，影响了学生能力训练与新闻岗位需求间的有效对接。因此要鼓励高学历、长
于理论研究的年轻教师到新闻传媒一线参与实践，因为新闻传播学科不同于文史
哲等基础性学科，新闻传播理论研究不能与新闻传媒实践相脱节，新闻教学中需
要紧密联系当下的新闻实践和媒体发展，才能帮助学生了解前沿，学以致用。尤
其是近几年，从海外深造归国的博士加入教师队伍的人越来越多，他们对国外的
传播学理论和研究方法驾轻就熟，但对国内新闻传媒业的了解和接触相对较少，
如果不加强这方面的"补课"，教学与研究都很难针对中国的现实情况找对问题
和方向，甚至有可能水土不服，误己误人。近年来在新闻界与新闻教育界共同实
施的"卓越人才培养计划"推进了高校与媒体之间的人员交流，在记者编辑进入
高校的同时，新闻传播院校也派送教师到媒体挂职，这项活动对于新闻传播院校
的师资队伍建设尤其是青年教师的培养具有积极的作用。但是在有些地方，挂职
的落实工作以及效果还不太理想，主要取决于派出教师本人的积极性和工作态
度，这方面如何加强管理和保证实际效果还有待研究。

师资队伍建设在全国范围内的不均衡也需要引起重视。一方面，重点新闻院
系编制饱和，职称晋升困难，教师发展空间受到限制；另一方面，地方性新闻院
系求贤若渴，却因各种原因引进人才困难。近几年高校之间人才竞争加剧，开始
出现少数知名教授被一些学校以高薪和优厚待遇"挖走"的现象，但是少数人的
流动主要还是在一些大都市的著名高校之间，暂时并不能从根本上解决总体不均
衡的问题。

四、复合型人才培养

对于"复合型人才"的培养在新闻教育界内部获得了高度的重视，但也有不
同的声音，如有学者将此视为新闻传播学科建设的一种"迷思"，认为"'复合
型'人才的提法反映了我们对于互联网背景下新闻传播专业人才的一种定位，不
能说毫无价值。但仔细分析，所谓'复合型'，目前主要从两方面理解：一是掌
握多种媒体技能（技法），这主要是报纸、广电以及所谓的新媒体传播技能；二
是掌握多学科知识。就前者，所谓的新媒体技能本身就是一个黑洞……互联网的
组合化创新使得媒体形态层出不穷，技法的掌握已经是难以跟上，盲目跟从这种
技法已经不太现实。就后者，知识的细分本已使知识难以穷尽，而总体化趋势更
是意味着多学科、跨学科知识也难以应对。因此，所谓复合型人才，就变成了一

个看似新颖却又自相矛盾的一个命题"❶。这种疑问值得思考。从人才培养的现实情况来看，新闻传播院系培养掌握多学科知识的复合型人才较之培养掌握多种媒体技能的人才难度更大，因为这项任务仅仅靠新闻传播学科自身难以完成，跨专业的合作是必由之路。已经有一些高校的新闻传播学院做出了各种尝试，如复旦大学新闻学院的"2＋2"培养模式、人大新闻学院跨专业联合培养的实验班探索等。国内对复合型人才培养的关注点比较集中体现在"新闻学＋法学""新闻学＋经济学（金融、财经）""新闻学＋国际关系""新闻学＋体育""新闻学＋计算机"等专业复合上，这些复合培养与新闻传播较为重要的报道领域相对应，对培养从事法制新闻、财经新闻、国际新闻、体育新闻、科技新闻和新媒体传播的专业新闻人才具有重要价值。

目前在复合型人才培养方面面临的问题主要表现在以下几个方面：

第一，培养规模有限，并不能保证大多数学生获得同样的机会，这与新闻业发展对复合型人才的需求增长还很难匹配。

第二，由不同的学院（专业）共同承担人才培养工作，虽然能够在课程设置上统筹两个专业的教学资源，形成联合培养机制，但具体到教学层面，要真正做到两个专业的知识相交融却非常困难。比如对于新闻学与法学的复合教学，最理想的教学模式是来自法学院和来自新闻学院的教师合作开设新闻法规等专业核心课程，以新闻传播实践中的案例作为教学内容，引导学生将新闻学知识与法学知识融会贯通学以致用。这样的教学方式要求来自不同专业的教师进行深度合作，一起准备教案，共同研究问题，甚至一同到课堂上主持案例教学。事实上，这在现实中比较难以实现，因为需要不同学院的教师相互协作，而对于教师来说，与其他专业的学者协作进行教学必然要比独立完成本专业的课程教学付出更多的时间和精力，如果没有特殊的鼓励政策与措施，仅靠教师自己的热情和自觉，很难普遍做到。

第三，跨专业培养复合型新闻人才，还需要防止出现某些偏差，以致背离新闻教育的宗旨和目标。一个偏差是以其他专业教育冲淡新闻专业精神和新闻伦理教育。以财经新闻人才培养为例，随着传媒业界对财经记者的需求增大，2007年，清华大学建立了第一个全球财经新闻实验室，并设立了面向全世界招生的两

---

❶ 唐海江.互联网革命与新闻传播学科重构之反思：一种技术自主性的观点.社会科学战线，2016（7）：143－149.

年制全英语教学项目。北大汇丰商学院设有财经传媒硕士点，专业学习年限为三年，学生在校期间参加经济学、管理学或金融学专业课程的辅修。但是，在财经新闻教育在全国形成热点之后，有些学校的财经新闻教育重视对学生的财经知识和技能传授，而对新闻伦理与道德教育重视不足。学生走向工作岗位之后，面对利益诱惑难守底线，有些人甚至搞新闻腐败触犯法律。另一个偏差是职业取向的引导失效，如近年来财经新闻的毕业生多数选择了到金融行业就业，只有小部分选择媒体单位，实际上与新闻人才培养的初衷相背离，需引起重视。

第四，跨专业培养在各方面教育资源的配置与保障方面需要有不同于单一学科培养的思路和办法。如体育新闻人才培养作为复合型人才培养的一部分有其特殊性。有学者指出，由于体育新闻具有很强的实践性，其面临的难点集中在三方面：一是实践类课程内容松散，不成系统；二是缺乏校内实践基地，进而导致了实践教学时间的分散化，"2＋1学期制"（在春秋学期间增添实践教学月）亟待提上日程；三是与业界联系不够紧密，缺乏与媒体的长期合作，在参与大型赛事报道实践上力度不足。❶ 国外新闻院校中对体育新闻人才的培养也有探索，如美国亚利桑那州立大学于2014年秋季设立了体育传媒的学士和硕士学位点，聘请经验丰富的体育记者作为全职教授，并在2015年秋季招收第一届学生，成为全美首家提供体育新闻学专业的学校，攻读本专业的学生有机会为专业媒体机构提供大学体育赛事和专业体育赛事的报道，并在业界导师的帮助下，在凤凰城和洛杉矶的媒体实习。相比美国高校的做法，我国体育新闻人才培养方面确实还有提升的空间。

网络与新媒体作为新闻传播学科中的一个新的专业，实际上也需要跨专业联合培养才能达到理想的教育质量。较早从事新媒体研究的彭兰认为，新媒体专业培养的跨媒体人才需具备跨越媒体的整合性思维，在专业媒体与社会化媒体间自由穿梭，并有效贯通内容与产品的生产。❷ 作为新兴的专业方向，国内网络与新媒体专业面临的主要难点则体现在三个方面：一是定位不清晰，教育改革浮于表面，形式大于内容，概念大于实质，专业培养缺乏职业方向。❸ 二是没有理顺思维与技术的关系，目前存在注重新媒体技能培养而忽视理论思维训练的倾向，难

---

❶ 万晓红．体育新闻传播学硕士研究生教育的改革．体育成人教育学刊，2014（1）：84-86.
❷ 彭兰．融合时代，新媒体教育向何方．新闻与写作，2015（3）：5-7.
❸ 鲍立泉，胡佩延．新媒体专业教育定位研究：以媒介形态创新为视角．现代传播，2014（8）：132-136.

以培养出真正意义上的跨媒体人才。三是专业重合挤压、课程内容空泛，在打通媒介、多媒体联动方面有局限性，存在内容与技术"两层皮"的现象。

新媒体人才培养需要计算机专业的教育资源的加盟，近十年来，全美15所顶尖新闻学院大刀阔斧修订教学大纲，不断探索数字时代的新闻教育。哥伦比亚大学在"新闻学和计算机科学"双学位基础上增添了"数据新闻学"教育项目。得克萨斯大学、佛罗里达大学、马里兰大学新增了数据新闻学或数据可视化课程。加利福尼亚大学伯克利分校、纽约城市大学设立了计算机编程课程。亚利桑那州立大学的创新课程包括了网络图形设计、突发新闻多媒体报道、移动可视化设计、社交媒体、数字媒介素养、数字媒体创业、数字新闻等。❶ 整体而言，美国的新媒体专业课程改革呈现出融媒体、数字化的特征，与跨专业的联合教育策略有关。我国新闻传播院校在这方面可以加强与国外优秀新闻院系的交流和相互学习。

五、专业硕士教育

2010年，教育部批复并设立了新闻传播学专业硕士，重点培养实务型和专业型人才，学制两年，实行"双导师"制，成为我国新闻传播学教育改革的一个重大举措。2011年，北京大学、清华大学、中国人民大学等48家研究生培养单位成为首批招收新闻传播学专业硕士的院校。该专业硕士学位设立之后迅速成为全国最热门的专业之一，2011年的报考人数就在数千人以上。但从近几年的情况来看，专业硕士教育还存在一些亟待解决的问题。

第一，人才培养定位还不够清晰。有学者对中美两国的专业硕士教育进行了比较，发现美国专业硕士分为新闻学硕士和传播学硕士。其中，新闻学硕士以培养新闻记者为目标，将新闻教育定位在应用上，坚持以新闻职业训练为主，并辅以人文学科基础教育和新闻传播法规与伦理教育；传播学硕士主要涉及一些传播院校开办的与营销、广告、公共关系、法律等专业相关的交叉型传播专业，以培养相应的职业人才。我国的专业硕士称为"新闻与传播硕士"，培养目标是为有中国特色的社会主义新闻传播业培养德才兼备、具有现代传播理念与国际化视

---

❶ 逯义峰. 课程创新与实践：新媒体时代美国新闻教育改革发展趋势. 新闻界，2016（2）：54-57，72.

野、了解中国基本国情、熟练掌握新闻传播技能与方法的应用型高层次专门人才。❶ 虽然中美两国新闻传播专业硕士教育旨在培养从事一线新闻工作或管理工作的高层次、应用型、复合型、专家型人才，以满足传媒体制改革与发展对传媒人素质和能力的需求，但比较来看，我国对新闻传播专业硕士的培养目标区分度不如美国明确。

第二，课程设置还不够完善。没有将专业硕士和学术硕士进行明确区分，未形成独立的专业硕士课程体系，不少学院简单移植了学术硕士的既有课程，其中一些"研究型"课程并不适合专业硕士"职业型"人才培养方向。相比较而言，美国新闻传播专业硕士课程设置更重视实践性，在注重核心课程的同时突出实践环节，给学生一定的自主权，允许他们根据自己的研究领域、个人兴趣和就业目标跨系选课。因此，即使是选择同一专业方向、相同培养计划的学生，在具体课程学习上也会有所差别，每个人的学习计划都是独一无二的。而且课程教学方式灵活多样，尤其注重现代教学方式和教学手段的运用，大量采用案例教学、研讨教学等，师生之间、学生之间能够充分研讨与交流。这些方面都值得我们借鉴。

第三，在导师制度上，"双导师"制在我国新闻传播院校中虽然得到普遍推广，但对业界导师的考核体系尚不完善，缺乏有效的激励和惩罚机制。导师指导方式大多是"一对多"的模式，老师尤其是业界导师与学生的交流、对学生一对一的指导还有待加强。

第四，对学生的考核未能突出"应用型"导向。我国新闻与传播硕士的培养评价与传统的学术型硕士差异不大，研究生院和学生所在院系负责学生总体教育管理和课程设计工作，校内导师对学生的培养计划负责，修满学分后由校学位评定委员会决定是否授予学位。这也导致了新闻与传播硕士指向应用性、实践性的评价并没有得到体现。其实，专业硕士着重培养学生的新闻业务能力和解决问题能力，是实践性极强的学位教育，作为最为重要的考核依据的学位论文应展现学生分析、解决新闻传播实际问题的创新能力。目前，专业硕士不少还是提交毕业论文进行答辩，审核标准依然沿袭学术硕士的评价指标，偏离了专业硕士注重实践的人才培养导向。应该鼓励以新闻报道、调研报告、毕业设计、案例分析等多种成果形式替代学术论文。

❶ 谢毅，杨思明.中美新闻传播专业学位研究生培养模式比较.香港：第二届教育与教学管理国际会议，2012.

六、资金与实验条件保障

新闻教育改革离不开先进的媒体实验室、成熟的学生实践基地、高质量的摄像和剪辑等采编设备。媒体技术发展迅猛，实验设备的更新速度不断加快，全媒体教学和实践教学对技术与资金的需求越来越大。

据报道，2015 年我国财政性教育经费在 GDP 中占比 4.26％。这仅满足了基本的教育需求，对于新闻传播教育领域，资金不足一直是众多新闻院系在教学改革中面临的棘手问题。尤其是很多地方性院校中的新闻院系，专业设备短缺，设备状况不良，全媒体教育还停留在口号和规划上。即便是一些重点高校，也普遍存在不能及时跟进业界变化，购买引进新技术产品的情况，实验教学因此存在严重的滞后性。此外，制度管理不完善，导致学生借用设备手续繁杂、流程冗长，接触使用演播室和实验室的成本过高，造成了资源空置浪费等问题，也直接制约了新闻教学改革。相比之下，美国一些新闻传播学院中新技术新设备的应用更能紧跟业界的前沿步伐，如苹果手表、Oculus Rift（头戴式 3D 虚拟显示器）和新技术产品的问世，都掀起了技术课程的热潮，像南加利福尼亚大学的"谷歌眼镜"课、密苏里大学的"机器人新闻写作"课、哥伦比亚大学的"传感新闻"课和"数据调查报道"课等引起了广泛的关注。2011 年，香港城市大学媒体与传播系投资上千万，为新启用的邵逸夫创意媒体中心引进数码媒体教学与研究设备❶，打造全媒体教学与实践平台。

解决资金短缺与实验条件落后的问题，既需要国家教育管理部门和各高等院校加大对新闻传播学科的支持力度，也需要新闻传播院系自己动脑筋想办法，如加大与媒体、企业的合作，获得更广泛的支持和资金、设备的资助，加强校友联络工作，通过建立基金会获得资金捐助、改善办学条件等。

综上，本文讨论了新闻教育改革所面临的六大共性问题，但需要解决的问题远不止这些，不同高校中新闻教育所遇到的一些具体的、个性化的问题也未一一涉及，还有待后续研究进一步深入和细化。

传播技术的发展与传媒业的变革还将继续。无论是传统媒体的痛苦转型还是新兴媒体的快速迭代，每一步都在改变着新闻传播的格局与生态。我们看到新闻

---

❶ 王君超. 融合新闻传播教育的理念、实施与对策：香港公立大学新闻传播教育的经验. 国际新闻界，2011（11）：81-87，95.

生产与发布已经不再是过去的模式，渠道、载体、传播方式的改变，新闻界从业人员的流动，以及新媒体环境中愈加复杂的新闻伦理失范和权利保护等问题使新闻教育的目标、使命、服务对象、运行机制和实施办法还将面临更多挑战，新闻传播院校对未来新闻人才标准的追问也愈加急迫。

在新媒体环境下，专业媒体的价值不会为个人媒体、机构媒体所湮灭，机器也并不能完全替代人类的工作，职业新闻工作者在人类新闻传播活动中依然是不可或缺的重要角色。但是，专职从事新闻传播工作的人必将面对更加复杂的舆论环境、报道对象和传播技术，他们的专业性、创造力和道德品质都将面临更加严峻的拷问和检验。因此，如何培养未来新闻业的主力军——职业新闻工作者，仍然是新闻教育改革的核心议题。

第二部分

新闻传播学教育的
历史回望与启示

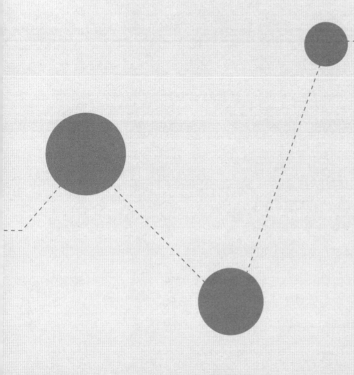

专业自主性、回应社会与中西平衡：
燕京大学新闻教育的面向*

——基于 160 篇燕大新闻系毕业论文的视角

胡百精　王雪驹

　　若从 1918 年北京大学新闻研究会成立和次年徐宝璜出版经典之作《新闻学》算起，中国新闻学研究和新闻教育已大抵行至百年。此间，燕京大学新闻系因其教育理念和人才培养实践的独特性、卓越贡献和引领地位，而颇受时人和今日学界瞩目。譬如时人刘豁轩在《报学论丛》中称，肇基于 1924 年的燕大新闻系"虽非中国报学教育的开路先锋；但至少是处于优越的地位"❶；赵敏恒则誉之为"远东方面最新式而设备最完全"❷ 的新闻系。今人研究多围绕燕大新闻教育的起源、理念、教学、代表性师生的生平作为和勋迹展开。譬如林牧茵追溯了燕大新闻系对美国密苏里大学新闻教育模式的"移植"及其在中国的流变❸；齐辉、王翠荣与王晓乐等人讨论了燕大新闻系的专业与通识教育理念、师资与课程配备、人才培养特色❹❺；李金铨、王聪颖、孙邦华等人考证了梁士纯、萧乾等燕大新闻系著名师生教书育人或报人报国之始末❻❼。

　　总体而观，有关燕大新闻教育的研究仍处局部介入、连接历史碎片景观的阶

　　* 原载于《新闻与传播研究》，2018（12）：102-128。王雪驹，中国人民大学新闻学院博士生。

　　❶ 刘豁轩. 燕大的报学教育//刘豁轩. 报学论丛. 天津：益世报社，1946：115.

　　❷ 赵敏恒. 外人在华的新闻事业. 中国太平洋国际学会，1932：14.

　　❸ 林牧茵. 移植与流变：密苏里大学新闻教育模式在中国（1921—1952）. 上海：复旦大学出版社，2013.

　　❹ 齐辉，王翠荣. 试论民国初年中国新闻人才的培养特色：以燕京大学新闻系为中心. 国际新闻界，2010（1）：82-85.

　　❺ 王晓乐. 民国时期公共关系教育创建始末：中国近代公共关系教育若干史料的最新发现. 新闻与传播研究，2010（6）：55-60.

　　❻ 李金铨. 记者与时代相遇：以萧乾、陆铿、刘宾雁为个案//李金铨. 报人报国：中国新闻史的另一种读法. 香港：香港中文大学出版社，2013：409-416.

　　❼ 王聪颖，孙邦华. 试论梁士纯与燕京大学新闻学科的中兴. 现代大学教育，2016（6）：77-82.

段，且主要以教育者的视角重述历史。举凡正规大学教育，从来师生共同成就，故对教育史的重述，唯教育者言论和行迹至上未免偏狭，而应同时获取学生的目光和视角，检视教育的实绩。本文以现存 160 篇燕大新闻系毕业论文（1927—1951 年）为分析质料，即以学生视角弥合前述研究的部分视域剩余，重点呈现和解释如下三个问题：其一，既为专业系科教育，燕大如何理解和履践新闻专业的自主性和特殊性？换成今日的学科话语，燕大新闻系何以确立自身的专业合法性、主体性？其二，假以更开阔的社会历史观照，燕大新闻系何以回应彼时的报界需求、时代主题乃至国际社会的重大议程？其三，作为美国新闻教育模式的"横向移植"者，燕大新闻系在办学宗旨、知识生产和人才训练中如何实现中西互镜和平衡？

一、技术、智识与精神：新闻专业的自主性与存续价值

燕大新闻系因培养了萧乾、朱启平、黎秀石等一批民国名记者和名士而享誉彼时、驰名中外，但对于该系毕业生之确切总量，迄今尚未定论。1950 年，燕大编印《燕京大学新闻学系概况》，在"校友调查"中从 1927 年起统计毕业生，"本系历届毕业生，总计约二百人"❶。此后至 1952 年燕大正式停办，新闻系划入北京大学进而转入中国人民大学，毕业生数量则未见精准统计。邓绍根基于大量史料清理，统计燕大新闻学毕业生具名者有 343 人。❷ 近年，中国人民大学新闻学院方汉奇、王润泽等新闻史学者从馆藏资料中发掘、整理出燕大新闻系 1927—1951 年间的学生毕业论文 160 篇，含英文 27 篇，约占毕业生论文总量 1/3 强。本文所称学生视角，即透过这些毕业论文，从学生的智识和言论一端考察燕大新闻系的教育理念与实践。如是选择，一则因为现今开展规模化的燕大新闻系毕业生访谈已无可能，二则毕业论文往往直接反映了大学专业教育的品质和实绩。

关于中国为什么要办新闻教育，政治家、学者、报人早有丰富论述，诸如报业实践的需要，启蒙智识和改造社会的需要，服务"德赛二先生"的需要，等等。燕大新闻系学生亦抱持同样信念，深信新闻教育乃新闻事业的支撑，而后者关乎国家和社会的根本利害。1945 届毕业生谢宝珠在论文中提出，"新闻事业在各种重要职业中已占有一席地位，它的影响被普遍承认，而且已成为现代生活进

---

❶ 邓绍根. 燕京大学新闻学系最早毕业生考. 国际新闻界，2009（2）：120 - 123.
❷ 肖东发. 新闻学在北大. 2 版. 北京：北京大学出版社，2011：200 - 210.

展中的必需品，它的发展是现代奇迹之一，它不但普及一切的文化，并且随地在人类思想及成就上刻下深刻的印象"❶。1949 届毕业生曹百龙则在论文中回溯说，早在燕大新闻系正式开办前，校长司徒雷登就认定"新闻教育对中国未来的发展有重大关系"❷。在设立新闻系的公告中，燕大宣称："新闻事业握全世界活动之枢纽，为传达思想之文化工具，燕京大学有鉴于此，特设此科。"❸ 正是在此背景下，燕大效法密苏里大学设立新闻系，办学宗旨为："培养报界人才，授与广博之专门知能。"❹

然而，大学开办一个系科并非易事，最难者当属专业自主性及存续价值问题。1927 年，燕大新闻系因财政问题停办，后由主要创办人聂士芬赴美募款成功而于 1929 年复办。1933 年，新闻系财政再度告急，天津《益世报》刊载一则短新闻《燕大新闻学系来年夏即将停办学生出路无办法》，其中谈及聂士芬之态度，云："该系因经费无着，及其他种种关系，新闻学系不拟再办，主修学生转校转系，概听其便。"❺ 校方虽有保全之意，却并无救济之实，可见新闻系的存废并非兹事体大、非办不可。幸好梁士纯后来四处筹款，新闻系得以中兴。来自报界的疑问和挑战亦不曾止歇，时人多有新闻系理应"契切报馆急需"之论。1932 年 4 月，燕大新闻系举办每年一度的新闻讨论周，其中邀请报界领袖、《大公报》主笔张季鸾演讲。张因在旅行中，未能亲至，便寄了一篇讲稿，开篇便讲道："我们没有学过新闻学；做了二十年记者，却未曾读过一部新闻学的书。所以凡有人请演讲新闻学，都一概谢绝，现在还是这样；因为实在无智识，不敢欺人。"❻ 虽是自谦之语，却也流露出"新闻有学乎"的疑问。不只张季鸾，从晚清到民初，那些"凭一管笔与社会相见"的报界名流，罕有受过正规新闻教育者。

燕大新闻系学生也表达了类似的关切。1945 届毕业生张如彦在论文中对新

❶ 谢宝珠. 新闻学原理（1945 年 1 月）// 方汉奇，王润泽. 中国人民大学图书馆藏燕京大学新闻系毕业论文汇编：第 15 册. 北京：国家图书馆出版社，2014：5.

❷ 曹百龙. 美国新闻教育（1949 年 6 月）// 方汉奇，王润泽. 中国人民大学图书馆藏燕京大学新闻系毕业论文汇编：第 30 册. 北京：国家图书馆出版社，2014：457. 曹百龙的毕业论文前六章翻译自 Albert Altonsutton 的 *Education for Journalism in the United States from Its Beginning to 1940* 一书。

❸ 张如彦. 新闻教育（1945 年 5 月）// 方汉奇，王润泽. 中国人民大学图书馆藏燕京大学新闻系毕业论文汇编：第 15 册. 北京：国家图书馆出版社，2014：331.

❹ 刘豁轩. 燕大的报学教育 // 刘豁轩. 报学论丛. 天津：益世报社，1946：92.

❺ 燕大新闻学系来年夏即将停办学生出路无办法. 益世报，1933 - 12 - 26（6）.

❻ 张季鸾. 诸君为什么想做新闻记者？// 燕京大学新闻学系. 新闻学研究. 北京：良友公司，1932.

闻教育提出了"四问":何以培养合乎时代潮流的新闻记者?新闻理论与实际如何配合?何以使新闻学系的学生具有特性?何以适合国情?❶ 此中第三问,直指新闻专业人才的特质——独特禀赋、素养和能力。其时 26 岁的张如彦提醒说,"新闻教育者不应以'无冕皇帝'等甜言蜜语引诱学生,因为这样最容易使学生想入非非"❷,而一旦学生遭遇艰苦的实践,便可能失去对新闻事业的兴趣,更难坚守岗位而历久不变。这一问题仍在困扰今日的学生,为什么要学新闻专业?

事实上,燕大新闻系从来抱定"授与广博之专门知能"的宗旨不放,以期成就专业自主性和人才"特性"。首任系主任美国人白瑞华(R. S. Britton,1897—1951),来自哥伦比亚大学新闻学专业。1929 年新闻系重建后的继任者聂士芬(Vernon Nash,1896—?)毕业于密苏里大学新闻学院。之后的系主任黄宪昭(1888—1939)是首位获得密苏里大学新闻学院学位的中国留学生,梁士纯(1902—1984)亦曾留学美国,归国后曾担任沪江大学新闻系讲师。再之后的系主任刘豁轩(1903—1974)、蒋荫恩(1910—1968)则有丰富的报界从业经历,皆为新闻界一时翘楚(见表1)。张如彦基于燕大经验提出,新闻教育师资的选拔应具备两个条件:"第一是在报馆多年,经验宏富,人品道德足为人师者;第二是国外大学新闻学院毕业回国者。"❸

表 1　燕京大学新闻系历届系主任任职表

燕大新闻系历届系主任	任期	毕业院校或从业经历
白瑞华(R. S. Britton,1897—1951)	1924—1926 年	哥伦比亚大学新闻学院
聂士芬(Vernon Nash,1896—?)	1926—1927 年	密苏里大学新闻学院
聂士芬(Vernon Nash,1896—?)	1929—1931 年	密苏里大学新闻学院
黄宪昭(1888—1939)	1931—1933 年	密苏里大学新闻学院
聂士芬(Vernon Nash,1896—?)	1933—1934 年	密苏里大学新闻学院
梁士纯(1902—1984)	1934—1937 年	有留美经历,沪江大学新闻系讲师
刘豁轩(1903—1974)	1937—1941 年	天津《益世报》总经理
蒋荫恩(1910—1968)	1942—1952 年	燕京大学新闻系、《大公报》

---

❶ 张如彦. 新闻教育(1945 年 5 月)// 方汉奇,王润泽. 中国人民大学图书馆藏燕京大学新闻系毕业论文汇编:第 15 册. 北京:国家图书馆出版社,2014:341.

❷ 同①349.

❸ 同①392－393.

1932 年，黄宪昭在新闻讨论周上介绍了燕大新闻系常年开设的 13 门专业课程：新闻学导言、报章文字、新闻之采访与编辑、比较新闻学、特载文字、社论、出版须知、通讯练习、报纸参考资料、报纸图画、广告原理、营业及印刷法、新闻学史。开设这些课程，"目的在教授学生以基本之新闻学学识与训练，使其将来得自由发展所学，成为报界专门人材"❶。梁士纯主政燕大新闻系时期，因抗战救亡形势之需，学程中增设了宣传与舆论类课程；及至抗战全面爆发，办学条件趋向恶化，刘豁轩时期的专业课程一度裁减至 7 门。抗战胜利之际，燕大新闻系的课程体系在蒋荫恩的主持下逐渐恢复和拓展，主修、选修的专业课程达到 15 门，其中包括新闻哲学等新设课程。具体如表 2 所示：

表 2　燕京大学新闻系课程设置沿革

1932 年前后	1936 年前后	抗战爆发后	1945 年前后
新闻学导言	新闻学概论	报学概论	新闻学概论（必修）
报章文字	新闻写作与编辑	新闻采访	新闻编辑（必修）
新闻之采访与编辑	新闻采访	新闻编辑	新闻采访（必修）
比较新闻学	新闻评论	报业经营	比较新闻学（选修）
特载文字	特载文字	报纸翻译	新闻伦理（选修）
社论	社论	报学史	社论研究（必修）
出版须知	管理及营业	论文	印刷研究（选修）
通讯练习	通信		新闻哲学（选修）
报纸参考资料	中国现代刊物		时事专题研究（必修）
报纸图画	实用宣传学		宣传学（选修）
广告原理	舆论与宣传		广告与发行（选修）
营业及印刷法	新闻学史		新闻法令（选修）
新闻学史			中国报业史（必修）
			英文新闻编辑与写作（必修）
			报业管理（必修）

专业知识和技能训练在学生毕业论文中得到了明确反映和反馈。粗略统计现有燕大新闻系 160 篇毕业论文，新闻法制与新闻检查方面研究 3 篇，媒体受众研究 3 篇，新闻资料分类、检索和设计研究 6 篇，广播及通讯社研究 8 篇，地方新闻事业研究 8 篇，战时新闻事业研究 10 篇，外国新闻事业及外国人在华新闻事

---

❶　黄宪昭 . 燕京大学新闻学系概况//燕京大学新闻学系 . 新闻学研究 . 北平：良友公司，1932.

业研究 15 篇，新闻理论、新闻教育为主题的有 15 篇，以新闻采、写、编、评、摄影、广告、发行、印刷、副刊、经营管理等实务为主题的有 75 篇（见表 3），后二者合计 90 篇，占到绝大多数。通读全部论文可知，作者们大多摒弃空谈，理论务求精微，事实必取周全，所用知识和数据或来自课堂所学，或于实习见习游学旅行调研中所得，于新闻业实际中所阐发，这正是以记者"求真确实际"之心力做文章。如高青孝的《中国报馆图书室之设计》（1932 年）、刘洪昇的《报馆资料室之研究》（1945 年），两篇论文题目细致但切中报社的服务事宜，可谓极为实际。此外，1942 年燕大在成都复校，新闻系得以重新开张，得益于后方报业的短暂繁荣，知名报人多次造访新闻系演讲交流，此时新闻系毕业论文中涌现了诸多以川渝后方报业为研究对象的论文。如余梦燕的《重庆报纸新闻版之分析》（1943 年）、丁龙宝的《战时报纸副刊研究》（1943 年）、林启芳的《三十年来的四川报业》（1943 年）、李忠漪的《战前与战时报纸广告比较》（1944 年）、姚世光的《后方六大城市报纸之分析》（1944 年）、梅世德的《中国战时后方报业》（1946 年）、吴亦兰的《抗战时期大后方的报纸》（1946 年）等。

表 3 燕京大学新闻系毕业论文主题及数量统计表

论文主题与研究方向	篇数
新闻法制与新闻检查	3
媒体受众研究	3
新闻资料分类、检索和设计研究	6
广播及通讯社研究	8
地方新闻事业研究	8
战时新闻事业研究	10
外国新闻事业及外国人在华新闻事业研究	15
新闻理论、新闻教育	15
新闻实务	75
其他	17
总计	160

然而，专业知识和技能并非形塑新闻学专业自主性和新闻人才特质的全部要件。新闻学理论知识和专业技能的门槛素来不高，天资高启或兴趣意志强烈的外行稍加磨砺，亦可胜任愉快甚或成为翘楚。单以记者的看家本事——文字表达论，操笔如刀者众，何必非读大学新闻专业？张季鸾在前述演讲稿中直言："现在社会进化，事业繁忙，要做一个有能力的记者，实在需要诸多技术和知识。"

但新闻教育所灌输的"技术和智识"譬如"文字好而快"却"只是工具，不是根本"。何为记者的根本？张言：

> 做记者的根本，是要对人类大众，小一点说，先对于中国同胞们有深厚的同情，因而立下了救世的决心。他们有苦痛，应该给伸诉，应该设法安慰。凡社会的不平和罪恶，应该反对，应该冒着危险，去替人类们同胞们用言论斗争。不应该屈服于恶势力，或者同流合污！这一种仁慈义侠的精神，是新闻记者根本的根本。❶

需要强调的是，张季鸾此篇演讲的题目是《诸君为什么想做新闻记者？》。张的观点极其明确，所谓专业技能与相关智识，不过是以新闻为业的工具，而做记者的根本在于以仁慈侠义的精神为导引，替人类用言论去斗争。习得工具不难，而专业精神、抱负和伦理则需在大学新闻教育中熏染、涵化和养成。这也正是大学开办新闻教育并使之具足专业自主性和存续价值的关键所在。既有资料表明，燕大新闻系最迟在 1932 年便开设了新闻伦理课程。从新闻讨论周汇编的学界、报界名流讲稿看，主题多与新闻职业的信条、抱负、伦理相关，"名言谠论，裹然成帙"，黄宪昭称此举可兼顾德行和智识，"有益于青年之倾心于新闻界者"❷。20 世纪 40 年代担任系主任的蒋荫恩更主张"智识教育"与"精神教育"并重，并指出前者指向知识和能力，后者则重在精神、兴趣、意志和伦理，即蒋所说的"事业抱负、事业兴趣与职业道德"❸。

至于燕大新闻系是否将专业精神与伦理教育贯通于全部课程，今日已无法知晓。但在 160 篇毕业论文中，有 8 篇直接与新闻专业精神和伦理、言论自由以及经事济世有关，有 2 篇在讨论新闻原理和业务时也大篇幅述及该主题，另有 3 篇也注意到了选题、采访、写作、言论中的价值规范和伦理基础问题。张如彦受蒋荫恩言传身教，在论文中强调新闻教育应"一面使学生切实认识其本身能力与报业现状，一面使其彻底明了其未来责任与所负使命"❹。他认为新闻教育对于学生担当"未来责任与所负使命"至关重要。"报纸有指导社会、监督政府的功能，

---

❶ 张季鸾 . 诸君为什么想做新闻记者？//燕京大学新闻学系 . 新闻学研究 . 北平：良友公司，1932.

❷ 黄宪昭 . 燕京大学新闻学系概况//燕京大学新闻学系 . 新闻学研究 . 北平：良友公司，1932.

❸ 张如彦 . 新闻教育（1945 年 5 月）//方汉奇，王润泽 . 中国人民大学图书馆藏燕京大学新闻系毕业论文汇编：第 15 册 . 北京：国家图书馆出版社，2014：296.

❹ 同③349.

是人民的喉舌，舆论的先锋，所以，新闻学系学生责任重大，从事报业的人就必须具备报人应有的职业道德，这种职业上的道德要由新闻教育负起大部分责任。"❶ 他进而回答了自己提出的问题——何以使新闻学系的学生具有特性——"一个新闻学系毕业的学生应该对报业有抱负，对事业有兴趣，并且具有报人的职业道德。这是受过大学新闻教育的学生应有的特性，且是别的系的毕业生从事新闻工作所不具备的"❷。

二、坚守、契切与介入：新闻教育对社会变革的响应

燕大新闻系经历了 20 世纪 20—50 年代中国社会之巨变，作为培养"时代船头瞭望者"的新闻教育机构，不得不变，且须主动应变，响应报界之需和社会变革。这就牵涉到张如彦"四问"中的第一、二个方面：何以培养合乎时代潮流的新闻记者？新闻理论与实际如何配合？

燕大新闻系对报界的响应与今日新闻教育界的做法大抵相当：一是开设契切报馆急需的前述专业课程，训练具有"即战力"的人才；二是注重师资的实务经验；三是加强与报界的交流合作，争取报人和报馆的经验与资金支持；四是创办系属刊物《燕京新闻》以供学生实训之用，"在力分艰难中仍设法维持实验报纸"，学生将之"看作自己的一个小小的事业"❸；五是积极推行包括实习见习旅行调研在内的实践教学，小则增广见闻，大则使学生意识到记者乃"危险职业"，"格外劳苦"，"大概要一世穷"，而又不失其志。

这些响应和训练的成果在学生毕业论文中亦有充分体现。实务研究类论文大多详备报刊采编内容和业务流程，如周科徵的《中国日报的索引法》（1933 年）、李相峰的《新闻纸编排的研究》（1935 年）、孙明信的《报人手册》（1935 年）、陆锡麟的《复刊十年来之大公报内容研究》（1937 年）、李锡智的《新民报社论的研究》（1940 年）、王云琛的《报纸新闻采访》（1946 年）、张兴铂的《新闻采访的研究》（1947 年）、唐振祎的《特写研究》（1947 年）等。在对新闻业务研究中，以张兴铂的《新闻采访的研究》为例，他认为新闻采访的定义关乎事实、及时、兴趣、报告、影响与正确等诸因素，而新闻采访对报纸工作极为重要，但抗

——————————

❶ 张如彦. 新闻教育（1945 年 5 月）//方汉奇，王润泽. 中国人民大学图书馆藏燕京大学新闻系毕业论文汇编：第 15 册. 北京：国家图书馆出版社，2014：350.

❷ 同①351.

❸ 同①403.

战后各报社的采访工作"仍是缺乏效率,不能正确反映社会的真象,尤其是抓不住准确的重心。以新闻来说,不但不能贬恶扬善,有时甚至粉饰太平,隐避罪恶"❶。由此他建言,"拯救濒于崩溃的报业及采访工作方法,不外精神团结,与经济合作"❷。精神团结主要是从报业团体方面推进报纸的使命,保障报人的权利;经济合作则指集中各方力量建设一个规模、设备、人财俱佳的报社,可采取股份有限公司的制度予以推进。对于抗战前后中国新闻采访落后的原因,王云琛在毕业论文中直言不讳地指出,首先是"丧失了经济基础"❸,而"抗战以来的内地报纸,仅为着一种任务而存在,而努力,这就是为抗战建国而宣传"❹;其次,中央社垄断新闻来源,抗战后各报社或不得不仰仗中央社供给稿源,或在竞争中败北;再次,抗战爆发后,新闻检查制度方兴未艾,"各省地方官吏,大抵漠视报纸之应有地位,施政不容批评,事实不欲发表,我全国地方报纸,除登载公文外,几于完全不能尽其职责",故"报纸不能自由发表言论与报道之困难,由此可见一般(斑)"❺;最后则是新闻来源的闭塞与人才缺乏对新闻采访的负面作用。

此外,学生毕业论文对专版专刊和特定题材体裁报道的检讨亦丰富而深入,具体如表4所示:

表4 专版专刊和特定题材体裁报道的毕业论文

毕业生姓名	毕业论文题目	毕业年份
李亦	中国小型报纸之研究	1933
谭邦杰	中国报纸体育版之研究	1935
萧乾	书评研究	1935
王遵侗	中国报纸的家庭副刊	1938
程绍经	中国报纸经济版新闻之研究	1938
宋磊	一九三八年英文北京时事日报所弃置路透社新闻之研究	1940
丁涪海	报业管理	1945
叶楚英	报业会计	1945

---

❶ 张兴铂. 新闻采访的研究(1947年5月)//方汉奇,王润泽. 中国人民大学图书馆藏燕京大学新闻系毕业论文汇编:第23册. 北京:国家图书馆出版社,2014:283.

❷ 同①292.

❸ 王云琛. 报纸新闻采访(1946年5月)//方汉奇,王润泽. 中国人民大学图书馆藏燕京大学新闻系毕业论文汇编:第21册. 北京:国家图书馆出版社,2014:443.

❹ 张季鸾. 抗战与报人. 大公报(香港),1939-05-05(2).

❺ 同③449,450.

续前表

毕业生姓名	毕业论文题目	毕业年份
高成祥	报纸之财政政策	1946
黄代昌	报业人事管理之研究	1946
陈其慧	报纸工厂管理	1947

其中，针对当时报业人事管理的一些问题，黄代昌在其毕业论文中建议报社采取"首长制"（社长制），以人事部门直属于首长，设一幕僚式的总管理处辅助首长，此为"幕僚长制度"，这种模式实则民国报社通行的办法。黄还颇为详细地谈及报业人员之福利问题，他认为，"目前我国报社对从业人员之福利问题多不加以注意，亦有注意此层而无力举办者。由于此种不幸之事实，各报社问题所受之损失，往往巨倍于举办福利事业之费用"❶他认为报社应从待遇（包括物质、精神方面）、卫生（诊疗、体检）、进修（图书馆、补习教育、员工子女教育）、娱乐（运动、游艺）、退休与抚恤等五个层面进行报社员工的福利建设与输出，以今日眼光视之，亦不乏现实意义。

燕大新闻系的另一个重要响应是推行主副修制，即今日所谓跨学科联合培养。从黄宪昭、梁士纯、蒋荫恩等系主任的言论和部分学生毕业论文看，燕大新闻系师生认识到单纯的专业技术、智识训练不足以造就广博的通才。若无对时势和社会巨变的整体理解和把握，若无人文主义的关怀和凝摄，所谓专业理想和抱负极易沦为虚泛的正义感或不节制的道德激情。密苏里大学新闻学院首任院长卫廉士（Walter Williams）认为办好新闻教育要做三件事：人文教育、专科教育、报业实践。❷白瑞华和聂士芬建系之初便着手办好这三件事，其中一件便是要求学生在专业课程之外选修燕大其他系科的课程，尤其是文学、史学、政治学、经济学和社会学等人文社科课程。"中国的新闻教育从一开始，几乎就与当时国际新闻教育的主流相一致，重视人文学科与社会科学，在教学计划和课程设置上讲求综合性。"❸

最迟1932年，燕大新闻系进一步"挤压"专业课程学分，释放更多选课空

❶ 黄代昌.报业人事管理之研究（1946年5月）//方汉奇，王润泽.中国人民大学图书馆藏燕京大学新闻系毕业论文汇编：第21册.北京：国家图书馆出版社，2014：245.
❷ 林牧茵.移植与流变：密苏里大学新闻教育模式在中国（1921—1952）.上海：复旦大学出版社，2013：137.
❸ 陈昌凤.中美新闻教育传承与流变.北京：中国广播电视出版社，2006：74.

间给其他学科。黄宪昭的说法是，"新闻学科之主修时间，仅占全大学课程四分之一或五分之一，其余大部分时间，则任学生选读其他与新闻事业有关之学科。务使学生，与其毕业后之社会环境相适应"❶。1936 年，燕大新闻系的"本系学则"对课程设置做出明确要求，"是以本学系一方面对于新闻的专业学识极为注重，而同时对于其他与新闻学有特殊关系之学科，亦为重视"❷。具体方案是："凡欲以本学系主修之学生，必须修读本学系专修课程三十六学分（论文在内），同时须有一副修学科，此项副修学科至少须修足二十学分。副修学科在本系指导之下得随各生任意选定之：惟比较以政治、经济、社会等学科为最宜。"❸ 刘豁轩十分推崇"普通大学教育"与"新闻学科教育"相结合的新闻教育模式。1938 年，他任系主任时主张，"将新闻学的课程在量的方面减至最低限度，在质的方面力求切实；提高同学的文字技能；副修及选修课程须按学系定的计划选修"❹。张如彦记述了 20 世纪 40 年代中前期的情形：除新闻系课程之外，学生必须要有副修系，并可自由选修政治系、经济系、社会系、历史系、国文系、外文系课程。张氏认为，新闻系学生服务于报馆，须有多方面之常识，故常识重于"新闻智识"，"所以新闻课程在一个学生的全部大学课程中，应当仅占一小部分，以便学生多读其他政治、经济、历史、社会等系的课程"❺。曹百龙提及了 20 世纪 40 年代中后期的选课要求：每生平均需完成 27.2% 的主修课程、72.8% 的其他课程方可毕业。❻ 环顾彼时民国新闻教育界，相比燕大新闻系课程设置带有美国新闻教育之"广人文，重实务"❼ 的特点，复旦大学新闻系则侧重本土化，教师队伍囊括了诸多新闻业、学界的名士；中央政治学校新闻系的课程设置则较为特殊，有党义、中国政治史、中国政治家传记等诸多政治课程，体现了国民党体制内办学的性质和要求。梁士纯指出，此三校"新闻学系的共同目的，不只是供给学新闻者一种专门的知识与技能，而对于种种普遍的学识亦极其注重"❽。

---

❶ 黄宪昭. 燕京大学新闻学系概况//燕京大学新闻学系. 新闻学研究. 北平：良友公司，1932.

❷ 燕京大学. 北平私立燕京大学文学院新闻学系课程一览. 北平：北平私立燕京大学，1936：1.

❸ 同②2.

❹ 刘豁轩. 新闻教育为什么不是"模糊的冒险". 燕京新闻，1938 - 09 - 15.

❺ 张如彦. 新闻教育（1945 年 5 月）//方汉奇，王润泽. 中国人民大学图书馆藏燕京大学新闻系毕业论文汇编：第 15 册. 北京：国家图书馆出版社，2014：388.

❻ 曹百龙. 美国新闻教育（1949 年 6 月）//方汉奇，王润泽. 中国人民大学图书馆藏燕京大学新闻系毕业论文汇编：第 30 册. 北京：国家图书馆出版社，2014：459.

❼ 王敏. "广人文，重实务"：民国新闻教育的实践性考察. 新闻春秋，2015（4）：38 - 44.

❽ 梁士纯. 中国新闻教育之现在与将来. 大公报，1936 - 05 - 09（12）.

　　燕大新闻系学生在毕业论文中表现出强烈的人文主义立场、现实关怀和精英报国意识。在 160 篇毕业论文中，有 14 篇直接讨论了新闻、报刊与社会发展的关系，多借用政治学、社会学、经济学和法学的理论资源和解释框架。代表性论文包括储益谦的《中国国内大规模之通讯社计划》（1936 年）、崔联蔚的《报纸与社会服务》（1937 年）、谭文瑞的《新闻真确性之研究》（1945 年）、杨昌凤的《报纸与现代文明》（1949 年）等。举例而言，崔联蔚认为报纸要供给消息和代表舆论，并将报纸的功能区分为动静二维："静"即"文化机关，舆论策源"；"动"即"批评社会，建设社会，创造舆论，灌输智识，普及教育，领导民众，启发思想和介绍商业"[1]。另有一批论文将目光投向底层或边缘群体，寄望新闻报刊施以必要的启蒙、动员和救拔，如邹毓秀的《乡村报纸之建设》（1933 年）、区储的《中国妇女与新闻事业》（1935 年）、方纪的《中文日报妇女页的研究》（1936 年）、王若兰的《农民报纸的理论与实施》（1937 年）。譬如，邹毓秀提出乡村报纸建设有助于"促进政治""发展农业""团结乡民"，使乡民"视科学方法为生产改善之惟一法门"，并使"军阀政客之凶焰，将不得而逞矣"[2]。值得注意的是，也有毕业论文对苏联和中国共产党的新闻事业进行了专题研究，如石家驹的《苏联的新闻事业》（1937 年）和 Lu Nienkao（卢念高）的 "Newspaper Policy of the Chinese Communist: Five Translations from Editorials of the Liberation Daily News"（《中国共产党人的新闻政策：〈解放日报〉五则社论翻译》，1949 年）。

　　随着"九一八"事变和之后抗战的爆发，燕大新闻系师生的教研主题做出重大调整。其中最显著者，便是宣传研究和教学的分量持续加重，彰显着民国新闻教育界对中国社会及国情的主动回应。及至太平洋战争时期，燕大被迫南迁成都，"宣传救国"已成为新闻系师生的共识。按照李泽厚的说法，此时"救亡压倒启蒙"而上升为时代主题，"救亡的局势、国家的利益、人民的饥饿痛苦，压倒了一切，压倒了知识者或知识群对自由、平等、民主民权和各种美妙理想的追求和需要，压倒了对个体尊严、个人权利的注视和尊重"[3]。《新闻学研究》收录

---

[1] 崔联蔚. 报纸与社会服务（1937 年 5 月）// 方汉奇，王润泽. 中国人民大学图书馆藏燕京大学新闻系毕业论文汇编：第 6 册. 北京：国家图书馆出版社，2014：614.

[2] 邹毓秀. 乡村报纸之建设（1933 年 1 月）// 方汉奇，王润泽. 中国人民大学图书馆藏燕京大学新闻系毕业论文汇编：第 1 册. 北京：国家图书馆出版社，2014：312，313.

[3] 李泽厚. 中国现代思想史论. 北京：三联书店，2008：29‐30.

了报学史专家戈公振在燕大新闻系的演讲《国际宣传之重要》，讲稿呼吁国民政府须重视国际宣传，尽快成立国家通讯社，抢占舆论高地，争取国际道义支持。戈公振专门强调，加强国际宣传既是新闻界的责任，也是新闻教育的责任。❶ 1934 年，燕大新闻系开设了实用宣传与公共关系、舆论与宣传两门课程，一时成为"燕大校园中最受欢迎的尝试"❷。梁士纯认为，国遭危难，须强化宣传研究和人才训练，"不仅服务新闻界，更可以做更广阔更实用的宣传工作"❸。1936 年，梁士纯指出中国新闻教育如要应付实际需要，建议"除开最适用，最实际，专门新闻课程之外，应设有关于宣传课程，一方面以应付现时之亟需；而另一方面又可为所造就的人材，扩大他们的出路"❹。而宣传课程的最后服务指向乃是报界，报界的一个重大任务"当为协助政府进行国际的宣传和联络"❺。梁本人身体力行，讲授实用宣传学、舆论与宣传两门课程，还出版了《实用宣传学》一书。

若言 20 世纪 20 年代燕大新闻系学生的毕业论文尚有"五四"余绪、带有一定的启蒙色彩，那么 20 世纪 30 年代至 40 年代中期的论文则明显转向了救亡主题。此间共有 12 篇论文对宣传和舆论问题展开专门研究，其中论述严密、格局开阔、理论与实际融通者至少有如下 6 篇：Shen Chienhung（沈剑虹）的"An International Publicity Program for China"（《为中国制定的国际宣传计划》，1932 年）、李寿彭的《宣传之研究》（1941 年）、陈嘉祥的《众意》（1943 年）、陈琼惠的《中国战时宣传》（1944 年）、张云笙的《华北沦陷期间日人宣传活动之研究》（1947 年）、丁好德与张群基合著的《公意测验》（1948 年）。早在 1932 年，Shen Chienhung 在"An International Publicity Program for China"中就认为，通过宣传中国光辉的文明、无穷的自然资源、庞大的人口、广阔的国土的口号以提高中国国际地位的国际宣传目标，无疑是不成功的，须建立国家新闻机构进行国际宣传。❻ 以《中国战时宣传》为例，陈琼惠全面考察了国民政府于 1937 年成立的国

❶ 戈公振. 国际宣传之重要//燕京大学新闻学系. 新闻学研究. 北平：良友公司，1932.

❷ 张咏，李金铨. 密苏里新闻教育模式在现代中国的移植：兼论帝国使命：美国实用主义与中国现代化//李金铨. 文人论政：知识分子与报刊. 桂林：广西师范大学出版社，2008：304.

❸ 同②.

❹ 梁士纯. 中国新闻教育之现在与将来. 大公报，1936 - 05 - 09（12）.

❺ 梁士纯. 今日中国报界的使命. 大公报，1937 - 05 - 06（12）.

❻ Shen Chienhung（沈剑虹）. An international publicity program for China（《为中国制定的国际宣传计划》，1932 年）//方汉奇，王润泽. 中国人民大学图书馆藏燕京大学新闻系毕业论文汇编：第 31 册. 北京：国家图书馆出版社，2014：481.

际宣传处，留下了大量有价值的史料。该处直接对蒋介石负责，"以对美为主，也可以说以美国为唯一宣传对象，以取得美国协助为宣传目标"❶。陈认为，"宣传是否得力，与战争之胜败，有很重大很密切的关系"，而报纸乃最重要的宣传工具。❷ 张如彦恰好在抗战胜利前夕毕业，他表达了和陈琼惠相近的观点，"宣传与一国的强弱有密切的关系"，"最好的宣传工具是报纸"，报纸宣传离不开"专门的报人"，而"新闻教育机关是第一个制造所"❸。张在毕业论文《新闻教育》的第一章写道：

> （报纸）在作战的时候就更为重要，它不但是大后方的精神支持者，也无异前线的枪炮，敌后的降落伞部队。一个处于战争状态的国家，如果在宣传上不能动员，则前方与后方就好像生活在两个世界里，后方不知道前方的情况与需要，前方不知道后方的努力与希望，因为前后方的隔阂使战争分家，这是一件危险的事。❹

以上讨论了燕大新闻系顺应时代潮流、响应社会变革的诸多路径选择。这些选择总体上获得了师生的共识，并产生了一些实效，但并非没有异议。首当其冲者，是理论与实际之关系、自由与秩序之调适这两个问题。

其一，理论"配合"实际还是理论"结合"实际？前文述及燕大新闻系响应报界所需而采取的种种作为，皆有强烈的实践导向和实用主义倾向。这种倾向的形成既与移植美国新闻教育的实用主义原则有关，也是形势所迫的产物。对此，张如彦等毕业生明确表达了异议：这是否与燕大新闻系精英教育的方针相悖？导向或倒向实践是否有利于培养学问家和"有眼光、有才干、有勇敢牺牲精神的领袖"？❺ 张在论文中批评说："中国目前的新闻教育……教育学生，大多视报馆的需要而定，只要学生离开学校，到报馆能够胜任工作，便以为是新闻教育的成功。而报馆当局呢，也是同样的看法，只要新闻学校毕业生能够适应他们工作上的需要，也就心满意足了，至于新闻学系的毕业生是否在理论上应当多知道一

❶ 陈琼惠.中国战时宣传（1944年6月）//方汉奇，王润泽.中国人民大学图书馆藏燕京大学新闻系毕业论文汇编：第13册.北京：国家图书馆出版社，2014：144.

❷ 同①151.

❸ 张如彦.新闻教育（1945年5月）//方汉奇，王润泽.中国人民大学图书馆藏燕京大学新闻系毕业论文汇编：第15册.北京：国家图书馆出版社，2014：287，293.

❹ 同③293.

❺ 刘方仪.中国化新闻教育的滥觞：从20世纪20年代燕大新闻系谈起.北京社会科学，2004（2）：153-159.

点，是否对报业有一种理想和抱负，却没有人注意。"❶ "如果新闻教育机关只是肤浅的迎合报馆需要，为报馆训练人才，那么新闻教育本身失掉意义，报业也不会有进步。"❷ 在他看来，理论与实际各有本位，理应结合，而不可倒向一边。但彼时民国新闻教育的指向，均带有浓重的实用主义色彩。除燕大外，以复旦大学、中央政治学校的新闻系最为惹眼。若论及两校开设新闻系之目的，复旦大学新闻系的创立者谢六逸察觉到中国报界的"用人荒"，直言道，复旦新闻系目的乃是"培植一种富有新闻学知识与技能的新闻记者，已备将来发展各地的'地方报纸'之用"❸。中央政治学校新闻系则由毕业于密苏里大学新闻学院的马星野负责，政校新闻系的主要目的则更凸显实用——为国民政府培养宣传人才，即"他的使命，在为党国培植政治干部"❹。

对比美国新闻教育，中国新闻教育根基极浅，张如彦指出美国大学新闻系课程设置极为多元，又因其经济发达、市场繁荣，在张文写就的 20 世纪 40 年代，美国新闻教育尤以市场指向的广告学相关课程最多，足证美国新闻教育理论与实际配合亲密无间。而鉴于中国新闻事业和社会发展的实际情形，须培养入手快的新闻记者，以应报馆之急需。1936 年，马星野认为，"中国需要有知识有道德有能力的新闻人才，比任何国家为急迫，而尤其是在目前的环境里"❺。故张如彦又指出，"站在事实和环境的需要来说，目前的确不应也不能以大部精力集中在理论的研讨上"，而"当多注意中国报纸目前的种种实际问题"❻。

其二，要自由还是要秩序？作为美式新闻教育的延展，燕大新闻系师生对言论自由的想象和追求自不待言。有多篇毕业论文探讨了新闻、出版和言论自由的历史、观念、原则和实践，如谭宗文的《国际新闻自由运动》（1945 年）、唐振常的《论新闻自由》（1946 年）、张占元的《言论自由研究》（1947 年）、戴永福的《报纸的独立》（1947 年）。此外，谢宝珠翻译的《新闻学原理》（1945 年）亦辟出章节专论出版自由。张占元在论文中直言道："中国言论自由与中国民主现代化的前途是分不开的"，而言论自由不是法律赐予的，"而是由一点一滴的牺牲争

---

❶ 张如彦. 新闻教育（1945 年 5 月）//方汉奇，王润泽. 中国人民大学图书馆藏燕京大学新闻系毕业论文汇编：第 15 册. 北京：国家图书馆出版社，2014：387.

❷ 同①345.

❸ 谢六逸. 复旦大学新闻学系概况. 新闻学期刊，1934（1）：1 - 7.

❹ 张学远. 中央政治学校的新闻教育. 中国新闻学会年刊，1942（1）：104 - 105.

❺ 马星野. 新闻职业与大学教育. 报展纪念刊，1936（1）：58 - 61.

❻ 同①388.

取来的"。他认为,"言论为要有力量,必须它的内容充实,然后判断才能正确,而获得一般人的拥护,因而发生力量"❶,这无疑为言论自由确定了一个言论真实性的前提。

此外,还有部分毕业论文认为对报刊的道德监督、政策管控和法律约束不可或缺,这是维系纲纪、建立秩序的需要,如苏良克的《报纸管理法》(1932 年)、F. M. Fisher(费思)的 "Instances of the Effects of a Controlled News Policy in the Peiping Chronicle and Inquiry Into Its Cause"(《新闻管控政策的影响在北平纪事中的体现和原因的探究》,1933 年)、陈先泽的《报纸检查论》(1935 年)、胡启寅的《中国报纸之法令》(1940 年)、曹增祥的《中国战时新闻检查制度概论》(1945 年)、张学孔的《战时中国新闻政策》(1945 年)。但是对于新闻检查制度,受过新闻教育的新闻系学生则是深恶痛绝的。曹增祥在毕业论文中指出新闻检查制度造成政府与人民隔阂、阻碍廉洁有为政府的实现、妨碍民主精神的发展、使社会道德水准降低,他认为战争之后新闻检查制度取消,新闻记者须担负对世界人类的责任、对国内建设民主政治的责任。F. M. Fisher 在论文中谈到南京政府新闻管控下的战争、政治、军事新闻呈现破碎、误导特征,甚至是不真实的。❷总之,上述学生入学、毕业时间不同,或许并未发生真实的辩论,而多元的立场却是鲜明的。

三、国情与世界:精英新闻人才的使命与眼界

张咏、李金铨认为"中国的新闻教育是从美国横向移植过来的",这一论断至少适用于燕大新闻系。❸ 在司徒雷登的动议和积极努力下,1924 年燕大新闻系成立,聘请白瑞华担任主任,密苏里大学新闻学院毕业生聂士芬亦前来任教,燕大新闻系照搬了密苏里大学新闻教育模式。1927 年,聂士芬为筹款回到美国,并攻读密苏里大学新闻学院硕士学位,为复建燕大新闻系做了诸般努力,之后他

❶ 张占元. 言论自由研究(1947 年 5 月)//方汉奇,王润泽. 中国人民大学图书馆藏燕京大学新闻系毕业论文汇编:第 23 册. 北京:国家图书馆出版社,2014:137,139,140.

❷ FISHER F M(费思). Instances of the effects of a controlled news policy in the Peiping Chronicle and inquiry into its cause(《新闻管控政策的影响在北平纪事中的体现和原因的探究》,1933 年)//方汉奇,王润泽. 中国人民大学图书馆藏燕京大学新闻系毕业论文汇编:第 31 册. 北京:国家图书馆出版社,2014:92.

❸ 张咏,李金铨. 密苏里新闻教育模式在现代中国的移植:兼论帝国使命:美国实用主义与中国现代化//李金铨. 文人论政:知识分子与报刊. 桂林:广西师范大学出版社,2008:281.

成为复系后的新闻系主任。再之后的黄宪昭是密苏里大学新闻学院第一位获得新闻学学士学位的中国人，归国后长期在广州从事记者工作。梁士纯曾求学于美国迪堡大学和芝加哥大学，亦有深厚的"美国背景"。这几位主政燕大新闻系期间，教研模式直接师法密苏里新闻教育模式。除了专业课程和实务训练上的仿效，燕大新闻系还规定学生必须学习两年英文，以具备对世界尤其是美国"说话的能力"。从办学经费看，1927 年，聂士芬返美募款，四处奔波，功不唐捐，"由美国报界募得美金五万余元，作为试办五年的经费"❶，得益于此笔款项，1929 年燕大新闻系起死回生。在民国新闻教育中，"燕京实可推为最优秀者"❷，很大程度上可归功于来自美国的经验、人才和真金白银。机缘如是，师生普遍希望借由美式教育成就助力启蒙、进步和救亡图存的报界栋梁。曹百龙在毕业论文《美国新闻教育》中比较燕大新闻系与美国大学新闻系得出，前者在课程设置、学生注册人数、毕业生数量、教师数目等方面全面落后于美国甲组大学新闻系。因之，至于新闻系自身的发展，不过是"计划怎样追上欧美"❸。

而如若想"追上欧美"，彼时美国新闻教育之状况则须重点关注，以便开拓中国新闻教育的世界眼光。曹百龙在论文中对美国新闻教育之目的、课程修读、学生注册人数、毕业生数目及师资状况，均有较为详细之介绍。曹氏指出，至1940 年时，美国"至少有五百四十所以上的大学或专门学校设有新闻学的功课"，按照"地理的分布、毕业的条件、课程的增减、毕业生的位置、教师的数目与资格实习及图书馆的设备"等诸方面因素，将美国新闻院校分为甲乙丙丁四组。而美国新闻教育之目的，在于"学习广泛的基本知识，特别注重社会科学，并做新闻职业上的快乐，以发展社会的意识"❹，由此观之，燕大新闻教育的发展趋势，与美国新闻教育之目可谓一脉相承。

有学者言道，中国的新闻教育初创之时，"对培养新闻记者的目标也比较明确，讲求独立性和全球、全国视野，并且明确新闻教育和新闻学术研究对于培养良好的记者的作用"❺。而燕大新闻系推行密苏里新闻教育模式，最直接的成效

---

❶ 刘豁轩 . 燕大的报学教育//刘豁轩 . 报学论丛 . 天津：益世报社，1946：90.

❷ 赵君豪 . 中国近代之报业 . 香港：申报馆，1938：195.

❸ 张如彦 . 新闻教育（1945 年 5 月）//方汉奇，王润泽 . 中国人民大学图书馆藏燕京大学新闻系毕业论文汇编：第 15 册 . 北京：国家图书馆出版社，2014：388.

❹ 曹百龙 . 美国新闻教育（1949 年 6 月）//方汉奇，王润泽 . 中国人民大学图书馆藏燕京大学新闻系毕业论文汇编：第 30 册 . 北京：国家图书馆出版社，2014：416.

❺ 陈昌凤 . 中美新闻教育传承与流变 . 北京：中国广播电视出版社，2006：74.

是学生较强的英文能力和世界眼光。现存 160 篇毕业论文，有 27 篇以英文写就，约占 1/6。实际上，燕大新闻系极为重视英语教育，1938 年刘豁轩还提到新闻系课程"中英文每项仍然至少必修十六学分"，这是为了契合"新闻事业对于文字技能之需要"❶。最独特的是谢宝珠，这位抗战后供职于《申报》、驰名于上海滩的"记者之花"，一度和陈香梅齐名，她翻译了美国学者约斯特（Casper Yost）1924 年出版的《新闻学原理》（*The Principles of Journalism*）作为自己的毕业论文。在中文论文中，共有 10 篇以世界新闻事业或宣传研究为主题，包括吴明琨的《爪哇华侨的新闻事业》（1936 年）、赵佩珊的《德意日三国新闻事业》（1937 年）、王兆荣的《由路透社与海洋社所见之英德两国空战宣传》（1941 年）、张福骈的《这次大战初期中英德双方在海战方面的宣传》（1941 年）、杨福森的《英国战时宣传》（1943 年）、李肇基的《美国的报业》（1946 年）、许韬的《日本报业发达史》（1946 年）、胡睿思的《美国报纸实况》（1949 年）、曹百龙的《美国新闻教育》（1949 年），以及前述谭宗文的《国际新闻自由运动》（1945 年）。这等英文能力和世界眼光，或许不输于今日中国任何一所一流大学的新闻专业学生。

但是，"洋腔洋调"能否适应中国国情？张如彦"四问"的最后一问，正是新闻教育何以适合国情？他在论文中指出，中国新闻教育由美国转渡而来，且多为教会学校，教育方针与本国国情多不能适应。他以燕大新闻系早期为例，"在过去，读新闻学系的学生大半是英文的程度好于中文，毕业之后，在英文报馆服务的多于在中文报馆的"，"对本国报业，很少有贡献的机会"。在张看来，此般种种，皆由"新闻教育者对国情未能透彻认识"所致。❷

燕大新闻系朝向本土国情的转舵，始自刘豁轩，而真正驶入中式新闻教育的轨道则主要归功于蒋荫恩。1936 年，刘豁轩辞去天津《益世报》总经理职务，被梁士纯延邀至燕大新闻系，次年出任系主任。他力主燕大新闻系向两端拓展，一是避免新闻教育的过度职业化、器械化或专门化，要更加贴近报界和社会之需要，二是推动报学研究和教育从"技术化"走向"学术化"。❸ 这二者的宗旨，无外乎造就适应中国国情的报人，发展中国本土的新闻学术，以改变中国报界鱼龙

---

❶ 刘豁轩. 新闻教育为什么不是"模糊的冒险". 燕京新闻，1938－09－15.

❷ 张如彦. 新闻教育（1945 年 5 月）//方汉奇，王润泽. 中国人民大学图书馆藏燕京大学新闻系毕业论文汇编：第 15 册. 北京：国家图书馆出版社，2014：354.

❸ 胡玲. 刘豁轩新闻教育思想研究. 青年记者，2015（10）：90－91.

混杂、投机钻营的混乱局面，借以改造罕有"真正以报业为职业，以服务国家社会为志愿"的现状，摆脱中国大学新闻系"连一本中文书都没有"的窘境。为此，刘豁轩提出两大人才培养目标：一为造就领导的报人，"使能改善报纸现状，提高报纸水准，并以适应将来报业发展之新需要也"❶，即培养报界领袖或今日所谓的有领导力的专业精英；"二为造就适合高尚的职业环境之报人，使其所学切合于报业之需要，将来并有前进发展之能力"❷，即他极为强调燕大新闻系"目的是'造就领导的报人'同'适合于高尚的职业环境的报人'"❸。前者为新闻精英教育的最高使命，后者"为其最低之限度"❹。同时，他引导师资将中国报界实践学术化，把"经验之谈"上升为确切理论。他要求学生也加入学术建设，通过教学互动、理论研讨增益学养，甚至要求学生刊物《燕京新闻》增设学术内容，"燕园是一个研究学术的社会，燕园的报当然应该注重学术"❺。

惜乎刘豁轩主政时期正逢抗战全面爆发，教研活动受时局干预、破坏较多，学生规模缩减，他的抱负伸张不易。而他本人对美式教育亦颇为推崇、眷顾，以至于"几乎行文必引美国新闻教育为例"，故其本土化努力大抵是局部的调整和修补。真正做出实质性改变者，当数蒋荫恩。

蒋荫恩 1935 年毕业于燕大新闻系，留任教学助理。次年为了"新闻救国"的理想，先至天津《大公报》任编辑，后投奔上海《大公报》担任外事记者，自此辗转于港版、桂林版《大公报》至 1941 年。1942 年，燕大在成都落脚，急聘系主任，32 岁的蒋荫恩应召赴任。做了六年国破家亡的乱世记者，他认为过去燕大新闻系的教育严重脱离现实，学生习得的智识和技能于中国现实"无大用处"。1951 年，他还在带有自我批判性的文章中剖析燕大："我是学新闻的。当我二十年前入燕大读书的时候，那时的新闻学系可以说是彻头彻尾美国化的学系。教员大部分是美国人，少数中国教员也都是不大会说中国话的。当时的新闻系，有'小密苏里'之称，讲的读的全是美国资本主义那一套新闻理论。"❻ 蒋荫恩主政燕大新闻系后，大量延聘本国师资，开设适应中国报界和国情的专业课

❶ 刘豁轩 . 如何造就领袖的报人 . 大公报，1937 - 05 - 06（12）.
❷ 刘豁轩 . 燕大的报学教育//刘豁轩 . 报学论丛 . 天津：益世报社，1946：106.
❸ 刘豁轩 . 新闻教育为什么不是"模糊的冒险". 燕京新闻，1938 - 09 - 15.
❹ 同②.
❺ 半年的工作报告 . 燕京新闻，1938 - 12 - 30.
❻ 蒋荫恩 . 一个燕京人的自白 . 光明日报，1951 - 02 - 01（3）.

程，调整课程，精简为十三门新闻专业课❶；鼓励学生参办实验报纸（《燕京新闻》），投身新闻实践，培养学生的专业抱负、兴趣和伦理，使其"德、智、体、群平均发展"，为国家造就真正有用的人才。自此，燕大新闻系的学生西装和长褂皆穿得，心中所系乃报界和家国天下，而不只是成就一口洋腔洋调、出入中国上层社会的名流。

蒋荫恩主政燕大新闻系十年（1948—1949 年由张隆栋代理），他明确的教育方针似可概括如下：一是理论与实际相结合，此乃燕大新闻系一贯传统，无须备述；二是中外结合，适应国情、扎根本土与外国经验、世界眼光并行不悖，燕大新闻系要做的是纠偏而非偏废，他本人亦曾于 1948—1949 年访学密苏里大学一年；三是精英教育，他认为中国报界缺乏的是"有远见、有魄力、有主张……能负重大责任，有创见及改革能力的领袖人才"❷，蒋同刘豁轩一样，主张培养"领导的报人"或"领袖的报人"。张如彦在论文中完整表达了蒋荫恩的精英教育观点。师徒二人对其时兴办的各类新闻职业学校、专科学校和训练班——如马星野主持的中央政治学校新闻专修科、国民政府开办的国际宣传训练班颇不看重，认为这样培养出的新闻人才难当启蒙、革命的"领袖的报人"之使命。"这样训练出来的人在报馆能担任哪项重要工作，对于报业会有什么重要的贡献和远大的抱负？"❸当然，蒋荫恩并不反对兴办多样的新闻教育，"再增设若干，亦不嫌多"，只是燕大新闻系务以成就领袖、精英为己任，以医治社会上"无形的病"。

刘、蒋二人主政燕大新闻系期间，出现了一批专攻本土新闻事业的毕业论文，另有一些关切国际问题而又重返中国实际的论文。前者如殷增芳的《中国广播无线电事业》（1939 年）、张师贤的《中国印刷史略》（1939 年）、余梦燕的《重庆报纸新闻版之分析》（1943 年）、林启芳的《三十年来的四川报业》（1944 年）、程佳因的《中国通信社事业之检讨》（1945 年）、余理明的《中国战时报业之特色》（1945 年）、梅世德的《中国战时后方报业》（1946 年）、卢毅的《中国的电信交通与文字改革》（1948 年）等。其中，程佳因对当时中国通信事业分析后指出，中央社在抗战期间"对于国内团结抗敌，以及在国际争取友国与同情，

❶ 蒋荫恩. 新闻教育感想. 中国新闻学会年刊，1944（2）：106 - 113.
❷ 肖东发. 新闻学在北大. 北京：北京大学出版社，2006：60.
❸ 张如彦. 新闻教育（1945 年 5 月）//方汉奇，王润泽. 中国人民大学图书馆藏燕京大学新闻系毕业论文汇编：第 15 册. 北京：国家图书馆出版社，2014：396.

实皆有显著之成功"❶，但因中央社实力雄厚，享有政府特权，其他通讯社无法与之竞争或相继没落，或苟延残喘。若于抗战后发展中国通讯社，程建议可从政府财政扶植、鼓励资助私人于偏远地区开办通讯社、提高新闻从业人员待遇三方面着手解决；而梅世德的《中国战时后方报业》中，尤为强调了战时后方报业对于宣传战的协助。后者如杨曾庆的《六年来平津泰晤士报对华之言论》（1938 年）、张振淮的《中日事变期中同盟通讯社之对华宣传》（1939 年）、钱家端的《三年来英美在我国宣传之比较》（1945 年）、邹震《开罗会议前后中国国际宣传政策之改变及其成就》（1945 年）、赵泽隆的《广播》（1946 年）等。其中赵泽隆的毕业论文《广播》先介绍世界广播事业之概况，后返回中国广播事业之实际问题。他建议政府取消征收全国收音机执照费、建立全国性广播新闻网、积极开展对广播理论及技术的研究。实际上，赵文是燕大新闻系师生对中国广播的发展提出时代"新问题"的积极回应。从题旨和内容看，以上论文大多体现出强烈的本土关怀，并持以中外融通的眼光和精英主义立场。

本文基于大量史料尤其是学生毕业论文的清理和分析，讨论了燕大新闻教育构建专业自主性、响应社会变革、平衡中国国情与西方模式之关系等三个重要问题。若将中国新闻学研究和新闻教育的百年进路视为一个整体，那么燕大新闻系的观念探索和实践努力理应成为今日创造性传承的宝贵精神遗产。譬如燕大新闻系在课程建设、实务训练、通识与跨学科教育、专业精神与伦理养成、理论与实际相结合、对业界和社会的响应、扎根中国与面向世界的贯通等领域的作为，于今仍有启迪。当然，燕大新闻系开办期间正值乱多治少的动荡年代，前述诸多理念和做法未必全然落实，故不宜也不必放大其历史价值。但是，乱世变局之下的艰苦经营，已然可贵至极，堪为后世师范。

---

❶ 程佳因 . 中国通讯社事业之检讨（1945 年 12 月）//方汉奇，王润泽 . 中国人民大学图书馆藏燕京大学新闻系毕业论文汇编：第 18 册 . 北京：国家图书馆出版社，2014：75.

百年回眸：中国新闻传播教育史研究回顾与前瞻[*]

邓绍根　李兴博

2018年，是中国新闻传播教育的百年诞辰。一百年前的1918年，中国第一个系统讲授新闻学课程并集体研究新闻学的团体——北京大学新闻学研究会成立，标志着中国新闻传播教育的开始。一百年来，随着传播技术的不断更新，新闻传播教育迅猛发展，其内涵和外延日益拓展，从最初的报学发展到新闻学，延伸至广告、广播电视、出版、公共关系、新媒体等诸多领域，形成了一个新闻传播教育事业。中国新闻传播教育史研究历经萌芽起步、曲折前行、恢复发展和开拓创新等四个阶段，至今形成相当深厚的学术积淀，产出了一批高质量的学术成果。站在百年关口，回眸中国新闻传播教育史研究，梳理其研究历程，总结其研究特点，展望未来研究的发展路径，具有极其重要的学术价值和现实意义。

一、筚路蓝缕：中国新闻传播教育史研究的萌芽与起步（1918—1949）

虽然中国第一个系统讲授新闻学课程并集体研究新闻学的团体——北京大学新闻学研究会于1918年成立，但中国新闻传播教育史研究却萌芽于20世纪初。1903年，上海商务印书馆出版的日本松本君平《新闻学》中文版，就提及欧美新闻传播教育情况。❶ 1904年，《万国公报》刊登美国传教士林乐知翻译的《报学专科之创立》，介绍普利策将捐资创立哥伦比亚大学新闻学院的消息，并详细刊登其教学课程。1916年，朱元善在《环球》杂志发表文章《美国各大学之新闻科》，介绍哥伦比亚大学新闻学院和密苏里大学新闻学院的课程，并刊登美国

　＊ 原载于《兰州大学学报》（社会科学版），2018（4）：210-218。李兴博，暨南大学新闻与传播学院博士生。

　❶ 松本君平 . 新闻学//松本君平，休曼，徐宝璜，等 . 新闻文存 . 北京：中国新闻出版社，1987：14.

设有新闻学专业的 27 所大学的名单。❶

随着 1918 年中国新闻传播教育活动的开展，新闻传播教育史研究随之起步。1919 年，徐宝璜出版的《新闻学》，介绍美国新闻传播教育现状，"美国各著名大学，近均设立新闻学专科，传输相当之智识，养成相当之人才，即因有见于斯学之非常重要也"❷。随着中国新闻传播史研究的兴起，新闻传播教育史研究作为新闻史学的重要组成部分，开始受到重视，并逐渐起步。1927 年，戈公振出版著作《中国报学史》，设有"报业教育"专节，系统介绍了国内各高校新闻学系和新闻课程设置情况，如北京大学、圣约翰大学、厦门大学、平民大学、国际大学、燕京大学、南方大学、光华大学、国民大学等新闻传播教育机构的创办者、授课教师和学生人数等。此后，新闻传播教育发展历史和现状成为中国新闻事业史著作的重要内容之一，如黄天鹏《中国新闻事业》（1930 年）、赵君豪《中国近代之报业》（1938 年）、管翼贤编《新闻学集成·第七辑》（1943 年）、行政院新闻局编《新闻事业》（1947 年）。其中，1943 年出版的《新闻学集成·第七辑》最为深入系统。该书详细介绍了平民大学、燕京大学、复旦大学三校以及一些新闻专科学校的办学情况，完整呈现了各校的办学方针及课程设置，并涉略到美日德英四国的新闻传播教育情况。

另外，还有少量专门讨论中国新闻传播教育发展情况的专文，如谢六逸《新闻教育的重要及其设施》（《教育杂志》1930 年第 22 卷），黄宪昭《燕京大学新闻学系概况》（《新闻学研究》1932 年），谢六逸《复旦大学新闻学系概况》（《新闻学期刊》1934 年第 1 期）、《新闻教育机关概况》（《报学季刊》1935 年第 1 卷第 2、3 期），王若兰《国内几个新闻教育机关的概况》（《大公报·新闻教育特刊》1936 年 5 月 9 日），张学远《中央政治学校的新闻教育》（《中国新闻学会年刊》1942 年第 1 期），曾虚白《中政校新闻学院之产生及其未来》（《中国新闻学会年刊》1944 年第 2 期），施志刚《中国新专之过去现状及展望》（《中国新专校刊》1946 年第 2 期），刘豁轩《燕大的报学教育》（《报学论丛》1946 年），储玉坤《今日之中国新闻教育》（《读书通讯》1947 年第 138 期）、《二十年来的新闻教育》（《教育杂志》1948 年第 33 卷第 6 号），袁昶超《初期的报学教育》（《报学杂志》1948 年第 1 卷第 4 期）、《中国的报学教育》（《报学杂志》1948 年第 1 卷第 5 期）等。

---

❶ 邓绍根. 中国新闻学的筚路蓝缕：北京大学新闻学研究会. 北京：清华大学出版社，2015：78.

❷ 徐宝璜. 徐宝璜新闻学论集. 北京：北京大学出版社，2008：47.

这些新闻传播教育史资料是《中国报学史》的有益补充，成为研究民国时期新闻传播教育的珍贵史料。

在起步阶段，吴宪增编著的《中国新闻教育史》是1949年以前唯一的以新闻传播教育史为研究对象的专著。该书以时间为线索，按新闻教育机构分门别类地叙述了其发展历史，包括大学中的新闻系和新闻专修科、新闻专门学校、新闻函授教育、报童工读学校等。该书不仅较为系统地介绍了燕京大学新闻学系、平民大学新闻系、复旦大学新闻学系等代表性新闻教育机构的规章制度、课程等内容，而且较为详细地梳理了北平新闻专科学校和中华新闻学院等专门学校的发展情况，并将各类新闻教育机构创办的时间以年表的形式列于书末。

总之，1918—1949年是中国新闻传播教育史研究的萌芽与起步阶段。其特点有四：第一，该阶段中国新闻传播教育史研究以译介外国新闻传播教育情况和梳理中国新闻传播教育发展历史为主要内容，停留在表象研究阶段，缺乏对各新闻传播教育机构兴起及其规章课程制度的深层次的研究分析。第二，停留在报学教育研究阶段，很少涉猎刚刚兴起的广告教育和广播教育。第三，著述数量较少，大都包含在新闻事业史或报刊史中，并未独立出来。专著仅有通史性质的《中国新闻教育史》，个案研究代表是燕京大学新闻学系，集中反映于刘豁轩编印的小册子《燕大的报学教育》。第四，出现新生力量。一些新闻学子将新闻传播教育作为毕业论文选题，推动了新闻传播教育研究的深入发展。如燕京大学新闻学系1945年毕业生张如彦的毕业论文为《新闻教育》，1949年毕业生曹百龙的毕业论文为《美国新闻教育》。

二、"墙内开花墙外香"：中国新闻传播教育史研究的曲折前行（1949—1978）

1949—1978年，中国大陆的新闻传播教育史研究发展缓慢，没有一部专著问世，甚至中央党校新闻系和中国人民大学新闻系、复旦大学新闻系编写的三部现代新闻史讲义中也没有关于新闻教育的章节。❶目前可查仅有燕京大学新闻学系于1950年编印出版的内部资料《燕京大学新闻学系概况》，介绍了该系的发展历史和现状。论文则以罗列的《十年来的我国新闻教育》为代表，介绍了中华人民共和国成立后的第一个十年，新闻院系进行重组、改造，学习苏联新闻教育经

---

❶ 吴廷俊. 新闻传播教育的认知与践行. 上海：复旦大学出版社，2013：40.

验的过程以及新办新闻系的情况。

1949—1978 年台湾的新闻传播教育研究成果虽然数量不多，但质量颇高。1958 年，黄天鹏撰写《新闻教育四十年——中国新闻教育的创办与变迁》一文，两万余字，分上下篇叙述了大陆和 1949 年后台湾新闻教育的发展。该文以其亲身经历为线索，着重叙述了复旦大学新闻系、沪江大学商学院报学科、中央政治学校新闻系、政治大学新闻研究所等机构的办学情况。1966 年，政治大学新闻研究所所长曾虚白主持编撰的《中国新闻史》则全面系统地梳理了中国新闻传播教育发展历史，不仅包括 1918—1949 年中国新闻传播教育情况，而且包含 1949 年后台湾新闻传播教育的发展历史。该书对政治大学新闻系的历史论述最为详细，如其规章、课程、师资、设备、招生均有记载，甚至列出该系培养的硕士姓名、论文题目、毕业年月。冯爱群编著的《中国新闻史》第八章"中国新闻教育发展的轨迹"，以编年史的方式描绘了中国新闻传播教育的历史轨迹，着重介绍了 1949 年以后台湾代表性新闻教育机构的特色特点。郑贞铭硕士论文《中国大学新闻教育之研究》对大学新闻传播教育现状进行了深入研究。论文则有谢然之《论中美新闻教育之合作》、徐佳士《报业与新闻教育》，两文均载于《新闻学论集》。

这个时期台湾的新闻传播教育研究成果中，世界新闻传播教育史研究领域取得很大突破。1966 年，李瞻主持编撰的《世界新闻史》，不仅全面概述了英法德意俄美等国的新闻传播教育历史，而且详细介绍了各国具有代表性的新闻教育机构。广播电视教育研究也受到高度关注。温世光编撰的《中国广播电视发展史》，介绍了 1949 年以前广播教育的初步发展以及 1949 年以后台湾广播电视教育的历史。温将广播电视教育分为学校和学校外的两种教育模式，学校教育主要介绍了世界新闻专科学校、艺术专科学校、建国商业专科学校的师资、课程设置、设备等内容。学校之外，介绍了台湾电视人员训练中心、"中视"电视人员训练班等机构的教育情况。

1949—1978 年中国新闻传播教育史研究呈现出"墙内开花墙外香"的特点。大陆受政治运动的影响，新闻传播教育史研究进展缓慢；台湾的研究成果却不断涌现，不仅将新闻传播教育史研究提升到一个新高度，而且拓展了新闻传播教育史研究的广度。一是表现在世界新闻传播教育史研究更加全面；二是将广播教育扩展到广播电视教育的研究上。其原因在于黄天鹏、曾虚白等人都是民国及台湾早期新闻教育的亲历者，都曾深入参与到各新闻院系的建设当中，他们熟悉新闻教育的历史，对新闻教育的发展历程有深刻的体会，对其所供职的新闻院系在资料的占有上具有先天优势，这些都保证了他们研究成果的较高质量。

三、步入正轨：中国新闻传播教育史研究的恢复发展（1978—2000）

改革开放后，思想解放。随着新闻教育和新闻学术研究工作逐渐恢复，1978—2000 年间中国新闻传播教育史研究迅速步入正轨，恢复发展，成效显著。

（一）中国新闻传播教育史纵向研究逐渐系统深化

中国新闻传播教育史研究成为中国新闻通史类著作的重要内容和不可或缺的组成部分。如方汉奇主编的《中国新闻事业通史》，从民国以后的各个时段里均有章节论及新闻传播教育情况。刘家林著作《中国新闻通史》也有两个章节收录了中国新闻传播教育史内容。丁淦林主编的《中国新闻事业史》和吴廷俊著作《中国新闻业历史纲要》均有涉及。论文方面，方汉奇《七十年来的中国新闻教育》一文全面总结了中国新闻教育 70 年历程，统计了 1920—1989 年全部新闻教育机构名称、创办时间、地点、负责人情况，并对不同时期新闻传播教育特点及存在问题进行了评价。赵玉明和郭镇之合著的《中国新闻学教育和研究 80 年》较为系统地总结了 1918—1998 年中国新闻教育发展的历史。1982 年，洪一龙撰写的《新中国新闻教育事业概况》总结了 1949—1981 年大陆新闻传播教育的发展。此后《中国新闻年鉴》均有每年新闻传播教育发展的综述。此外，广告教育历史研究得到深化。刘家林的《新编中外广告通史》，梳理了民国时期的广告学教材，介绍了各学校开设广告学课程的情况。

（二）中国新闻传播教育史横向研究取得突破，个案研究成果增长显著

1978—2000 年大陆新闻传播教育史研究出现了一些针对特定机构、人物、地域的个案研究。新闻教育机构方面，如张风《华中新闻训练班回忆》（《新闻大学》1981 年第 1 期）、顾执中《上海民治新闻专科学校的诞生与成长》（《新闻研究资料》1981 年第 5 期）、邱沛篁《四川大学新闻系十年（1981—1991）》（1991年）和《新闻教育探索——四川联合大学新闻学院十五年（1981—1996）》（1996年）等；新闻教育人物方面，如章玉梅《复旦新闻系第一任系主任——谢六逸》（《新闻大学》1982 年第 3 期）、徐培汀《陈望道与新闻教育》（《新闻大学》1982年第 4 期）、刘时平《蒋荫恩和他的讲稿》（《新闻研究资料》1984 年第 Z1 期）、丁淦林《王中对新闻工作和新闻教育的贡献》（《新闻大学》1993 年第 3 期）；特定地域方面，如马光仁的《上海新闻史（1850—1949）》在多个章节中叙述了不

同时期上海新闻传播教育发展状况，梁群球主编的《广州报业（1827—1990）》也介绍了民国广州新闻教育情况。20 世纪 80 年代，新闻学术杂志刊登了诸多以参访和交流外国新闻教育为主的文章，如张保安《美国新闻教育散记——访美观感之一》（《现代传播》1981 年第 2 期）、傅显明《苏联的新闻教育》（《国际新闻界》1982 年第 3 期）、刘明华《日本的新闻教育——访春原昭彦教授》（《国际新闻界》1983 年第 1 期）、刘晓陆《墨西哥新闻教育简介》（《国际新闻界》1984 年第 2 期）、居延安《英国的新闻教育——赴英考察纪要》（《新闻大学》1985 年第 10 期）等等。这些文章多基于个案院校的观察和访问学习，总结了可供国内借鉴的新闻传播教育经验。

1978—2000 年台湾新闻传播教育史研究继续发展。1981 年，徐佳士在《政大新闻教育的创始成长和现状》一文中回顾了政治大学新闻传播教育的历史，并分析了其现状和发展前景。❶ 1989 年，罗文辉从威廉斯访华、圣约翰大学报学系、燕京大学新闻系等方面分析了密苏里大学新闻学院对中华民国新闻教育及新闻事业的影响。❷ 陈明章编著的《私立燕京大学》一书转载了两篇记载燕大新闻系及其与密苏里大学新闻学院交流合作的文章。《新闻学研究》（第 32 辑）收录了多篇研究美国高校新闻院系的文章，主要介绍了诸如明尼苏达大学、威斯康星大学、密苏里大学等美国知名院校新闻教育的历史与现状。在《新闻教育与我》一书中，马星野、黄天鹏、谢然之等人"现身说法"，回忆自己从事新闻教育的经历。

（三）编辑出版教育研究受到关注

1991 年，肖东发在《中国出版专业教育十年》一文中认为，"我国出版事业出现了建国以来最为活跃和繁荣的新局面，出版专业教育也得到了迅速的发展。经过 10 年的努力，已初步形成了一个多专业、多层次、多渠道、多规格的专业教育体系"❸。一些文章则介绍了中国编辑出版教育的发展历史和现状，如陆本瑞《我国出版教育的回顾与展望》（《编辑之友》1991 年第 3 期）、萧舟《我国出版高等教育的特点与展望》（《中国出版》1997 年第 9 期）等；还有一些文章分别

❶ 徐佳士．政大新闻教育的创始成长和现状//王世正，王建今，王润华，等．学府纪闻：国立政治大学．台北：南京出版有限公司，1981：241-249．

❷ 罗文辉．密苏里大学新闻学院对中华民国新闻教育及新闻事业的影响．新闻学研究，1989（41）：201-210．

❸ 肖东发．中国出版专业教育十年．出版与印刷，1991（1）：16-21．

介绍了法美日韩等国的编辑出版教育现状。学界还出现了专门书籍，如《出版教育研究论集》，对编辑学专业的建设、办学方向、培养目标和层次、专业设置等问题进行专题研究。

1978—2000 年大陆新闻传播教育史研究的恢复发展，主要是因为大陆新闻传播史研究总体逐渐恢复，新闻传播教育史作为新闻传播史的一部分，受到了研究者更广泛的关注，也是研究者的普遍共识。因此，该阶段大陆新闻传播教育史研究也逐渐步入正轨，开始向纵深推进，个案研究成果增长显著，领域有所拓展。当然，这个时期的研究著述比较侧重对新闻传播教育历史过程的描述，缺乏对新闻传播教育阶段性规律和特点的总结，新闻传播教育思想和理念等更深层次的研究基本没有涉及。这个时期台湾新闻传播教育史的研究延续了以往的发展势头。民国新闻传播教育史的研究继续增多，质量继续提高。

四、繁花似锦：中国新闻传播教育史研究的开拓创新（2000 年至今）

2000 年以来，随着新闻传播教育的新思维和新观念在国际化浪潮中大量涌入，中国新闻传播教育走向普及和多元阶段。中国新闻传播教育史研究受到学界高度重视，研究者锐意进取，新成果不断涌现，迈向开拓创新阶段，呈现出繁花似锦的盎然生机。

（一）中国新闻传播教育通史和断代史研究成果涌现

2003 年，李建新出版专著《中国新闻教育史论》。该书对中国新闻教育的历史发展，进行了全面深入的概括和总结。时间上，始于 1918 年北京大学开始设置新闻学课程，止于 2001 年中国加入世贸组织以后，共 80 余年。从地域看，兼及祖国大陆和港澳台。内容上，既对"萌芽与创立时期""初步发展时期""调整与发展时期""灾难时期""复苏与热潮时期""繁荣时期"等各时期的中国新闻教育的发展变化进行了细致描述，也对各时期中国新闻教育的基本特点、各时期代表性新闻教育家的教育思想进行了精湛论述，为读者提供了一幅介绍中国新闻教育发展全过程的繁复曲折而又绚丽多彩的历史画卷。❶ 2011 年，熊敏硕士论文《中国新闻教育学术研究的嬗变（1918—2010）》以不同时期关于新闻教育的学术研究为研究对象，展现了各时期新闻教育研究的主题与时代的密切勾连。2016年，许晓明著作《中国近代新闻教育发展史研究（1912—1949）》较为细致地分

---

❶ 方汉奇．序言一//李建新．中国新闻教育史论．北京：新华出版社，2003：序言 2.

析了 1949 年以前中国新闻教育的发展历程。此外，针对 1978—2008 年改革开放
30 年的新闻传播教育，吴廷俊分为三个十年，分别用"初度发展""适度发展"
"超度发展"加以概括；李建新则以"恢复和重启""壮大和繁荣""发展和升变"
"普及和多元"四个阶段来概括新闻传播教育历史❶。俞旭、朱立主要探讨了"文
革"结束后大陆新闻教育的变革。❷

（二）新理论和新视野为中外新闻传播教育交流史研究注入新活力

1998 年，张咏将"教育模式"运用到其硕士论文《美苏新闻教育模式的引
入及其对中国新闻教育的影响》中，梳理了两种新闻教育模式传入中国的过程，
并提出中国新闻教育面临模式的重新选择。其博士论文《移植的现代性：跨文化
的网络与中国现代报业的兴起（1890—1930 年代）》探讨了密苏里大学与燕京大
学新闻学系的关系，认为二者之间的社会网络是美国新闻业与中国新闻业现代性
互动的中介之一。2006 年，陈昌凤教授著作《中美新闻教育传承与流变》则从
比较的视野出发，讨论了美国新闻教育的传承与流变以及中国新闻教育的发端如
何沿承美国模式。2011 年，邓绍根的博士后报告《美国密苏里新闻学院和中国
新闻界交流合作史研究》则以密苏里大学新闻学院和民国新闻界的交流合作活动
为整体研究对象，全面系统地梳理密苏里大学新闻学院和民国新闻界（学界和业
界）交流合作活动的发生发展过程，细致分析了密苏里新闻教育模式在中国的本
土化过程，实事求是地分析密苏里大学新闻学院对中国新闻事业的影响和作用。
2013 年，林牧茵著作《移植与流变——密苏里大学新闻教育模式在中国
(1921—1952)》研究了密苏里新闻教育模式传入中国的历程。

外国新闻传播教育史研究成果不断涌现。陈俊峰著作《学徒制影响下的学院
制：英国大学新闻教育研究》分析了英国新闻教育的历史和现状。马嘉著作《重
学轻术：论日本高等新闻教育》指出，日本高等新闻教育选择了德国古典大学的
新闻教育理念和模式作为样板，重视新闻学教育而轻视采编写等新闻职业技能的
培养。黄鹂著作《美国新闻教育研究》以美国新闻教育的职业化为研究核心，梳
理了新闻教育职业化历史过程。此外，钟新、周树华主编的《传媒镜鉴：国外权
威解读传媒教育》，吴信训等主编的《国际新闻传播名校教育镜鉴》，辛欣、雷跃

❶ 李建新. 新时期中国新闻传播教育 30 年//郑保卫. 新闻学论集：第 21 辑：纪念改革开放 30
周年特辑：新时期中国新闻事业改革发展 30 年. 北京：经济日报出版社，2008：200 - 212.
❷ 俞旭，朱立. 改革的困局：中国大陆新闻教育变革探讨（1976—2000）. 新闻学研究，2001
(68)：23 - 52.

捷等编撰的《中外新闻传播教育发展研究》，刘利群、张莉莉主编的《国际传媒与教育》等书均介绍了世界各国新闻传播教育发展的历史和现状。王明光、黄先义等编著的《中外新闻专业实践教育比较研究》一书收录了与新闻传播教育相关的诸多论文。

（三）个案研究不断拓展

中国新闻传播教育史个案研究成果不仅数量上升，而且开掘了研究深度。如邓绍根著作《中国新闻学的筚路蓝缕——北京大学新闻学研究会》，从北京大学新闻学研究会成立的时代背景、发展历程、会长和导师、会员研究、会刊等方面，介绍了北京大学新闻学研究会的发展，客观分析了该研究会在中国新闻教育史上筚路蓝缕、以启山林的历史地位。周婷婷著作《中国新闻教育的初曙——以北京大学新闻学研究会为中心的考察》，分析了北京大学新闻学研究会与其所处的社会环境之间的种种关联互动，重点探讨了社会因素如何推动中国新闻教育的出现并塑造其最初形貌，揭示了知识与社会之间的深层关联。另外，燕京大学新闻学系、圣约翰大学新闻系、重庆中央政治学校等个案研究成果丰富。针对1949年以后的新闻院系，目前研究成果有邱沛篁对四川大学新闻教育的研究，肖东发对北京大学新闻教育的研究，以及申凡对华中科技大学新闻教育历史的总结。

人物方面，除了关于蔡元培、徐宝璜、邵飘萍、戈公振等人的新闻教育实践和新闻教育思想的研究外，成舍我、马星野、蒋荫恩等新闻教育家也纷纷进入研究者视野。

港澳台新闻传播教育方面，成果则较少。吴廷俊主编的《中国新闻传播史（1978—2008）》一书，提及香港与澳门回归后的新闻传播教育。赵凯等主编的《二十世纪中国社会科学：新闻学卷》详细介绍了20世纪中国新闻学教育研究机构、学术社团、著述出版、中外交流、新闻学教育与研究机构的创设和沿革，其中涉及香港、澳门、台湾地区的新闻学教育与研究机构的内容。

（四）研究边界得到进一步拓展

广播电视学教育研究有了长足进步。赵玉明在《中国广播电视通史》一书中以北京广播学院的发展为线索，勾勒出1978年以后中国广播电视教育的发展历程。王文利著作《中国广播电视新闻研究简史》全面梳理各个时期广播电视教育的历史以及相关研究情况。《当代中国的广播电视》一书不仅梳理中国广播电视高等教育历史，而且介绍中国广播电视教育的兴起与发展。蔡尚伟著作《广播电视新闻学》则用专门章节"广播电视新闻研究与教育",谈及中国广播电视新闻教育的发展历程和现状。

公共关系教育研究受到关注。2010 年,王晓乐论文《民国时期公共关系教育创建始末:中国近代公共关系教育若干史料的最新发现》,推断 1934 年燕京大学新闻学系开设的必修课程"实用宣传与公共关系"是中国公共关系教育的发端,将中国公共关系教育的引进时间提前了 50 余年。❶

广告学教育研究受到重视。苏士梅的《中国近现代商业广告史》第九章"近现代广告教育",大致描绘出广告教育发展的历史脉络。广告通史类著作中,杨海军、孙顺华等人的著作也涉及广告教育内容。广告教育史专著《中国广告教育三十年研究:1983—2013》将 1983—2013 年中国广告教育历史划分为"初探期""发展期""快速发展期""稳定发展期"四个阶段,并总结了代表性广告教育人物的学术思想。祝帅则在《民国广告教育的四种途径——以国立大学、私立大学、职业学校与海外留学为中心》一文中认为,民国时期的中国广告教育是由国立大学、私立大学、职业学校和海外留学共同构建起来的,它们是中国现代广告业发达史上的四股不容忽视的重要推动力量,奠定了中国广告教育几种基本形式的雏形。❷

编辑出版教育研究向数字出版教育拓展。出版教育系列研究书籍出现,如北京印刷学院编辑出版的《出版教育与研究:传承与创新》(2009 年)、《出版教育与研究:融合与发展》(2009 年)、《出版教育与研究:开拓与创新》(2010 年)、《出版教育与研究:探索与发展》(2011 年)等。随着新兴媒体的兴起,研究者们开始探讨互联网技术环境下的数字出版教育。如郝振省主编的《2011—2012 中国数字出版产业年度报告》中设有专章"2011—2012 中国数字出版教育年度报告",分析中国数字出版教育的现状、新进展、存在问题和发展对策等。张文红专著《新媒体时代下的新闻出版教育研究》则研究了大学向应用转型中编辑出版人才的培养,探析了国际出版传播人才培养模式等。

(五)专门性中国新闻传播教育史研究组织成立,推动研究新发展

2008 年 10 月,中国新闻史学会新闻传播教育史研究委员会成立。该委员会

---

❶ 王晓乐.民国时期公共关系教育创建始末:中国近代公共关系教育若干史料的最新发现.新闻与传播研究,2010 (6):55 - 60.

❷ 祝帅.民国广告教育的四种途径:以国立大学、私立大学、职业学校与海外留学为中心.国际新闻界,2017 (3):128 - 148.

主要任务是在历史和中外新闻传播教育的坐标体系中，寻找当今中国新闻传播教育的准确定位和理想的发展路径。首任会长吴廷俊希望团结全国乃至世界新闻传播教育界的同仁，共同推进中国新闻传播教育快速健康发展。该委员会成立后，通过开办学术研讨会的形式，围绕新闻教育与传播教育的问题专门讨论。这标志着中国新闻传播教育研究进入组织化阶段，形成了一个科学的、有序的、成熟的中国新闻传播教育研究局面。

　　2015年以来，张昆会长组织了全国新闻传播院系一百多位教师，于2016年10月编撰出版《中国新闻传播教育年鉴2016》。该年鉴由总论篇、平台与人物篇、成果与政策三大板块组成，覆盖了中国新闻传播教育的全部要素，记录了中国新闻传播教育的当代历史，为后人研究今天的新闻传播教育留下了宝贵的第一手文献。它是一本具有资料性、权威性、政策性和及时性的信息密集型工具书。[1]《中国新闻传播教育年鉴2017》已于2017年8月出版，《中国新闻传播教育年鉴2018》则正在编撰中。

　　总之，2000年以来，中国新闻传播教育史研究力量逐渐形成，出现了诸多长期致力于该领域研究的学者。他们不断锐意进取，开拓创新，形成了新闻传播教育史研究的气氛。该阶段的中国新闻传播教育史研究呈现出"个案研究多，总体性研究少"的态势，深入程度大大增强。许多个案研究采用"挖深井"的方法，或是深入挖掘某个人物的新闻教育思想，或是全面分析某个新闻教育机构的发展历程，剖析其办学特点，抑或是梳理某个新闻教育史上的重要事件，阐释其意义影响。这些深入的个案研究使得中国新闻传播教育史呈现出与之前研究不同的面貌，帮助我们更清晰地认识新闻教育实践背后的思想支撑和历史细节。

五、中国新闻传播教育史研究的未来展望

　　随着百年中国新闻传播教育纪念的到来，越来越多的研究者进入中国新闻传播教育史研究领域，热度持续升温。但是，回眸百年中国新闻传播教育史研究，展望未来，仍会发现研究尚有诸多值得拓展和创新的空间，需要后续研究者深耕细作。

　　（一）加强新史料挖掘和整理工作

　　史料是历史研究的基础，历史"研究必须充分地占有材料，分析它的各种发

---

　　[1]　张昆.记录历史，引领未来//中国新闻史学会新闻传播教育史研究委员会.中国新闻传播教育年鉴2016.武汉：武汉大学出版社，2016：5-7.

展形式，探寻这些形式的内在联系"❶。没有对史料的充分掌握和过细研究，没有对重要的、关键的史料的考订和新史料甄别，是不可能对历史事实作出正确的分析和论断的。中国新闻传播教育史料种类丰富，除了常见的各类资料外，教科书、讲义、学生论文之类均可以纳入其中，且要不断地挖掘新史料，弥补研究资料的缺失。2010 年，龙伟等编辑出版的《民国新闻教育史料选辑》，就是希望通过搜集整理那些似已湮灭的文字，帮助读者对民国新闻教育事业的发展状况有所了解。2012 年，方汉奇和王润泽主编的《中国人民大学新闻学院藏稀见民国新闻史料汇编》（2012 年）、《民国时期新闻史料续编》（2017 年）收录了民国时期的新闻学教科书以及《燕京大学新闻学系概况》《中华新闻学院概况》等珍贵史料。2015 年，王润泽主持国家社科基金重大招标课题项目"百年中国新闻史史料整理与研究"，将积极推进中国新闻传播教育研究史料的整理工作。2017 年，李建新主持的国家社科基金一般项目"中国新闻传播教育 100 年的文献资料整理与史论理析"也将促进中国新闻传播教育史料的整理和挖掘工作。

（二）改进研究方法

中国新闻传播教育史研究者应积极将社会科学研究方法运用于中国新闻传播教育史研究，才能取得新突破。如口述历史方法非常适用于中国新闻传播教育史研究。从 1978 年至今已 40 年，中国新闻传播教育工作者和受教育者大多还健在，"新三届"及之后的几届学生如今已是新闻传播学界的中坚力量。这些人见证了中国新闻传播教育从恢复发展走向普及与多元发展的全过程。对他们进行口述历史研究，将会获得中国新闻传播教育史研究宝贵的一手材料。2013 年，俞家庆访谈出版《中国教育口述史（第 2 辑）：罗列教授等亲历新闻教育往事回忆》，以罗列的口述为主线，加上对甘惜分、方汉奇等人大新闻学院老教授的采访，清晰地展现了人大新闻教育的发展脉络。2016 年开始出版的《中国新闻传播教育年鉴》设置"口述史研究"栏目，记录新闻传播教育家的教育理念与实践探索，2017 年开始设置"中国新闻传播教育史钩沉"栏目，邀请当代中国新闻传播教育史的见证人和亲历者撰写回忆文章，再现历史真相。

比较研究方法也值得借鉴。吴廷俊认为，中国新闻教育应多借鉴国外的经验，所以应加强中国新闻教育史与国外新闻教育史的比较研究，这有助于进一步

---

❶　马克思，恩格斯. 马克思恩格斯全集：第 23 卷. 北京：人民出版社，1972：23.

明确中国新闻教育的独特性何在，理解中外新闻教育的一些差异到底由何而来。❶ 其实新闻教育机构的办学风格和特点受到学校、地域、组织者等多重因素的影响，往往表现出较大的差异。通过对不同学校的新闻传播教育在师资、受教者、教育方针、教育内容等方面的比较研究，可以清晰地认识新闻传播教育不同流派之间的差异，并厘清各类外界因素如何影响新闻传播教育实践。

（三）提升理论思维，探索研究新角度，继续拓展新领域

目前中国新闻传播教育史研究者多以新闻史学者为主，比较关注教育机构和教育者研究，忽略了新闻传播教育过程和受教育者研究。中国新闻传播教育史研究不仅是新闻传播学的研究，更是教育学的研究；新闻传播教育史不仅涉及新闻史，更关乎教育史的研究。因此，中国新闻传播教育史研究者应提升理论思维，学习和熟知教育学原理和知识，自觉运用教育学理论指导中国新闻传播教育史研究。

首先，中国新闻传播教育史研究要遵循基本的教育规律。中国新闻传播教育作为教育活动的分支之一，也要遵循教育规律。教育规律表现在两个方面：一个是教育同社会发展的联系，通常称之为教育的外部规律；一个是教育同人的发展的联系，通常称之为教育的内部规律。教育规律是一切宏观的和微观的教育活动都必须遵循的规律❷。因此，中国新闻传播教育史研究必须遵循教育规律，并且要研究中国新闻传播教育的发展规律和内在规律。

其次，要按照教育的构成要素进行中国新闻传播教育史研究。教育主要由教育者、受教育者、教育影响三个要素构成。教育者，是教育过程中"教"的主体，包括学校的教师，教育计划、教材的设计者和编写者，教育管理人员以及参加教育活动的其他人员。受教育者，即各级各类学生，也即教育的对象。教育影响，即教育过程中教育者作用于学生的全部信息，既包括信息的内容，也包括信息传递和反馈的形式。❸ 因此，中国新闻传播教育史研究应按照教育的构成要素，对新闻传播教育中的教育者即学校师资，教育计划、教材的设计者和编写者，教育管理人员以及参加教育活动的其他人员进行研究，对受教育者即新闻传播教育的各级各类学生（教育对象）、毕业生进行分析，对教育影响即新闻传

---

❶ 吴廷俊.新闻传播教育的认知与践行.上海：复旦大学出版社，2013：45.

❷ 汪刘生.教育学原理.杭州：浙江大学出版社，2007：2.

❸ 同②15.

教育过程中的教育内容（课程设置）、教育材料（教科书）、教育手段（教学设备）、教育方法及教育的组织形式等进行探讨。研究者只有对中国新闻传播教育机构的教育构成要素进行深入研究，才能将目前中国新闻传播教育史研究由机构发展史、人物史向教育管理史、课程设置史、教科书发展史、教学设备更新史、教学方法探索史、教育组织管理史、受教育者成长史拓展，构建起全面系统的中国新闻传播教育史。

最后，加强不同层次的中国新闻教育传播史研究。教育一般分为职业教育和专业教育两大范畴。专业教育按照学历又分为大学本科教育、硕士研究生教育、博士研究生教育及博士后培养。目前中国新闻传播职业教育研究比较薄弱；在专业教育中，中国新闻传播教育的硕士研究生教育史、博士研究生教育史及博士后培养史研究相对比较薄弱。因此，中国新闻传播教育史研究，不仅应加强职业教育史研究，而且要加强硕士、博士及博士后培养史研究，构建一个完整学历的中国新闻传播教育史研究。

（四）拓宽中国新闻传播教育史研究的新视野

目前中国新闻传播教育仍处于快速发展阶段，在传统新闻教育基础上随着传播学的引入和本土化以及网络技术日新月异的变化，中国新闻传播教育史研究需借鉴大传播观念，拓宽其研究新视野。在萌芽起步阶段，中国新闻传播教育史研究在加强报学教育研究基础上，将广告教育研究系统化，探索广播教育；在曲折前行阶段，在加强新闻教育的基础上，应深化大陆广播教育研究，将台湾地区的广告教育、广播电视教育研究系统化；在恢复发展阶段，在加强新闻教育和广告教育的基础上，应深化编辑出版教育和广播电视教育的研究；在开拓创新阶段，应深化新闻学教育、传播学教育、广播电视学教育、广告学教育、编辑出版教育，加强网络与新媒体教育、公共关系教育、播音与主持艺术教育、国际新闻传播教育等研究，从而构建起全面立体的中国新闻传播教育史体系。

（五）搭建学术交流平台，培养中国新闻传播教育史研究专业化队伍

2008年以来，中国新闻史学会新闻传播教育史研究委员会作为专门性中国新闻传播教育史研究组织，搭建起中国新闻传播教育史学术团队，培养专业化队伍，积极推动了中国新闻传播教育史研究的发展；但还需在中外学术交流上下功夫，提升研究队伍的专业化水平。据2017年12月召开的教育部高等学校新闻传播学类专业教学指导委员会第九次全体会议暨国务院学位委员会新闻传播学学科

评议组工作会议报告，截至 2016 年，全国有 681 所大学开设了 1 244 个新闻传播学类本科专业点，在校教师 7 000 余人。这些在校教师既是新闻传播教育工作者，也可以是新闻传播教育史研究者。他们也应加强新闻传播教育史研究，注重问题研讨，在自己的新闻传播领域梳理新闻传播教育的历史。在各自的新闻传播领域，搭建起学术平台，加强学术交流，提升中国新闻传播教育史研究的专业化水平，推进中国新闻传播教育史研究向纵深发展。

百年奠基：论徐宝璜新闻传播教育的历史贡献和遗产 *

邓绍根

2018 年是新闻传播教育最值得纪念的年份之一。1918 年 10 月，中国第一个系统讲授新闻学课程并集体研究新闻学的团体——北京大学新闻学研究会成立，标志着中国新闻传播教育的开端。100 年来，随着传播技术的不断更新，新闻传播教育发展迅猛，其内涵和外延日益拓展，从最初的报学发展到新闻学，延伸至广告、广播电视、出版、公共关系、新媒体等诸多领域，形成了一个大传播视野的新闻传播教育事业，规模蔚然壮观，成为超常规发展的教育行业。站在中国新闻传播教育百年关口，全面研究徐宝璜在中国新闻传播教育史上奠基立业的历史贡献，深入分析他确立的新闻传播教育传统和历史遗产，仍将具有重要的学术价值和现实意义。

一、参与创办中国第一个新闻传播教育团体

徐宝璜（1894—1930），字伯轩，江西九江人，七岁丧父，早年在九江文化学堂读书，学习优秀，"试辄冠曹"。12 岁，随伯父徐子鸿在京求学，先后就读于汇文中学和北京大学。1912 年，考取官费留美生，留学纽约州立林业工程学院。1913 年，他在密歇根大学选修暑期课程，并于 1914 年转入该校攻读经济学。在密大期间，他密切关注新闻学教育发展现状。当时，密大开办一个报纸工作者的培训项目，学员通过学习报纸写作、报纸工作实践等课程，获得一份特别证书。1916 年，徐宝璜选修"修辞与批评"和"基础报纸写作"课程，就是由该项目组织者斯科特先生主持的。❶ 这段新闻学习经历，为徐宝璜创办北京大学新闻学研究会提供了直接借鉴的经验模式。1916 年夏，徐宝璜获得密歇根大学文学

* 原载于《出版发行研究》，2018（10）：5－12。

❶ 周婷婷. 徐宝璜留学美国学习新闻学考证. 国际新闻界，2008（3）：73－76.

学士学位，毕业回国。

1917年，北京大学校长蔡元培聘任他为文科本科教授。年仅23岁的徐宝璜成为北大80多位教授中最年轻的教授。在1917—1918学年北京大学第一学期课程表中，徐宝璜为"文科英文门研究所教员"，研究科目是"译名"；第二学期，为"本科外国语教员"，讲授课程"文法三、读法三"。徐宝璜受聘为北大教授后，很快成为蔡元培校长的得力助手，出任校长室秘书，帮助蔡元培校长处理日常事务，并兼任《北京大学日刊》编辑处主任，负责管理该刊的编辑和经营事务，推动北京大学改革运动。

在蔡元培校长的领导下，北大成为新文化运动的中心。1918年春，组织新闻研究会被蔡元培、徐宝璜提上议事日程。7月，新闻研究会计划出炉。7月4日，《北京大学日刊》刊登布告宣布："为输灌新闻知识，培养人才起见，闻本校将于下学期设一新闻研究会。研究新闻之采集、编辑、造题及通信，并新闻纸之组织等事"，并聘请"徐宝璜教授为该会导师"❶。新闻研究会具体计划出台后，徐宝璜开始了紧张的筹备工作。

1918年9月，北京大学新学期开学，北京大学新闻研究会进入实质性的创立阶段。徐宝璜作为《北京大学日刊》编辑处负责人、新闻研究会主任，负责起新闻研究会的报名工作。10月初，报名结束。10月14日晚上8时，北京大学新闻研究会在理科第十六教室举行了成立大会，蔡元培校长亲临会场，并发表了重要演讲。然后，导师徐宝璜讲演《新闻纸之职务及尽职之方法》。新闻研究会由此正式开展活动。初期主要是由导师徐宝璜讲演，时间为每逢星期一、星期三、星期五的七点至八点，地点为理科第十六教室。从10月中旬至12月上旬，他分别进行《新闻纸之职务及尽职之方法》《新闻之定义》《新闻之精采》《新闻之价值》《新闻之采集》《新闻之编辑》等13次演讲。

1919年1月，新学期开学，徐宝璜再次负责新会员招生工作。2月，他主持研究会改组工作。他将"北京大学新闻研究会"改名为"北京大学新闻学研究会"，讲演内容扩展至新闻评论、广告术和实验新闻学等方面。19日，改组大会在文科第三十四教室召开，蔡元培当选为会长，徐宝璜被选举为副会长，徐成为北京大学新闻学研究会的灵魂人物、实际工作的组织者。

北京大学新闻学研究会被誉为"报业教育之发端"，在中国新闻传播教育上

---

❶ 本校将设新闻研究会. 北京大学日刊，1918（177）：3.

具有开创性贡献。因此，徐宝璜被认为是"新闻传播教育的第一位大师""新闻学界最初的开山祖""中国报学教育的拓荒者"，从而确立了徐宝璜在中国新闻传播教育和新闻学研究上的历史地位。❶

二、组织出版中国第一份新闻学刊物《新闻周刊》

1919年2月24日，徐宝璜主持召开北京大学新闻学研究会会员讨论筹办周刊及通讯社事宜，通过筹办《新闻周刊》计划大纲。3月14日，《新闻周刊》组织机构形成，并进行分工。徐宝璜亲任周刊主任，陈公博任新闻部主任，黄欣任评论部主任，严显扬任翻译部主任，曹杰任通信部主任。

4月20日，北京大学新闻学研究会《新闻周刊》正式创刊发行，徐宝璜特意撰写《发刊词》，阐述北京大学设立新闻学研究会的目的，一是"介绍欧美所已发见之新闻学识于中国。二以继为精深之研究，期有所贡献。三以培植明白新闻事业方法及记者责任之人材。一言以蔽之，欲解决新闻界各问题，使新闻纸之势力足为改良政治与社会之利器也"；再者，深刻阐发了该刊的创刊目的，"本会发行此周刊之重要目的有三：（一）便会员之练习……今有此周刊之发行，则会员之研究学理之余，复可得采集新闻撰著社论种种之实地经验，练习既久，敏捷之习惯当能养成，则将来出而办报时，可望其效率非徒知学理或仅有经验之士，所刻比也，此其一。（二）便新闻学识之传播……本报同人，愿竭棉薄。每期论文一篇，将研究结果一一公之于世。愚者一得，尚荷新闻界之采用，则多少必是以助新闻事业之进步也。此其二。（三）便同志之商榷。有此周刊，国内同志可自由投函，提出新闻界之问题，互相商榷。此其三"❷。

4月27日，《新闻周刊》出版第二期。5月5日，出版了第三期。每出一期，都在《北京大学日刊》《晨报》《京报》《新中国》等报刊上登载广告。"一、乃中国唯一传播新闻学识之报。二、对于一周之新闻，为系统之记载，下公允之评论。"五四爱国运动爆发后，会员积极参加爱国运动，无暇出版周刊，致使《新闻周刊》停刊。

《新闻周刊》前后出版三期，时间虽短，但在五四运动前后产生了一定的社会影响。蔡元培校长在新闻学研究会第一次研究期满式上说："吾校所出之周刊，

---

❶ 邓绍根．中国新闻学的筚路蓝缕：北京大学新闻学研究会．北京：清华大学出版社，2015：275.

❷ 《新闻周刊》发刊之目的．北京大学日刊，1919（357）：3.

能将一国之内外之大事，提要钩元，即示标准之意。囊保定某中学校长晤尔，曾谓该校学生平时以学课关系，无暇读报。后见本校周刊出版，能将事实钩元提要，非常欢迎。五四停刊以来，深为本周刊抱憾不置。由此观察，则外间表同情周刊者，大不乏人。"❶ 戈公振评价《新闻周刊》："对于一周之新闻，为系统之记载，下公允之评论。为中国唯一传播新闻学识之报纸。"❷《新闻周刊》自身的刊物定位，《〈新闻周刊〉发刊之目的》一文明确认定："不仅为中国唯一传播新闻学识之报，且为中国首先采用横行式之报。"前者也为著名新闻史家戈公振所采信。

徐宝璜创办的《新闻周刊》兼有多种刊物属性：既可以说它是中国新闻史上第一份学生进行新闻实践（新闻报道和时事评论）的新闻实习周刊，也可以说是中国新闻史上第一份传播新闻学知识的新闻学专业刊物；既可以说是中国新闻史上第一份关于新闻界问题进行意见交流的新闻学业务刊物，也可以说是中国新闻史上最早的横排报纸之一。四者仅强调一者，是不全面的。《新闻周刊》是中国第一份新闻学刊物，在中国新闻学和新闻传播教育发展史上占有重要的地位，成为中国新闻学和中国报业教育之发端的标志之一。❸

三、编撰中国第一本国人自撰新闻学教材及专著《新闻学》

徐宝璜编撰《新闻学》的原因，与北京大学新闻学研究会的成立有着密切的关系。他曾在《新闻学》自序中作了简要的说明："新闻学乃近世青年学问之一种，尚在发育时期，余对于斯学，虽曾稍事涉猎，然并无系统之研究。客岁蔡校长设立新闻学研究会，命余主任其事，并兼任导师。余乃于暑假中，正式加以研究，就所得著《新闻学大意》一篇，以为开会后讲演之用。"❹ 从北京大学新闻学研究会筹备成立开始，徐宝璜作为研究会导师就已经着手新闻学研究工作。他"取材于西籍"，参考中外新闻学论文。经过暑假奋战，《新闻学》初稿初步成型。于是，徐宝璜交给蔡元培校长和同事符鼎升审阅，并请他们撰序。

1918 年 9 月，徐宝璜将《新闻学》初稿投寄到上海《东方杂志》发表。9 月15 日，《东方杂志》第十五卷第九号刊登《新闻学大意》第一章"发凡"和第二章"新闻之采集"。10 月 15 日，《东方杂志》第十五卷第十号刊登第三章"新闻之

---

❶ 新闻学研究会发给证书纪事. 北京大学日刊，1919（465）：2 - 4.
❷ 戈公振. 中国报学史. 北京：中国新闻出版社，1985：210.
❸ 方汉奇，李蕡. 中国新闻学之最. 北京：新华出版社，2005：195.
❹ 徐宝璜. 徐宝璜新闻学论集. 北京：北京大学出版社，2008：45.

编辑"。11月15日，《东方杂志》第十五卷第十一号登载第四章"新闻之造题"、第五章"新闻之通信"、第六章"报馆之组织"和第七章"新闻通信社之组织"。

10月，研究会成立后，徐宝璜每周给会员们讲演新闻学知识，并与会员开展讨论，先后十三次将内容发表于《北京大学日刊》。他坦言："开会后，余继续研究，加以会员之质疑问难，时有心得，遂将原稿加以修正，成第二次之稿。"

1919年3月，徐宝璜在《北京大学日刊》发表《新闻纸之社论》《新闻纸之广告》。这是《新闻学》第九、第十章内容。暑假，他对书稿进行第三次修订，并请邵飘萍为该书写序。11月15日，《新中国》月刊第一卷第七、第八号刊登《新闻学》书稿。他自述："今年暑假前，复修正一次，为第三次之稿，曾登第于第七、第八号之《新中国》。"同时，他决定正式出版《新闻学》，并在《北京大学日刊》刊登预告："此书之初稿、二稿、三稿散见各杂志，此则为第四次之稿，较以前诸稿尤为详备，定于下月一日出版，由日刊编辑处及出版部发行。"❶ 但是，《新闻学》由于印刷延误并没有如期于12月1日出版。12月6日，《北京大学日刊》发布《〈新闻学〉本日午后出版》，宣布《新闻学》正式出版发行，成为中国人自撰并正式出版的第一本新闻学教材及专著。

《新闻学》系统地论述了新闻学性质和重要性、新闻纸功能任务与作用、新闻的定义、新闻的特征、新闻的价值、新闻采访、新闻编辑、标题制作、新闻评论写作、广告制作、报社设备、报纸发行和通信社机构等内容，内容涉及新闻学新闻史论、业务实践和经营管理等三大领域。《新闻学》的新闻理论内容反映在第一章"新闻学之性质与重要"、第二章"新闻纸之职务"、第三章"新闻之定义"、第四章"新闻之精采"、第五章"新闻之价值"等五章之中。《新闻学》的新闻业务实践内容体现于第六章"新闻之采集"、第七章"新闻之编辑"、第八章"新闻之题目"、第九章"新闻纸之社论"等四章。《新闻学》第三部分内容是关于新闻事业经营管理领域的，包括第十章"新闻纸之广告"、第十一章"新闻社之组织"、第十二章"新闻社之设备"、第十三章"新闻纸之销路"、第十四章"通信社之组织"。其三个附录也具有重要的学术价值。附录甲乙，列出了徐宝璜在撰写该书过程中参考的31本书和72篇论文，不仅体现了言必有征的学术严谨性，而且为新闻学研究者整理出一份学术资料，为他们开展新闻学研究提供线索。附录丙《请颁行新式标点符号的议案》使得1919年成为中国标点符号发展

---

❶ 《新闻学》下月一号出版预告．北京大学日刊，1919（487）．

史上具有重要意义的一年。❶

《新闻学》出版于中国新闻学建立阶段，对当时新闻学科的建设和中国新闻传播教育的发展具有奠基性的作用。在《新闻学》出版之前，在中国出版的新闻学著作有两本：一本是 1903 年由上海商务印书馆翻译出版的《新闻学》，该书是由日本新闻学者松本君平撰写的，中国出版的是其中译本；另一本是上海广学会于 1913 年出版的《实用新闻学》，该书是 1903 年由美国新闻记者休曼撰写的。当然，在徐宝璜同时期也有人编撰新闻学方面的著作，如 1916 年冬，任白涛开始撰稿，初稿完成时间为 1918 年夏，但直到 1922 年 11 月，才由杭州中国新闻学社出版。因此，徐宝璜《新闻学》成为中国人自撰并正式出版的第一本新闻学教材及专著。

《新闻学》不仅是徐宝璜研究新闻学的结晶，而且是与北京大学新闻学研究会会员们教学相长的成果。该书因北大成立新闻学研究会而写，在教学中接受学生的"质疑问难"，最后又由北京大学新闻学研究会出版。出版后，《新闻学》受到多方赞誉。蔡元培在序文中认为该书是我国新闻界的"破天荒之作"。邵飘萍在《京报》推荐："《新闻学》以前中国无专门研究新闻之书籍，有之自先生始……在中国新闻学史上，有不可抹灭之价值，无此书，人且不知新闻为学，新闻要学，他无论矣。"❷ 该书也成为五四时期新闻学的最好启蒙课本和必读书目。黄天鹏说："五四运动的前后，我正从事新闻学的研究，启蒙的读本，就是先生著的《新闻学》，我对新闻学的基础知识，差不多都是从这本书上得来的。"他推荐说："在初学新闻学的人最适宜的，也是学校最好的课本。"他认为："后来新闻学的著述，大半受他的影响。从五四运动到现在，抵住了这一时期新闻学界的中心潮流。"因此，"《新闻学》在新闻学史上应居最高峰的位置"❸。徐宝璜的《新闻学》成为中国新闻学科建立的重要标尺，也成为中国新闻传播教育和新闻学研究开端的标志之一。

四、培养出中国第一批新闻人才

1919 年 9 月，新学期开学后，北京大学新闻学研究会步入了收获的繁荣季

---

❶ 邓绍根. 中国新闻学的筚路蓝缕：北京大学新闻学研究会. 北京：清华大学出版社，2015：260.

❷ 徐宝璜. 徐宝璜新闻学论集. 北京：北京大学出版社，2008：177.

❸ 同❷178.

节，如新会员入会、旧会员期满、《新闻学》出版，但潜藏危机。当时，蔡元培会长作为北大校长，正在推行北大改革，日理万机，事务繁忙。他虽仍然一如既往地支持新闻学研究会的活动，但是只出席研究会的重要活动，并不具体指导和主持研究会的活动；而邵飘萍则流亡海外，徐宝璜一人独撑大局。

徐宝璜作为日刊编辑处主任、新闻学研究会副会长，仍负责了新闻学研究会的招新工作。9月30日，在徐宝璜的主持下，第二届招新工作顺利开展，没有再出现上次招生的尴尬局面。学生报名踊跃，十天就有40多人缴费，超过了预期30人的目标。报名结束，徐宝璜作为唯一导师每星期日上午九时至十一时在文科第三十五教室向新会员讲演新闻学，指导第二届会员的新闻学研究工作。

10月16日，北京大学新闻学研究会举行"第一次研究期满式"，在会长蔡元培发言后，徐宝璜登台演说《中国报纸之将来》，全文500余字，内容分两部分：其一，他为新闻学研究会成立一年多来持续健康发展，甚感欣慰，"现在中国之团体，往往成立之始，蓬蓬勃勃，继则一而衰，再而竭，终至无形消灭。而本会初创之时，即未铺张，现仍勤勤恳恳，向发展方向进行是也"❶。其二，殷切希望会员投身报界，为社会提供各种正确、详细的消息。他说的"中国报纸之将来"蕴含两层深意，一是中国报界有美好的将来，二是会员们投身报界发展是中国报纸的将来。徐宝璜勉励之心可谓用心良苦。

蔡元培校长和徐宝璜向第一届55名会员颁发了证书。23名会员获得"听讲一年证书"，分别是：陈公博、何邦瑞、谭植棠、区声白、倪世积、谭鸣谦、黄欣、严显扬、翟俊千、张廷珍、曹杰、杜近渭、徐思达、杨亮功、章韫诒、傅馥桂、温锡锐、缪金源、冯嗣贤、肖鸣籁、欧阳英、丘昭文、罗汝荣。32名会员获得"听讲半年证书"，分别是：李吴祯、陈秉瀚、徐恭典、朱云光、姜绍谟、来焕文、马义述、杨立诚、易道尊、毛泽东、罗璈阶、钟希尹、常惠、吴世晋、王南邱、鲍贞、韩荫毅、陈光普、朱存粹、华超、朱如濡、舒启元、刘德泽、梁颖文、倪振华、杨兴栋、曲宗邦、尉士杰、黄琴、吴宗屏、高尚德、陈鹏。

10月26日，第一届新闻学研究会会员在北大文科楼前合影留念，蔡元培、徐宝璜出席活动。1920年，徐宝璜校务缠身，教学繁忙，严重影响到了他对新闻学研究会的指导工作。在《北京大学日刊》上仅见四次活动记载。3月22日晚，研究会在第一院第二层新闻学研究会事务所召开了一次茶话会，讨论该学期

❶ 新闻学研究会发给证书纪事. 北京大学日刊，1919（465）：2-4.

的活动办法。4月19日，召开了一次研究会。5月3日晚，召开了该学期的第三次常会。5月15日上午，会员们终于走出校门，赴财政部印刷局参观学习。到6月底，北京大学新闻学研究会已经为第二届会员办好了期满证书，研究活动基本停止。

1920年9月，北大新学期开学，北京大学新闻学研究会没有再进行招新活动，自行退出了历史的舞台。北京大学新闻学研究会先后三次进行了招生活动（1918年9月、1919年1月、1919年9月），共约100名会员。他们既是新闻传播教育的对象，也是新闻传播教育的成果。有些人在人生的某一阶段从事过新闻工作，或创办或主编报刊成为宣传其政治思想和展示人生抱负的工具。尤其难能可贵的是，北京大学新闻学研究会无意中为中国革命事业培养了第一批无产阶级新闻工作者，如毛泽东、高君宇、罗章龙等人，为即将到来的国民革命高潮准备了新闻人才。

五、开设了中国高等学府第一门新闻学课程

许多新闻学者提及北大于1918年聘请徐宝璜教授开设了新闻学课程。如有研究者认为，"1918年起，北京大学增设新闻学课程，聘徐宝璜主讲，供文科各系学生选修，开我国大学开设新闻学课程之先河"❶。也有著作叙述，"1918年，蔡元培首先决定在北京大学政治系开设新闻学课程，聘请在美国攻读新闻学刚刚回国的徐宝璜任教，供文科各系学生选修"❷。目前并没有材料能够直接证明该论断。即便新闻学研究会导师向会员进行的新闻学讲演作为大学开设讲座课程，开始时间也不应该是1918年9月，而应该是1918年10月14日徐宝璜在新闻研究会成立大会上的第一次讲演。笔者查阅了大量关于1917—1919年的北大材料，包括《北京大学日刊》上当时的课程表，并没有发现该课程，而文科教授徐宝璜在北大任教的科目是英语。

据目前直接的一手史料，北大开设新闻学选修课的时间为1920年1月。1920年1月17日，新学期开学之际，《北京大学日刊》刊登教务处布告，通知学生可以选修中国文学系新增的新闻学课程，任课老师徐宝璜教授，每周两小时课程。"中国文学系添设新闻学一门，请徐宝璜先生担任，每周开课两小时。于本

❶ 方汉奇. 中国近代报刊史. 太原：山西人民出版社，1981：747.
❷ 吴廷俊. 中国新闻史新修. 上海：复旦大学出版社，2008：191.

星期六起午后一至三时开始授课，各系学生均可选习。愿习者务望于二十二日以前至第一院教务处签名，以便编坐。❶

当然，当时新闻学导师的新闻学讲演仅是新闻研究团体的演讲，而非大学开设的供学生选修的课程。另据当时参加北京大学新闻学研究会的会员罗章龙回忆："当时学校课程，并无所谓新闻学，北京各大学中，更未设有新闻专业。"❷戈公振曾在中国第一部系统叙述中国报刊历史的著作《中国报学史》中记载："国立北京大学之有报学课程，已有五六年于兹，为政治系四年级修选课之一。"❸戈公振撰写完成该书的时间为 1926 年 6 月，并于次年 11 月出版，因此，"已有五六年"，则指的时间也为 1920 年左右。确实，1924 年 9 月，徐宝璜在北京大学再次开设"新闻学"选修课，只不过不是以前的中国文学系，而是在政治学系。在《北京大学日刊》上的《政治学系教授会布告》内容为："本年度第四年级添设'新闻学'作为选修课，每周授课两小时，由徐宝璜担任。"❹

1920 年 1 月，北京大学中国文学系聘请徐宝璜增设的新闻学课程，其实仍是中国高等学府中最早开设的正式新闻学课程。因为中国第一个新闻学系——圣约翰大学报学系于 1921 年 9 月成立后才开设新闻学课程。

六、主持中国第一个设立四年制大学新闻学系的工作

1920 年，北京大学新闻学研究会停止活动后，中国新闻传播教育并没有因此而停止，且逐渐走上了向正轨高等教育发展的道路。1921 年 9 月，原上海《密勒氏评论报》主笔美国人柏德生（Don D. Patterson）在圣约翰大学创办报学系。美国权威性新闻期刊《编辑和发行人》（*Editor & Publisher*）认为，"圣约翰大学报学系不仅是中国第一个新闻学系，也是亚洲第一个新闻学系"❺。中国人也自办第一个高等新闻教育单位——厦门大学报学科。1921 年，该科初创时仅有一个学生。1922 年，报学科聘孙贵定为主任。1923 年，厦门大学发生学潮，师生宣布离校，报学科由此停办。

中国人自办的第一个正规新闻教育单位就是北京平民大学新闻学系。平民大

❶ 第一院教务处布告. 北京大学日刊，1920（517）：1.

❷ 罗章龙. 忆北京大学新闻学研究会与邵振青. 新闻研究资料，1980（4）.

❸ 戈公振. 中国报学史. 北京：中国新闻出版社，1985：201.

❹ 政治学系教授会布告. 北京大学日刊，1924（1527）：1.

❺ 罗文辉. 密苏里大学新闻学院对中华民国新闻教育及新闻事业的影响. 新闻学研究，1989（41）：201-210.

学是由曾任北京政府署国务总理的汪大燮以及张仲仁等人倡议，于1921年11月成立的。学校组织了董事会，集资在城内地安门二道桥租房和购置设备办学。建校初，接收了原新华大学的部分学生，又招收了一批新生，1922年1月正式开学上课。平民大学的教育宗旨是：用本社会近代眼光，授予学生以着平民主义，养成适合时代需要的社会人才。学校设大学部、专门部以及大学部、专门部的预科。大学部的科系有：（1）商科，设普通商业学系、银行学系、领事学系、保险学系、交通学系、税关仓库学系。（2）文科，设哲学系、国文学系、新闻学系、社会学系。（3）法科，设政治学系、经济学系、法律学系。专门部有法律科、政治经济科和商业科。❶

1923年秋，平民大学新闻学系成立，学制四年。这是中国最早设立四年制的大学新闻学系。❷ 平民大学正式建立新闻学系后，聘北大教授徐宝璜任系主任，主持该系工作。有研究者认为，1926年（民国十五年）4月，邵飘萍被奉系军阀杀害后，徐宝璜继其担任平民大学新闻学系主任。❸ 其实不然。1923年12月，平民大学教务处编辑出版的《平民大学概观》中的教职员工名单中，新闻学系教师记载有邵飘萍、吴南如，徐宝璜排在第一位，"徐宝璜，字伯轩，江西九江，美国班西庚大学文学士，新闻学概论，宣外校场六条"❹。1926年，戈公振在《寰球中国学生会周刊》发表的文章《中国报业教育之近况》中明确指出，"北京平民大学创办之初，即规定设立报学系。民国十二年，第一届预科毕业，该系即正式成立。今共有三级，学生计男百〇五人，女八人。聘北大报学教授徐宝璜为主任，北京国闻通讯社社长吴天生，《京报》社长邵飘萍等为教授"❺。

在徐宝璜的主持下，新闻学系成立了新闻学研究会，出版了《平民大学报学系级刊》（半月刊），"每半月出版一次，为报学界罕有之出版物"，组织学生前往报社实习。他还制订了具有26门课程的新闻学教学计划，其中包括新闻学概论、新闻采集法、新闻编辑法、新闻政策、新闻实习、广告学、速记学、现行法令纲要、社会学、社会政策、社会问题、经济学、哲学概论、法理学、政治学、政治学史、外交史、各国政党史、各国现代政治论、中国近代政治史、中国文学史、

❶ 王学珍. 北京高等教育史：上卷. 北京：中国广播电视出版社，2010：429-430.

❷ 刘圣清. 中国新闻纪录大全. 广州：广州出版社，1998：361.

❸ 周婷婷. 中国新闻教育的初曙：以北京大学新闻学研究会为中心的考察. 武汉：华中科技大学出版社，2013：131.

❹ 平民大学教务处. 平民大学概观. 北京：平民大学，1923：6.

❺ 戈公振. 中国报业教育之近况. 寰球中国学生会周刊，1926（238）：2-3.

文学概论、英国文学、美国文学史概论、第一外国文（英文）、第二外国文。❶

七、制定中国第一个四年制大学新闻教育方案

在平民大学新闻学系，徐宝璜负责讲授新闻学概论课程。他按照"大学部各学系规定须修完八十单位，其中必修课程在六十四单位左右"的规定，改善了原有新闻教学计划，增加了新闻学课程数量，提出了我国第一个四年制大学新闻教育方案。❷ 他设计了包括 47 门课程 86 学分的较为完备的课程体系：

第一学年开设 12 门课程，23 学分，具体安排：新闻学概论（2）、速记术（1）、经济学（3）、政治学（2）、文学概论（2）、哲学概论（2）、民法概要（2）、中国文学研究（2）、英文（读报）（2）、日文（读本文法）（2）、宪法（2）、文字学（1）。

第二学年开设 13 门课程，23 学分，具体安排：新闻采集法（1）、新闻编述法（1）、广告学（2）、社会学（2）、照相制版术（1）、财政学（3）、中国近代政治外交史（2）、平时国际公法（2）、统计学（2）、中国文学研究（2）、英文（读报）（2）、日文（读报）（2）、文字学（1）。

第三学年开设 11 门课程，20 学分，具体安排：新闻经营法（1）、新闻评论法（1）、采编实习（2）、评论实习（2）、时事研究（2）、现行法令纲要（2）、战时国际公法（2）、中国近代财政史（2）、现代金融概论（2）、近代小说（2）、英文（读报）（2）。

第四学年开设 11 门课程，20 学分，具体安排：新闻事业发达史（2）、特别评论法（戏评书评）（1）、出版法（1）、采编实习（2）、评论实习（2）、群众心理（2）、时事研究（2）、现代各国政治外交史（2）、现代社会问题（2）、近代戏剧（2）、英文（新闻学选读）（2）。❸

这是一个新闻学知识与文、史、哲、经济和社会科学知识并重、理论与实践并重的课程体系。该系虽然学制四年，但设有二年制预科，共计六年。当时该系规模不小，学生活动积极，不仅有新闻学研究会，而且成立"平大通讯社"，"精

❶ 王学珍，张万仓.北京高等教育文献资料选编：1861—1948.北京：首都师范大学出版社，2004：519.
❷ 周婷婷.中国新闻教育的初曙：以北京大学新闻学研究会为中心的考察.武汉：华中科技大学出版社，2013：112.
❸ 戈公振.中国报学史.北京：中国新闻出版社，1985：211.

神颇佳，内外勤务分工合作"，"专重于社会新闻的采访"。该系给新闻学生安排去报社实习采编和评论。平民大学新闻学系正规的课程设置和初具规模的师生配置，为中国培养了一批新闻学专业人才，如新闻界"平大三鸟"（张友鸾、左笑鸿、吴隼），《红色中华》报社秘书长、社长任质斌，民国著名新闻学者黄天鹏，史学家吴贯因，大文豪高拜石等。

八、奠基新闻传播教育，历史遗产发扬光大

徐宝璜在北大之外，有诸多社会兼职，先后在民国大学、平民大学、北平大学、朝阳大学、中国大学等校授课，并出任京华美术专门学校校长、北京盐务学校校长。尽管如此，他仍孜孜不倦地从事新闻学研究教育活动。除在平民大学主持新闻学系工作外，还在中国大学任教新闻学，讲授新闻学概论课程。新闻学研究成果不断涌现，曾先后发表过《舆论之研究》《新闻学概论》《新闻事业之将来》《新闻纸与社会之需要》《论新闻学》《新闻学讲话》等新闻学论文；积极推介新闻学著作，如为邵飘萍《实际应用新闻学》和黄天鹏《新闻学刊全集》作序。

1930 年 5 月，据徐宝璜在平民大学培养的学生黄天鹏记载：他俩还在北京商量过在北大开展新闻传播教育的计划，但他新闻传播教育的宏愿并没有实现。5 月 29 日，徐宝璜正在给北大学生上课时，突发脑溢血，中风"晕厥"，经医院多方抢救，医治无效，于 6 月 1 日溘然长逝，享年 37 岁。徐宝璜成为五四时期中国新闻学和新闻传播教育的奠基人，为中国新闻学研究和新闻传播教育发展奠定了历史丰碑。黄天鹏曾对他高度评价："先生一生最大的贡献，就是提倡新闻学……盖棺定论，先生是新闻传播教育第一位的大师，新闻学界最初的开山祖。"❶

虽然徐宝璜英年早逝，但他在中国新闻传播教育史上具有崇高的地位。他作为中国"新闻传播教育第一位的大师"，开创了中国新闻传播教育的新纪元。他是北京大学新闻学研究会主任、导师、副会长，实际主持了该会的日常研究和讲演活动，对北京大学新闻学研究会的成立和发展以及中国新闻传播教育与新闻研究的开展，发挥了重要的作用，产生了深远的影响。❷ 他参与创办了中国第一个

---

❶　徐宝璜. 徐宝璜新闻学论集. 北京：北京大学出版社，2008：178.
❷　邓绍根. 徐宝璜与北京大学新闻学研究会. 北大新闻与传播评论，2010（5）：101-102.

新闻传播教育团体——北京大学新闻学研究会，组织出版了中国第一份新闻学刊物《新闻周刊》，编撰了中国第一本国人自撰新闻学教材及专著《新闻学》，培养了中国第一批新闻人才，开设了中国高等学府第一门新闻学课程，主持了中国第一个设立四年制大学新闻学系——平民大学新闻学系的工作，并设计提出了中国第一个四年制大学新闻传播教育方案。因此，徐宝璜是百年中国新闻传播教育的奠基人、拓荒者。

此外，徐宝璜确立的新闻传播教育传统等历史遗产至今在中国新闻传播教育发展中仍然发挥着重要作用。他在北京大学和平民大学先后开展的新闻传播教育活动，虽然时间不长，仅开新闻传播教育先河，却确立了中国新闻传播教育的历史传统。其一，借鉴美国新闻传播教育模式并将之本土化的新闻传播教育传统。其二，感应新闻时代脉搏，顺应新闻发展潮流，以为新闻界培养人才为宗旨。其三，新闻学界与业界密切合作开展新闻传播教育，共谋发展大计。徐宝璜聘请邵飘萍为导师，共同负责新闻教学工作。徐宝璜负责新闻史论和新闻业务，邵飘萍负责新闻业务和经营管理。其四，学以致用，理论联系实际。他采用"请进来，走出去"的政策，邀请新闻名家来会演讲，组织学生前往新闻社等机构参观，并组建通讯社，应邀参加北京中小学运动会的新闻报道工作。特别是他组织出版的《新闻周刊》成为新闻师生新闻理论联系实践的实习园地，开创了中国新闻传播教育和新闻学研究理论联系实际的传统，并一直影响至今。其五，教学相长，师生互动，注重新闻学教材建设。徐宝璜在撰写《新闻学》的过程中，于新闻教学中与会员充分互动，相互切磋，吸纳会员观点，修改教材，出版著作《新闻学》。❶

徐宝璜宝贵的历史遗产——著作《新闻学》至今还在不断发挥作用。徐宝璜在新闻教育和新闻学研究上的最终成果《新闻学》，由于具有重要的学术价值和历史地位，出版后受到了学界和新闻学子们的热切关注，以至热销绝版。1923年12月，《东方杂志》发刊20周年来临之际，上海商务印书馆将徐宝璜在该刊发表的《新闻学大意》和胡愈之的《欧美新闻事业概况》合编为一本书《新闻事业》出版。《新闻学》绝版后，徐宝璜本想重新编写，但"夙志未成身先死"。1930年10月，黄天鹏将《新闻学》改名为《新闻学纲要》，并在书末附录徐宝璜晚年撰写的五篇文章（《新闻之性质及其价值》《新闻学刊全集序》《新闻学概论》

---

❶ 邓绍根. 中国新闻学的筚路蓝缕：北京大学新闻学研究会. 北京：清华大学出版社，2015：317.

《新闻纸与社会之需要》《新闻事业之将来》）和《徐伯轩先生行状》（陈大齐作），以见徐"晚年思想的变迁"，由上海联合书店列为新闻学丛书之一，重新出版。1932年，上海现代书局再版《新闻学纲要》；1937年，上海复兴书局再版《新闻学纲要》。

改革开放后，《新闻学》再次焕发出历久弥新的学术魅力。1987年12月，由北京中国新闻出版社出版的《新闻文存》，将《新闻学》收录其中。1994年1月，为纪念徐宝璜100周年诞辰，中国人民大学出版社重新出版《新闻学》单行本。如著名新闻史学家方汉奇在1994年版《新闻学》序文中所言："这部专著自1919年初版后，曾陆续再版4次，最近又由中国人民大学出版社重新出版，连同初版，前后出版了6次，这在中国的新闻学史上，也是十分罕见的，可见其受推重之一斑。"❶ 2008年，北京大学新闻学研究会编辑出版的系列丛书之一《徐宝璜新闻学论集》再将《新闻学》全部内容纳入其中，以纪念中国新闻传播教育和研究90周年。2009年7月，时代文艺出版社整理老北大讲义，再次将徐宝璜《新闻学》出版。2016年，中国传媒大学出版社以"新闻学与传播学经典丛书·大师系列"出版了《新闻学》新版本，推荐该书为"中国新闻学奠基之作""为新闻立学""为新闻定义"。徐宝璜撰写的新闻学术经典《新闻学》必将作为其宝贵的历史遗产发扬光大，让一代代新闻学子受益，不断散发着学术经典的无穷魅力。

---

❶ 方汉奇. 序//徐宝璜. 新闻学. 北京：中国人民大学出版社，1994：序3.

试析我国新闻教育的流变及其启示 *

倪 宁

我国近代新闻业虽然起步较晚，却是世界上开展新闻教育较早的国家之一。回顾将近百年的新闻教育，其间颠沛流离，起伏动荡，但也培养了一批专门人才，为推动我国新闻事业的发展，产生了积极的作用。21 世纪来临，我国新闻传播业将会有更大的飞跃，新闻教育也需要迈上一个新的台阶。本文试图对我国新闻教育的发展历程做一些梳理，以便发现一些有益的启示，有助于进一步深化我国的新闻教育改革。

一、我国新闻教育的发展历程

新闻教育最早在美国兴起，1908 年，世界上第一所新闻学院在密苏里大学成立，1912 年，哥伦比亚大学新闻学院创建。而我国在中华民国建立之初（1912年），新成立的全国报界俱进会就倡议设立"报业学堂"。1920 年，全国报界联合会进一步倡导建立"新闻大学"，并通过"新闻大学组织大纲"❶，虽未付诸实施，但已较早发出新闻教育的先声。1917 年，北京大学开风气之先，聘任留美研习新闻学的徐宝璜开设"新闻学"选修课。在此基础上，1918 年 10 月北京大学新闻学研究会正式成立，系统讲授并研习新闻学，由徐宝璜、邵飘萍任导师。这被称为中国"报业教育之发端"❷。

五四运动以后，我国新闻教育出现一个发展高潮。在 20 世纪 20 年代，陆续成立新闻系科的高校有 12 所之多，主要集中在北京和上海两地。最早成立的新闻系科是上海圣约翰大学报学系，创办于 1921 年，由美国人主持课程，基本按照美国大学新闻系科的模式组织教学。1923 年，北京平民大学报学系由徐宝璜

* 原载于《新闻大学》，2002（2）：90-94。

❶ 戈公振. 中国报学史. 台北：台湾学生书局，1982：346.

❷ 同①349.

创建，当时的《京报》社长邵飘萍、国闻通讯社社长吴天生等都担任该系的教授，开设课程近 50 门，新闻学方面的业务课程都比较齐全，在校学生百余人，在当时最具规模。于 1924 年成立的燕京大学新闻系，亦由美国人主持教务，一度因经费问题处于停顿状态，后获美国密苏里大学新闻学院资助而复兴，成为当时"远东方面最新式而设备最完全的新闻学校"❶。在上海，20 世纪 20 年代后半期又陆续有南方大学、国民大学、沪江大学、大夏大学等设立报学系。其中，以复旦大学新闻系发展最好。该校 1924 年设立"新闻学讲座"，1926 年在"中国文学科"内设新闻学组，1929 年正式成立新闻系。20 年代末，南京中央大学、广州中山大学等，都开设有"新闻学概论"一类课程。

20 世纪 30 年代后，我国新闻教育得到进一步发展。1935 年，国民党当局创办中央政治学校大学部（台湾政治大学前身）新闻系，同时，一些民间创办的新闻专门院校面世，如成舍我主持的北平新闻专科学校，顾执中主持的上海民治新闻专科学校（新闻学院），香港报界人士组织有香港新闻学社、生活新闻学院等。上海《申报》开办"新闻函授学校"，连续四年，学员最多时达 500 多人。

抗日战争爆发，迫使一些新闻系科停办，一些大学新闻系迁往后方坚持办学。如燕京大学新闻系在太平洋战争爆发后，被迫迁往成都恢复教学；复旦大学在淞沪会战以后，辗转迁址重庆复校，新闻系随往坚持办学。而"大后方"的新闻教育也在战火中谋求发展。1943 年重庆新闻学院创建，这是由美国哥伦比亚大学新闻学院和国民党中宣部国际宣传处合办的，在当时属中国新闻教育的"最高学府"。广州国民大学在 1942 年创办新闻学系，苏州国立社会教育学院于 1945 年增设新闻学系。抗日战争胜利后，各院校新闻系的处境都比较困难，正常的教学秩序均难以保证。中华人民共和国成立前夕，全国共有新闻在校生 460 余人。

这期间，由中国共产党主持的新闻教育也取得一定的成果。早在 20 世纪 20 年代，由中国共产党领导的上海大学，就有邵力子主持开设新闻学课程。1939 年，在延安的中国女子大学开办过新闻班。1945 年底，范长江主持筹建了华中新闻专科学校，办学坚持了 5 年之久。华北联合大学也于 1946 年开设了新闻系。其他还有如中原大学新闻班、西满新闻干部学校、嫩江新闻专科学校等。这些从一定程度上为新中国社会主义新闻教育打下了基础。

中华人民共和国成立后，我国新闻教育获得新生。旧中国的新闻教育架构得

---

❶ 赵敏恒. 外人在华的新闻事业. 中国太平洋国际学会，1932：14.

以调整和改革，合并或撤销了一些中华人民共和国成立前创办的新闻院系，新建立起一些新闻教育单位。中华人民共和国成立初期，北京新闻学校、中共中央宣传干部训练班、中共中央马列主义学院（中央党校前身）新闻班等以培训在职干部为主的新闻教育机构创办起来。燕京大学新闻系在 1952 年院系调整时并入北京大学中文系成为新闻专业，1958 年该专业又并入中国人民大学新闻系。上海暨南大学新闻系、圣约翰大学新闻系、民治新闻专科学校、华东新闻学校等先后合并到复旦大学新闻系。1955 年，中国人民大学新闻系创建。同时，主要以苏联的教育（包括新闻教育）模式为蓝本，调整旧的课程体系，抽调大批在职干部进入整顿或新建的新闻院系任教，初步建立起社会主义新中国的新闻教育体系。师资队伍、教学设备和图书资料等日渐充实完善。

1958 年后，我国（大陆）新闻教育有一个较大的发展。北京大学中文系新闻专业并入中国人民大学新闻系后，使人大新闻系的教学力量和办学规模进一步增大；江西大学新闻系、杭州大学新闻系、西安政法学院新闻专业、广州暨南大学新闻系等相继创办。1959 年，中国第一所以培养广播电视方面的专门人才为主的北京广播学院正式成立。一些地方的新闻机构也纷纷举办新闻培训班。但这一时期由于国民经济需要调整，新闻教育机构也相应进行整顿，到"文化大革命"爆发前夕，一些先前创办的院系大都下马，逐步形成以中国人民大学新闻系、复旦大学新闻系和北京广播学院为主的三个新闻教育基地，在校生人数最多时达 1 500 人，专职教师有 200 多人。但受到"左"倾错误的严重影响，新闻教育受到较大的冲击，正常的专业教学难以保证。在"文化大革命"中，新闻教育已处于岌岌可危的境况。20 世纪 70 年代以后，复旦大学新闻系、北京大学新闻专业（中国人民大学新闻系停办后转入该专业）、北京广播学院新闻系等院系招收了一些学生，但规模和水平都不甚理想。

进入 20 世纪 80 年代，在改革开放的总方针指导下，我国政治、经济、文化等各方面都发生了较大的变化。新闻教育的恢复和发展有了新的契机，是我国有新闻教育以来最为稳定、高速的发展时期。1977 年后，中国人民大学新闻系恢复，四川大学、山西大学、河北大学、广西大学等都相继开办新闻专业。人大、复旦、社会科学院等开始或恢复招收硕士研究生。1983 年，中共中央宣传部和教育部联合召开第一次全国新闻教育工作座谈会，并下发了《关于加强新闻教育工作的意见》，有力地推动和加快了我国新闻教育的发展步伐，当年就新增新闻系（专业）近 10 个，使全国设有新闻专业的高等院校达到 21 所。1984 年，中国人民大学新闻系和复旦大学新闻系开始招收博士研究生。1985年后，本科专业又增加了广播电视新闻专业，恢复了新闻摄影专业，广告学专业也设在新闻系内开始招生。80年代末期以后，又纷纷扩系建院，如中国人民大学新闻学院、复旦大学新闻学院、武汉大学新闻传播学院、杭州（浙江）大学新闻与传播学院等。1998年，研究生层次增加了传播学专业，新闻与传播学作为一级学科，进入议事日程。到20世纪末，全国新闻与传播类本科专业有教学点100多个，在教育部注册的有近50所院校。有10多所高校的新闻院系获得硕士学位授予权，人大、复旦、北京广播学院、武汉大学等多家高校的新闻院系具有博士学位授予权。基本形成层次比较齐全、种类比较丰富、分布相对均衡的办学格局。

二、对我国新闻教育的粗浅考量

（一）坚持学校教育为主体的新闻教育

如何培养新闻人才，历来有不同见解。美国到19世纪中期报业已相当繁荣，但直到20世纪初才有学院制新闻教育，而且还是得力于普利策、李普曼等人的呼吁推动。而英国则实行学徒制的新闻教育，较多的是通过在职培训来使新闻从业人员专业化，时至今日，才逐渐认识到学校培养新闻传播专业人员的重要性。我国的新闻教育主要受到美国的影响，紧步其学院制培养新闻人才的后尘。有的是美国人直接来投资办学，如上海圣约翰大学报学系、北京燕京大学新闻学系，还有后来官办的重庆新闻学院，其创始人也是美国人；有的是从美国学成归来的学界精英，如徐宝璜（北京平民大学报学系创始人、美国密歇根大学新闻专业毕业）、汪英宾（上海南方大学报学系创始人、美国密苏里大学新闻学院毕业）等。美国新闻界人士频繁访问我国，如美国密苏里大学新闻学院第一任院长卫廉士曾在1914—1928年间五次访华，造访北京大学、圣约翰大学报学系等并发表演讲，强调要大力设置新闻教育，对当时业界也较有影响。中华人民共和国成立后，我国又"全面学习苏联"，其中，新闻教育是一个部分。苏维埃政权建立后第一所新闻学校建于1919年，由塔斯社的前身罗斯塔社创办。1921年，国家新闻学院在莫斯科成立。这些学校以短期培训工农干部为主。1930年，新闻教育体制出现较大转变，新闻教育基本由党校实施，莫斯科大学、列宁格勒大学等相继开办四年制的新闻系，有了全日制的普通新闻教育。我国20世纪50年代以苏联模式兴办新闻教育，即使在60年代初中苏关系正式决裂以后，我国新闻教育还难以摆脱苏联的影响。但不论是"美式"还是"苏式"，始终以学校开展新闻教育、培养新闻人才为主。

正是坚持了学校新闻教育这样的培养思路，我国有了近百年新闻教育的积淀，奠定了进一步发展的坚实基础。特别是改革开放以后，学院式新闻教育更得到了较大的发展，逐步形成具有中国特色的教育培养体系，现在已有能力培养从博士生到专科生等各种层次的学生，全国办新闻教育热潮有增无减。新闻类教学点分布广泛：既有全国性院校，又有地方性院校；既有全日制的普通高等学校作为主体，也有远程教育、自学考试等多种教育培养形式作为补充；既有在综合院校中成立的新闻学院，也有在理工类院校办的新闻教育，在师范类、体育类、财经类院校办的新闻教育等。目前，沿海政治经济文化较为发达的地区新闻教学点相对较多，但内地偏远地区的新闻教育也受到重视。如兰州大学新闻系、四川大学新闻系等，都有了较扎实的基础，已具有一定的办学实力。

（二）重视德育和基础教育，注意理论联系实际

旧中国的新闻教育，比较多的是接受美国的模式，偏重于业务知识和技能训练，忽略思想教育。中华人民共和国成立后，对旧的新闻教育体系进行整顿，加强马克思主义理论教育，加强新闻工作要为人民服务、为党和国家的根本利益服务的教育，增强社会责任感。这些年来，这一原则一直被坚持，并不断得到改进和加强。这不仅体现在课程安排、课堂教学，也贯彻于平时的学校学习和生活中。使思想教育落在实处，这样，学生能够从专业的角度来感受新闻工作强烈的政治使命感和社会责任感，增强自觉性。强调新闻的政治性，是我国新闻教育的重要任务之一。

新闻传播是实践性很强的应用性学科，要联系实际，注重实践，这一点在我国新闻教育过程中，一直是很明确的。不论是教学组织，还是师资配备，都比较重视对学生实际才干的培养。中华人民共和国成立之前，新闻（报学）教育机构与新闻实际部门联系紧密，大学里所延聘的教员多在新闻实际部门任职。中华人民共和国成立后对这方面也非常注意。如中国人民大学新闻系成立，师资大部分从新闻实际部门抽调而来。20世纪80年代以来，尽管有体制等多方面的因素影响，但各新闻院系（专业）都想方设法创造条件，促进新闻教学与实际的结合，在课堂内外锻炼学生的实际才干。

美国开办新闻教育之初，至少有两种思路：一种是以普利策为代表，要求重视对学生采编业务能力的培养；一种是以艾利（当时任哈佛大学校长）为代表，希望学生还应学习商业、经营方面的知识和才能。而美国的新闻教育思路被引进

我国时，实际上融合了这两方面的想法。在我国早期如国人所主持的北京平民大学、上海国民大学等报学（新闻）专业课程设置上，既有采编方面的课程，也有广告、报业经营等类课程。而在总体课程设计上，专业课程比例较小。如平民大学报学系四年共 86 学分，涉及经济、法律、统计、文学、历史等方面的课程就达 60 学分。❶ 这与美国通才教育的指导思想有一定关系，应该说也与我国传统的重视基础教育的思想有相通之处。苏联模式在我国新闻教育中产生影响后，新闻类课程结构发生较大变化，政治类和文史类课程比例明显增加。20 世纪 80 年代后，有关新闻院系（专业）都注意到这种课程设置结构对于学生基础知识掌握的不利方面，积极进行调整和改进。特别是近些年来，在我国总体的素质教育思想指导之下，各院系结合新闻人才培养的特点，都比较注意拓宽学生的知识面，利用自身学校的培养环境，在打好基础、发展潜质、增强适应能力等方面下功夫，有了一定的认识和做法。

（三）积极研究和解决前进中的问题

党的新闻事业具有舆论机关的性质和功能，在社会主义市场经济条件下新闻传播事业又要采用产业经营的运作方式。从某种意义上，学校就是要从这个结合点上向新闻实际部门输送合格的专门人才。为此，我国当代新闻教育界做出很多努力，为解决新闻教育在改革发展过程中遇到的新课题，以积极的态度进行探索和研究。20 世纪 80 年代中期，中国新闻教育学会成立，90 年代中期教育部又成立新闻学科专业教学指导委员会，几乎每年都召开有关会议，交流、探讨新闻教学过程中的新情况、新问题。党和政府主管部门给予新闻教育许多关注，新闻教育问题被列为重大科研课题来展开研究。该课题设立了多个科研项目，如探索新闻人才的培养规格，建立合理、科学的课程体系，把握好专业核心课程的建设等。这些都是在我国新闻教育中前所未有的。同时，也注意加强国（区）际交流，引进国（境）外先进的教育思想和理论，为我所用。比如，改革开放以来不断加深传播学的教学和研究，近年又积极把网络传播融入新闻教育之中等。

三、给予新世纪新闻教育的几点启示

应该看到，要适应新闻传播事业的发展需要，我国新闻教育还有不少需要改进和完善的地方。21 世纪来临，信息经济、网络经济的影响，我国市场经济的

---

❶ 戈公振．中国报学史．台北：台湾学生书局，1982：355－356．

需要，"入世"对我国的冲击等，无一不关联到新闻传播业，也对我国新闻教育提出新的挑战。在改革创新的大潮中，也需要从历史的角度来审视未来的发展，以获得一些启迪。

（一）完善有中国特色的办学体系

我国现当代教育体系的创建，基本上是"拿来主义"，所以一直有如何和我国实际情况有机结合，建立具有中国特色的办学体系的问题。新闻教育尤其是这样。我们先学美国，后学苏联。直接利用外国现成的成功做法，当然有少走弯路、减少建设成本、加速学科进程的好处。在学习吸收国外的一些教育理念、教育方式方法时，如何注意兼收并蓄、融合转化，建设本土化的新闻教育体系，做得并不是很好。真正认识到建设有中国特色的新闻教育体系，是在改革开放后，在"实事求是、解放思想"的指导之下。尽管在体系架构、培养目标、人才规格、课程设置、教学内容、教材建设等多方面已取得诸多成绩，但我国新闻教育还有不少不尽如人意的地方，甚至有一定办学历史和经验的院系还没有能够建立起比较成熟的课程体系和办学模式，有的是按照自己的理解和学校现有条件来组织教学。真正建立完善的具有中国特色的新闻教育体系，可谓任重而道远。

此外，由于自身的新闻教育体系没有完全建立起来，今天认为新闻专门人才不需要经过系统的学校教育培养的，仍然大有人在。这不仅在新闻实践部门，有些新闻院校教师也有类似的看法。近年来我国不少高校进行新的调整组合，实现资源的有效配置，这本是好事，但有些院校却视新闻院系（专业）为整合对象，一定程度地损害了已取得的新闻教育成果。从这个意义上看，加速完善我国的新闻教育体系，是对我国新闻教育成果的一种捍卫，是对我国新闻教育发展的一种推动，也是向社会各方说明自身价值的一个有力举措。

（二）紧密与新闻实际的联系

我国新闻教育已经认识到理论教学与实际锻炼有机结合的必要性和重要性。但是，如何使结合的程度更紧密一些，各个发展时期有着不同的做法。其中，学生的业务实习，是加强实践的重要环节。美国是在院系内开办新闻实验室，让学生自己办报刊、办广播电视；苏联是较多地组织学生去校外新闻单位实习锻炼。中华人民共和国成立前，我国基本上是模仿美国的方式，除必要的校外业务实习外，经常性的是在学校内开办新闻刊物；中华人民共和国成立后，我国基本上是沿袭苏联的做法，有计划地安排学生到新闻单位进行实习锻炼。在校内自办传播媒体，学生能有更多一些的接触实际的机会，但学习基础理论知识的时间将受到影响；利用校外新闻机构实习，可以借助社会力量支持教学，节省成本，但把学校学习和业务实践分开。目前这两种方式在不少院系交叉运用，但问题是，自办的媒体多不正规，学生缺少真切的体验，而去校外实习，管理松弛难于计划安排。这些都要很好研究，认真对待，从已有的经验教训中获取适应新世纪的业务实践模式。

需要一提的是，现在新闻教育部门与新闻实际部门的联系不甚理想。这表现在几个方面：

（1）学校教学与新闻媒体各行其道，有一种"我教我的，他干他的"的倾向。课堂教学、教材编写有滞后现象，而媒体在深化改革中又缺乏新闻教育研究部门理论上的引导。虽然也有互相交往沟通的情况，如新闻院系聘请新闻单位的领导、资深记者编辑做客座（兼职）教授，开设一些讲座，有些教授学者也为传播媒体提供某种咨询，但在整体上交融性不够。现在往往教师就是教师，总体上接触实际较少，较难胜任采编实际工作；采编人员就是采编人员，为新闻院系独立讲授某方面的课程又存在诸多困难。分工过于明确，界限过于清楚，缺少流动和互换性。因而课堂上较少生气，教学内容与实际脱节的情况比较普遍。

（2）新闻院校对媒体的影响力较弱。高等新闻教育不仅仅培养输送新闻专门人才，也应具有理论上总结提高、指导媒体实际运作的职能。由于从事新闻业务教育和新闻理论研究的教师缺乏新闻实践经验，对于新闻决策、操作规范等目前新闻教育者参与并产生影响的机会很少。远不如中华人民共和国成立初期，我国新闻教育界尚有领军人物，在新闻界乃至其他领域都能产生影响。此外，我国新闻从业人员已近60万大军，其中，绝大部分缺少新闻专业的系统训练。实践证明，不经过系统的专业学习，一般来说，对所从事的业务认识深度是不够的，因而会影响专业操作水准的提升。学校应予以补课，起到正规教育的作用。然而在职业培训中功利性的因素显得多一些，进修者往往只是为取得学历证书，缺少真正提高学识水平的动力；学校则更多利用职业培训谋取经济利益，这样就影响新闻继续教育的质量，影响真正目标的实现。

（三）改革创新中需借鉴的几个基本思路

近些年来，我国新闻教育界就办学模式、培养目标、课程体系、教学内容等做了许多有益的研究探讨。

第一是如何培养新闻专门人才。新闻传播学科的政治性和实践性都比较强，要培养应用型人才，不过，在培养过程中也容易陷入两个误区：一是认为新闻工作不需要正规系统的高等专业教育，做一点专业培训即可上岗。二是过分强调应用性，在教学中偏重于专业实际操作培训。美国实施通才教育，新闻专业课程所占的比例一般在25％左右，但对专业训练又偏重于技能。在市场经济的影响下，再加上与我国重文化知识基础的传统思想有一定的一致性，我国对美国的通才教育较为接受，但其与我国目前脱胎于苏联的50年代的教学框架又不很兼容，所以就出现矛盾，以为应用性学科就是技能训练。必要的技能培训是应该的，但过度则会培养出"匠"，而不是"师"或"家"。新闻院系培养的人才，不仅仅是有动手能力，更重要的是对新闻传播有深刻的理解，有调配管理能力，要能成为媒体的核心骨干。因此，应更多去关注如何加强学生的基础教育和素质培养，提高学生的思维能力和分析判断能力。

第二是如何组织新闻教学。根据我国新闻教育走过的道路，我以为有两个关键需要把握：一是有特色，有特色就是要体现出新闻学科的个性，这需要积累，能够形成体系，有一定的稳定性。二是综合性，新闻传播具有综合性，培养方法也要具有综合性，学校教育与社会教育结合，课堂内外结合，理论学习与实际操作结合。课程要进行综合设置，要进行多学科的联结，基础课程、专业课程要形成层次，构成合理科学的比例，使基础理论、知识和专业技能并重。现在有两种情况需要讨论：一是专业课比例偏大、分类太细，一是基础课程中文类课程比例偏高。这与过去在中文系里办新闻专业的传统做法和新闻工作就是写作工作的传统认识有关。应该说，这些都影响了新闻学科的各种学科特性。

第三是深化新闻专业教学改革，关键在于教师。如何加强新闻专业师资队伍建设，这个问题十分重要。从我国目前的新闻专业教师队伍来看，一批学历较高、富有活力的年轻教师充实到新闻专业课程教学岗位，这是令人可喜的。但参差不齐、青黄不接、知识结构不理想、理论与实际脱节、用心不专等问题依然存在。专业教师没有经过系统的专业熏陶，仅凭多看了几本新闻的书，就走上新闻专业课堂的，还不在少数。这与我国传统的新闻专业师资要求都有距离，更不要说适应新时代新世纪的挑战了。当前新闻师资队伍的建设，重点不是数量，不在形式，而是在质量上抓好，要在真正提高专业水平上做文章。也不要把学校教师与新闻单位的工作人员的界限划得太清，新闻教育师资可以有专职教师和兼职教师两支队伍。

　　此外，就是要进一步加大新闻教育的投入，改进和更新教学手段和方法。随着现代高新科学技术在新闻传播领域的广泛应用，新闻教育与之相适应，将比过去有很大的改变。没有一定的投入，新闻教学将无法正常组织，更不用说培养合格的专门人才了。这方面应有清醒的认识。要提高新闻人才的培养档次，就必须加大投入，做好教学硬件设备的建设。

新闻传播教育的十年探索*

——对中国人民大学新闻学院本科
教育改革的总结与思考

蔡　雯

随着高等教育的全国普及，本科教育已经被视为专业人才培养的基础性教育。新闻与传播领域中专业人才的培养，也在很大程度上取决于本科阶段的培养模式、教育理念、课程设置、教学质量等方面。进入 21 世纪后，新技术新媒体加速发展，推动了新闻传媒业的变革，也促使新闻传播院校紧随社会与媒体需求的发展变化不断做出相应的改进和调整。"百年树人"，教育改革的成败非短期内能够做出准确判断，但改革进程中的自省、总结和思考无疑是必要的。本文以中国人民大学新闻学院的本科教育改革作为个案，回顾和总结近十年来的改革探索，并对目前新闻传播学本科教育面临的问题加以分析。

近十年中，人大新闻学院本科教育着力最多的项目有三个：2005 年开始创建全国第一个新闻传播学案例库，探索在新闻传播学科中进行案例教学；2006 年开始推进跨媒体传播实验教学，探索全媒体型专业人才培养模式；2011 年开始举办跨学科的双学位实验班，探索复合型专业人才培养模式。这三个项目可以说是人大新闻学院本科教育改革从案例库、实验中心等基础建设着手，逐步走向人才培养模式创新的几个标志性工程。这些改革成果先后获得北京市教育教学成果奖一等奖两次、高等教育国家级教学成果奖二等奖一次，在我国新闻教育界引起广泛关注。

一、以案例库建设带动教学改革

学院从 2005 年开始创建新闻传播学案例库，最初是作为中国人民大学"十五""211 工程"项目获得了启动资金。在此之前，新闻传播学科在世界范围内

　* 原载于《国际新闻界》，2014（4）：135－143。

都尚未开始案例库建设工作。我们在研究中发现，案例教学运用于大学教育，起始于 1870 年左右的哈佛法学院，到 1910 年，西方国家所有一流的法学院均使用这种教学方法。第二个采用案例教学法的学科是工商管理，哈佛商学院在第一次世界大战中把这一方法引入了课堂。此后，更多的学科如医学、教育管理等也开始尝试使用这种方法。可以看到，重视案例教学的学科多以培养决策型、应用型人才为主旨，专业教学不仅要完成知识的传授，还必须训练学生将知识转化为操作能力，正如哈佛商学院教授克里斯坦森所言，案例教学的目的就是帮助学生培养一种理解问题的方式并且有助于一个组织的问题的解决。❶ 我们认为，新闻传播学作为实践性很强的社会科学，要为新闻与传播业培养决策型与应用型人才，要让学生在走上工作岗位之后能够尽快适应社会与工作环境，在面临复杂的问题时果断而正确地决策，那么，运用案例教学加强对他们的思维和技能训练，帮助他们掌握解决问题的方法和技巧就尤其必要。因此，案例库建设是在新闻传播学科推行案例教学的基础性工作，作为在新闻传播教育领域中一直处于领军地位的办学单位，人大新闻学院有责任在这方面率先做出探索。

学院组建了"新闻传播学案例库"建设领导小组，最早参与案例库建设的有新闻采写教研室、新闻编辑与评论教研室、新闻摄影教研室、广播电视新闻教研室、新媒体教研室、广告与公关教研室、编辑出版教研室、媒介经济教研室共 8 个教研室的 20 多名专业教师，组建成立了 11 个案例库建设小组，分头建设 11 个子库：新闻采写案例库、新闻编辑案例库、新闻评论案例库、新闻摄影案例库、广播新闻案例库、电视新闻案例库、新媒体传播案例库、广告案例库、公共关系案例库、编辑出版案例库、媒介经济案例库。两年后，新闻史论教学研究部的部分老师加入了这一项目，案例库也增加了两个子库：新闻伦理与法规案例库和传播学研究方法案例库。

近十年来，案例库一直作为重要的教学改革工程受到学校和学院的重视，后续建设工作得到了"985 工程"项目、教育部和北京市本科高校"质量工程"建设项目、教育部"本科教学工程"大学生校外实践教育基地建设项目等多个项目的支持。为了保证质量、形成品牌，学院研究制定了案例质量标准和技术规范。在全院教师的努力下，开发成功的案例已经超过 600 个，这些案例运用于学院本

---

❶ BARNES L B, CHRISTENSEN C R, HANSEN A J. Teaching and the case method：texts，cases，and readings. Boston：Harvard Business School，1987.

科和研究生的所有业务课程及部分理论课程的教学。学院有多门课程（新闻编辑、新闻评论、数字新闻传播、新闻理论）被评为全国精品课程和北京市精品课程。以案例库为基础编写的"新闻传播学经典案例"教材系列已经由中国人民大学出版社正式出版了6部，受到学生欢迎，有些教材还被兄弟学院选为教学用书。案例库建设与案例教学成果在2013年获得了北京市教育教学成果奖一等奖。

二、以跨媒体传播实验教学促进全媒体型的专业人才培养

传播技术发展已经使新闻传播业跨越媒体介质鸿沟，进入以互联网为基础平台、传统媒体与新媒体融合发展的新时期。媒介融合对新闻院校培养全媒体人才的要求受到新闻传播院校的广泛重视，西方一些新闻传播学院如美国密苏里大学新闻学院等在21世纪初开始设立"媒介融合"本科专业方向，适应媒介变革而开设的新课程如"融合新闻报道""多媒体叙事""数据新闻"等不断涌现。人大新闻学院在这一轮改革中同样做出了自己的努力。

从2006年开始，学院将本科教学改革的主攻方向定位于突破本科专业设置对人才培养的限制，以培养学生的全媒体传播能力作为目标，启动"媒介融合趋势下新闻人才培养创新平台建设"项目（该项目2009年获得高等教育国家级教学成果奖二等奖、北京市教育教学成果奖一等奖），通过专业方向设置、课程建设、实验中心建设等一系列举措推进本科教育改革。在这一轮改革中，跨媒体传播实验教学是一个重要抓手，学院力图通过跨专业的教师团队的组建、校外媒体专家的引入、课程实验与社会媒体相连接的教学模式、学生全员参与的跨媒体作品比赛活动等，培养学生的媒介融合理念与全媒体传播技能。

在该项目启动之初，学院曾在新闻学专业中增设了一个新的专业方向"数字新闻传播"。该方向的培养目标是造就一批适应新媒体以及实现数字转型的传统媒体需要的新型新闻传播人才，教学方案设计一方面充分利用新闻学院的已有课程资源，将新闻学理论、新闻史、新闻伦理与法规以及采写编评等基础业务课纳入专业核心课程中，另一方面开发了一批基于数字与网络技术的新媒体方面的新课程，如数字媒体技术应用、多媒体信息传播、网络新闻编辑、网络互动管理、移动信息传播、新媒体管理等，通过课程体系的整合和开发培养具有"全媒体"技能的新型新闻人才。该专业方向的建设采用了"跨教研室建设"和与业界合作建设的新思路进行，重点合作对象为人民网、新华网与新浪网。新课程的开发与相关实验教学都利用了这些网站提供的资源。

2009 年，学院将"数字新闻传播"方向的办学思路全面推广到学院的各个专业。因为我们认为，不仅是新闻学专业需要将网络与数字传播纳入教学体系中，广播电视、广告学、公共传播等专业方向都与网络化数字化密不可分，培养技术全能型的专业人才，应该成为所有专业的共同目标。基于这种认识，学院在修订 2010 级本科教学方案时，新闻学专业不再单设"数字新闻传播"方向，而将该方向的新媒体教学内容连同新闻学、广播电视专业的核心业务课内容重新进行了提炼和整合，形成"新闻业务基础""音视频内容制作""数字传播技术应用"等几门学科基础课程，在全院通开，以保证每个学生都能不受其专业限制而掌握各类媒体的传播技术，并以全媒体运作的理念去把握其专业领域的知识和技能。

为了培养技术全面的专业人才，学院一直把新闻传播实验中心的建设当作学科发展的重要基础。2006 年和 2007 年，实验中心在 1999 年启动与北大方正集团的合作的基础上，又分别两次扩大合作范围。方正集团提供的报社采编系统、网络信息发布系统、多媒体数字报纸出版系统等多种软件，使实验中心具有了从报社到网站的完整的新闻生产环境。2007 年，实验中心与美国思科公司和中央电视台合作建成中国首个"思科网真演播室"，中央电视台则将新推出的周播谈话类节目《我们》在此演播室录制，新闻学院把学生的电视方面的实验教学有机结合到这一节目过程的相关环节之中，使实验教学与实践的结合更为紧密。在实验中心开设的实验项目均为综合性、设计性实验。许多实验作品直接为媒体采用，社会效益明显。2006 年，新闻传播实验中心获得"北京市实验教学示范中心"称号；2008 年，该中心获得了"国家级实验教学示范中心"称号。

在建设实验中心的同时，学院还将新闻传播业务课程的教学与学生媒体建设相结合，形成课堂教学和业务实践相融合的新型教育模式。学生在已有的学生媒体《新闻周刊》基础上创办了学生网络电视台、网络电台和网站，形成"接力传媒集团"，吸纳全院本科生阶段性地进行各种专业实验。

2006 年，新闻学专业新开设了一门专业课程"跨媒体传播实验"，将学生媒体的运行与课程教学相结合，指派专业教师具体承担教学和指导工作。经过两年的课程建设与学生媒体实验，组织完成了对学生报纸《新闻周报》的改版改制工作，研制出电子报纸，并完成了学生网站的建设工作。

2009 年，"跨媒体传播实验"课程由新闻学专业课程改为全院本科生通开的实验课程，并从大二到大三连续开设。学院选拔新闻采写、新闻编辑、新闻摄影、广播电视新闻、新媒体等各专业方向的青年教师，组建了跨媒体实验的青年教师团队，加强对实验教学的管理。该课程共分三段进行连续性实验：第一段主要进行跨媒体传播的基础知识教学与技术操作训练，由高年级学生带领低年级学生在老师指导下进行。第二段提供8至10个不同实验内容的跨媒体实验工作坊，由学生自主选择，完成特色化的专业实验，这些工作坊有些以校内媒体（包括学校网络电视台、《就业指导报》、《新闻周报》、新周网、新闻数字博物馆等）为教学实验平台，有些与社会媒体合作，如与中国网合作开设了新闻视觉传播工作坊，让学生的实验成果能得到正式发布。第三段为综合型跨媒体实验，每个学生综合运用前期学习的传播技术，独立设计并完成一个跨媒体的新闻作品，要求至少包含三种媒体表现形态。在全院范围内举办"跨媒体作品大赛"，对优秀成果进行奖励。

为了将社会资源引入校内跨媒体实验教学中，学院聘请新闻媒体的专家组建"跨媒体实验指导专家委员会"，定期对学生的跨媒体实验进行指导，并对最后一期的跨媒体作品大赛进行评审。鼓励各跨媒体实验工作坊与社会媒体合作，共同设计实验项目，并将学生的实验成果通过社会媒体进行发布。

三、以跨专业联合创办实验班推动复合型专业人才培养

随着新媒体发展尤其是社交网络媒体的兴盛，传统媒体在新闻传播中的垄断地位已经不复存在，普通民众的参与一方面改变了新闻传播的格局，极大丰富了新闻信息的来源，但另一方面也造成信息泛滥、真假混杂带来的极大困扰。这种状况促使我们重新认识新闻媒体和专业新闻工作者的位置和价值。有业界人士提出，"媒体的多元化、信息的广泛性和技术的交互性导致传播小众化、专业化。在这一趋势下，大众传播与小众传播，广播与窄播并存不悖，分众传播成为传统媒体和新媒体的一个新的选择。服务对象的专业化必将导致服务内容的精细化、个性化，这既是传媒技术发展的必然，也是业界竞争的选择。但专业化和精细化的要求是深度、独特和贴近，这就要求媒体从业人员具有一定的专业知识背景，是某个行业或领域的专家，这样，媒体才能为不同阶层、不同背景、不同知识层次的人群提供贴近性的精细化信息服务。因此，媒体融合时代表面上看来需要的是人才的技术适应性，实际上更需要的是人才的内容适应性，需要的是在某个领域、某个学科有较深造诣的专才"❶。确实，对于新闻传播院系来说，培养具有专

---

❶ 田龙过．媒体融合趋势下的传媒教育改革谨防再陷误区．中国广播电视学刊，2010（4）：45-47.

才潜质的知识复合型人才，已经是迫在眉睫的任务。

正是基于这种认识，人大新闻学院在 2011 年开始进一步深化本科人才培养模式的改革，探索跨学院、跨专业联合办学，开设两个双学位实验班，培养具有复合型的专业背景、能够胜任专业化要求更高的新闻传播工作的未来新闻工作者。

一是与人大法学院联合开设了"新闻—法学"实验班，通过对新闻学与法学两个专业的教育资源整合，培养一批具有新闻传播学与法学专业知识、执业技能和发展潜质的高端复合型本科人才。毕业生适宜在新闻媒体从事法治新闻报道，在政府、企事业单位从事公共传播与宣传管理工作，也可以从事立法、司法与法律服务工作，以及在相关领域从事教育与科研工作。

二是与国际关系学院联合开设了"新闻—国际政治"实验班，通过对新闻学专业与国际政治专业的教育资源整合，培养一批具有新闻传播学与国际政治专业知识、执业技能和发展潜质的高端复合型本科人才。毕业生适宜在新闻媒体从事国际新闻报道，在党政机关、企事业单位从事公共传播与宣传管理工作，也可以从事外交、外事与涉外事务服务工作，以及在相关领域从事教育与科研工作。

两个实验班分别从新闻学院与法学院、国际关系学院的新入校学生中联合选拔，由两个学院共同设计联合培养的教学方案，专业课程也由两个专业的老师共同开设，对学生共同指导。

在办实验班的同时，学院鼓励那些没有机会进入实验班学习的同学充分依靠中国人民大学在人文与社会多个学科上的领先优势，利用课余时间学习自己有兴趣的其他专业。对于申请"第二学位""第二专业"学习的同学，学院都给予支持和帮助。近两年，已经有多位毕业生在完成本学院的学业的同时，还在人大商学院、经济学院等获得了第二学士学位或完成了第二专业的学业。据最新统计数据，目前我院在校本科生二年级到四年级的同学，有 52 人正在其他学院辅修第二学位或第二专业。

2013 年开始，中国人民大学在学校层面重新规划本科教育改革，在全校实施"本科人才培养路线图"。这次改革的最大动作是所有学科和专业都面向全校学生开放，所有本科课堂都向非本学院本专业的学生开放，鼓励学生自主辅修第二学位或专业，以学分认证的方式授予第二学位证书。学校的这项改革为新闻学院正在推行的复合型人才培养模式提供了更为有利的条件，学院将有更多的学生能够根据自己的条件和兴趣进入其他学院学习第二专业的课程，而学院也给予了学生更多的选修指导和鼓励，包括出台了关于推免保研的加权奖励政策。

四、困惑及思考

人大新闻学院本科教育十年探索和改革，只是我国新闻传播教育改革的一个个案。作为国内办学历史最长的新闻传播学院之一，我们所探索的这条道路，所采取的相关措施都是根据学院自身的资源和条件，同时借鉴国内外优秀新闻传播院系的经验而做出的选择。作为这场改革的直接参与者，本人对这十年的历程感悟尤深，在推进改革的过程中也时有困惑。我认为在未来的道路上，还有许多难题等待新闻教育界的同仁们一同研究和破解。

首先，新闻传播学科的本科教育应该把关注点放在哪里，是以培养学生深厚的人文素养、丰富的社会知识为目标，还是以培养学生的新闻专业素养和传播能力为重点？如果是后者，显然难以保证学生在未来更加专业化的工作领域中有发展后劲；如果是前者，新闻学院办本科教育只能依赖兄弟学科的教育资源来支持，如复旦大学新闻学院的"2＋2"培养模式、人大新闻学院的双学位实验班模式，以及国外很多新闻学院的本科课程有一半甚至70％由其他学科来提供，都体现了这一特点。这种教育模式虽然与培养目标（复合型、厚基础）是相符的，但在现实操作中，由于课程资源的配置是跨学科的，新闻学院对教育质量的控制难度很大。还有第三种选择，就是在通识教育与专业教育之间争取平衡，但限于本科教育只有四年时间，课程设置的挑战性很大，实际上潜藏着两方面都做不到最好的风险。因此，新闻传播学科的本科教育，是否应该更多地考虑从其他学科的本科毕业生中选拔生源，进行第二学位教育，或者转为专业硕士的培养？这样是否能比新闻学院独立培养本科学生更有成效？当然，这会令人担忧生源的质量，尤其是著名高校，本科生源通常比第二学位和研究生生源更优秀。这些矛盾纠结，本身也说明新闻传播学本科教育还有很长的探索之路要走。

其次，新闻传播学科目前的本科专业设置与新闻传播业的发展趋势是否相适应？从教育部去年颁布的本科专业调整目录看，新闻传播学科的专业有所增加。仔细考量，这次调整实际上并没有解决以往存在的一些问题，如根据媒体介质特点进行专业划分（如新闻学专业、广播电视专业、网络与新媒体专业）、传播学专业与其他专业的区分尚不清晰（如新闻、广告也可视为传播的分支）等，而且专业划分比以往更细。虽然增加专业数量有助于新闻传播学科在教育管理部门争取资源，但面对媒介及产业融合的加速，业界对复合型与跨媒体传播人才的需求增强这一趋势，这种专业细分化却是值得商榷的。

最后，新闻传播学科的师资队伍建设一直没能解决重学术资历和学位、轻实践经验的问题。如大多数新闻院系招聘教师以获得博士学位为必备条件，更适合讲授业务课程的业界优秀人才因为没有博士学位难以转入教学岗位，这严重影响了实务类课程的教学水平。学界同仁经常谈论，美国一些新闻学院同时聘用学术型教师与实践型教师的做法值得我们学习借鉴。但在我国教育管理部门的学科评估指标这一"指挥棒"下，在高校行政化管理还没有真正得到纠正之前，这一难题或将继续存在下去。此外，对于已经在岗的教师，业绩考核、职称晋升中重科研、轻教学的问题也较普遍存在，尤其青年教师受此影响，不得不把大量时间放在撰写论文和专著上，没有时间到传媒单位参与实践，也缺乏热情指导学生动手实践，最终往往是理论研究与实践相脱节，论文数量上去了，真正有价值的成果并不多；更大的受害者是学生，他们得不到老师更多的关心和指导，高校教育事实上背离了其培养人才的宗旨。

当然，在新闻传播学本科教育改革中，面对的困惑和难题远不止上述这些，如办学经费保障、实践基地建设、课程更新换代等等，都还有许多有待解决的矛盾。我们在总结经验的同时，只有直面问题，慎思慎行，才能把新闻传播学科的本科教育做得更让人民满意。

回望中国新闻摄影高等教育 70 年*

盛希贵

一、回顾：1949—1978 年的新闻摄影高等教育

20 世纪 50 年代，中华人民共和国成立之初，我国新闻摄影高等教育主要依托当时的三个高等教育重地：北京大学中文系新闻专业、中国人民大学新闻系、上海复旦大学新闻系。正如原中国摄影家协会副主席陈淑芬❶所言，直到 20 世纪 80 年代初，我国在职摄影从业人员中，受过高等教育、有大学学历的，大多数是大学新闻系毕业之后分到各个新闻单位从事新闻摄影工作的人员，而且主要是复旦大学新闻系和中国人民大学新闻系毕业生。❷ 其他摄影从业人员，除了来自 20 世纪 40 年代晋察冀等解放区摄影训练队（班）培养的军队摄影工作者❸，主要是通过"师傅带徒弟"——诸如在照相馆当学徒、拜师学艺或子承父业等方式

---

* 原文分三期刊载于《中国摄影家》，2019（5）：86 - 95；2019（6）：78 - 87；2019（7）：92 - 99。本文的写作参考了盛希贵、周邓燕、张宗鹭撰写的《新中国新闻摄影高等教育六十年回顾》一文，参见中国新闻摄影协会. 开创新闻摄影科学发展新境界：新中国新闻摄影 60 年高峰论坛暨第九届全国报纸总编辑新闻摄影研讨会论文集. 北京：中国画报出版社，2010。

❶ 陈淑芬（1933—2008），曾先后任英文《中国妇女》杂志摄影记者、中国摄影家协会组联部主任、中国摄影家协会副主席、中国女摄影家协会副主席、中国摄影家协会分党组副书记。

❷ 参见《同学的我们——中国人民大学一分校 83 级摄影专修科 30 周年（1985—2015）毕业纪念》之"来龙去脉——人大一分校摄影专修班成立始末纪实采访"的内容（7～8 页）（话题：从 1980 年北大摄影讲习班和 1981 年福建摄影讲习班谈起。时间：2005 年 5 月 8 日。地点：陈淑芬家。参加人：陈淑芬、罗小韵、耿海、门晓燕）。原话为："粉碎'四人帮'以后，在艺术上也好，文化上也好，大家都有一种探索和开拓新领域的想法。当时摄影家协会跟其他一些艺术协会大家都有一个宗旨：出作品出人才。那时候大家就觉得摄影界好像是一批没有文化的人。比如说音乐，有音乐学院；舞蹈，有舞蹈学院。摄影呢？没有！而且当时复旦大学有新闻系，人民大学有新闻系，搞摄影的人都是新闻系毕业以后，再到各个新闻单位，靠师傅带徒弟这么出来的（这句话，不完全准确，参见本文后面的陈述——作者注）。所以当时别人说我们摄影单位是没文化的队伍，心里不舒服。可事实上，我们从摄影协会会员的文化水平和文化素质来看也确实有这种情况。"

❸ 从 1938 年苏静主持举办第一个摄影训练班起，到 1949 年 9 月，在 11 年间，全国各解放区共计举办摄影训练队（班）约 40 期，学员总数在 500 人以上。参见顾棣，方伟. 中国解放区摄影史略. 太原：山西人民出版社，1989：315。

学来的摄影技术。

要追溯我国新闻摄影高等教育的历史，还要上溯到中华人民共和国成立前的北京大学、燕京大学、上海暨南大学、圣约翰大学、复旦大学等。而中华人民共和国成立后，经过院系调整，高等院校新闻专业培养新闻摄影专门人才则应从复旦大学新闻系、北京大学中文系新闻专业、中国人民大学新闻系和江西大学新闻系开设新闻摄影课程、设立摄影教研室算起。

（一）三源合流：北京大学、燕京大学与中国人民大学新闻系的新闻摄影教育

1. 北京大学最早成立"摄影研究会"

北京大学诞生于 1898 年，初名为"京师大学堂"，是中国近代第一所"国立大学"，也是最早以"大学"之名创办的学校，该校的成立标志着中国近代高等教育的开端。北京大学也是国内最早开设新闻学课程的高等学府，其新闻教育的历史可以追溯到 1918 年。这一年，北大开设了中国历史上第一门新闻学课程，还建立了中国第一个新闻学研究团体"北京大学新闻学研究会"，并由时任校长蔡元培亲任会长。1919 年，北京大学教授徐宝璜撰写了中国历史上第一部国人自撰的新闻学著作《新闻学》；同年，北大新闻学研究会出版了中国历史上第一份新闻学期刊《新闻周刊》。

要特别指出的是，1919 年，新文化运动兴起，北京大学校长蔡元培主张"开放"，树立新校风，于是，在北大成立了"摄影研究会"等多种文化艺术类社团组织。"摄影研究会"成员有黄振玉、陈万里、褚保衡、吴缉熙等七个人，该会于 1919 年、1920 年、1921 年在北河沿的北京大学第三院举办了摄影展览。该研究会初创于高校校园，促进了摄影教育的发展。

1952 年全国院系调整，燕京大学新闻系并入北京大学中文系成为新闻学专业；1953 年，北京大学中文系新闻专业开设"新闻摄影"课程。

著名新闻史学者方汉奇在《北大，我的学术故乡》一文中提到，北大的新闻教育经历了三个阶段。● 第一个阶段起止于 1918—1920 年，先是在政治系开设新闻学课程，继而又成立了北大新闻学研究会，举办了有关新闻学理论和新闻实践的讲习活动，成为中国新闻教育的发端。第二个阶段是北大中文系新闻专业办学的阶段，前后两个回合，第一个回合是 1952—1958 年，第二个回合是 1970—

---

❶ 方汉奇. 北大，我的学术故乡. 新闻与写作，2008（5）：22-25.

1978 年，都以整建制转移到人大新闻系而告终。第三个阶段是 20 世纪 80 年代中期到现在，先是在一些院系设立了编辑出版专业，开设了新闻学、传播学方面的课程，继而组建了正式的院系，其标志则是 2001 年 5 月 28 日北京大学新闻与传播学院的成立。

在第二阶段第一回合，石少华曾到北京大学中文系新闻专业讲过新闻摄影专题课。1956 年 12 月，中国摄影学会（中国摄影家协会的前身）在北京成立，参加成立大会的代表有全国各地的摄影家、摄影记者、书刊画报的有关编辑，以及摄影教学机构的教授等 104 人。❶ 中国摄影学会第一届理事会第一次会议当选为理事会主席的石少华对新闻摄影高等教育高度重视。他在中国摄影学会成立大会上作了题为《组织起来，为繁荣我国的摄影艺术创作而努力!》❷ 的报告，明确提出，"我们要注意协助有关单位培养摄影事业的新生力量，组织会员对业余摄影团体进行辅导、到大学的摄影专业去讲课"❸。

1957 年 1 月，石少华去北京大学中文系新闻专业为学生讲了《摄影记者工作》，内容包括"对摄影记者的要求"和"摄影记者的采访方法"，后发表于《新闻摄影》1957 年第 1 期。❹ 1958 年，他在为《大众摄影》创刊号所写的《让人民的摄影事业遍地开花结果》一文中，满怀期待地提到，"人民大学新闻系和北京大学新闻专业合并之后，将设立一个新闻摄影专业，以便有计划地培养新闻摄影人才"❺。

2. 燕京大学新闻系开设摄影专业课程"照相"

燕京大学创办于 1919 年，是由美国及英国四所基督教教会联合在北京开办的大学之一，也是近代中国规模最大、质量最好、环境最优美的大学之一，司徒雷登任校长，曾与美国哈佛大学合作成立哈佛燕京学社，在国内外名声大震。1924 年，国内高校兴起创办新闻科系的高潮，由美国新闻界发起在燕京大学成立了新闻系。发起委员会主席是美国密苏里大学新闻学院院长卫廉士（Walter Williams），筹办基金为 5 万美元。由白瑞华（R. S. Britton）任首任系主任，纳什（Vernon Nash，又译聂士芬）等任教授。虽然 1927 年因经费短缺新闻系停办，但

---

❶ 石少华. 摄影理论和实践. 北京：新华出版社，1982：351.

❷ 同①222 – 233.

❸ 同①231.

❹ 同①34 – 52.

❺ 同①241.

在1929年得到恢复并快速发展，梁士纯担任系主任，当时的课程设置有"照相"，还有"新闻学原理""编辑""采访""写作""管理""印刷"等专业课程。1932年前后，燕京大学新闻系常年开设13门专业课程，其中包括"报纸图画"。

燕京大学新闻系还与美国密苏里大学新闻系交换教授讲学，互派研究生。著名记者埃德加·斯诺（Edgar Snow，1905—1972）就担任过燕京大学新闻系教授，讲授新闻采访和写作课程。该系附设的"燕京通讯社"除向国内外10多家报纸供稿外，还出版《燕京新闻》作为学生实习的园地。此外，该系还办有《新闻学研究》《报学》杂志。1945年抗日战争胜利后，蒋荫恩担任系主任。中华人民共和国成立后，燕京大学并入北京大学。

3. 院系调整，中国人民大学新闻系成为新闻摄影高等教育重地

1955年中国人民大学新闻系成立，成立之初就将摄影技术设为专业必修课程之一，1957年成立新闻摄影教研室。1958年，北京大学中文系新闻专业（前身为1924年成立的燕京大学新闻系）并入中国人民大学新闻系，摄影教学人员一起并入新闻摄影教研室，在新闻系教授摄影课程的有伍福强、伍素心、孙毅夫、肖绪珊等。

中国人民大学新闻系除了培养新闻学本科生外，还开设以在职干部为主的两年制新闻专修科及各种不同类型的新闻干部培训班，新闻摄影也是专业课程之一。

1963年，中国人民大学新闻系编写了5编19章的《新闻摄影讲义》（初稿32开，254页），只有第一章是理论内容，概括了我国从民主革命到1949年后的新闻摄影历史，阐述了新闻摄影的特性。而其他部分主要谈具体的拍摄技巧，以及与新闻采访活动有关的实用知识。这部讲义一方面具有鲜明的时代特点，提出"新闻摄影是政治性强烈的宣传工具，思想性和战斗性是新闻照片的生命基础"，同时，也承认"照片应具有展示和适应这些思想内容的形式，使内容和完美的造型形式相统一"。这在当时无疑是具有前瞻性的，对于20世纪80年代初期的新闻摄影教育具有一定的借鉴意义。

正是在前述石少华主席带领的中国摄影学会的积极推动和大力支持下，中国人民大学新闻系在1964年首次招收了四年制的新闻摄影专业本科生。该年级于1964年入学，1969年毕业，毕业后从事新闻摄影工作的有徐光春、司马小萌、赵伟、欧阳杰、苏成雪等。

"文革"期间，新闻教育受到严重破坏，新闻摄影教育也受到重大影响。"文

革"开始后，中国人民大学新闻系被迫停办，1973 年 6 月，新闻系又按建制并到北大中文系新闻专业。1977 年 5 月，北京大学中文系新闻专业编写了《新闻摄影讲义简编》，手刻油印，共 122 页。全书分为十章，分别为"性质与作用""基本任务""特点与要求""摄影记者""采访工作""拍摄实践""组织报道""照片体裁""编选与处理""革命传统"。以"新闻摄影是阶级斗争的工具"为主要观点，体现了处于过渡期和恢复期的特点。这一时期，中国新闻摄影的理论框架初步形成，但是在具体思想、观点认识上存在一定的偏差，与 1963 年中国人民大学新闻系编写的《新闻摄影讲义》相比，更加强化"组织""宣传"等，对新闻工作和新闻摄影的基本原理、基本特性与基本规律等缺乏应有的研究、尊重和述及。

1977 年，北京大学、复旦大学等学校的新闻学专业开始通过高考恢复招生。1978 年中国人民大学复校，新闻系也随即恢复招生，北京大学中文系新闻专业再次并入中国人民大学新闻系。此后，越来越多的学校陆续恢复或增办新闻系。在教学、科研方面，包括新闻摄影在内的新闻学教育逐渐摆脱了"左"的思想的影响，突破了一些禁区，澄清了一些被搅乱了的新闻学观点，新闻摄影高等教育逐步回归本位，新闻摄影又成为新闻学专业的主干课程之一。

1985 年 10 月 5 日，在中国摄影函授学院汇报会上，石少华说："中国的摄影教育在战争年代就开始了，当时办的是摄影班，培养了很多骨干，我国一些著名的老记者、摄影家，不少是那时期培养的。建国初期，新华社摄影部也举办了训练班，学员是从大学文科毕业生中挑选的，现在他们大都成了各摄影岗位上的骨干。国家是很重视摄影教育事业的，50 年代至 60 年代，北京大学、复旦大学、人民大学都开过摄影课，培养了几批会摄影的大学生。70 年代中期也曾委托电影学院办了摄影班，这些都是培养摄影人才的路子，但还不是解决培养摄影人才根本的办法，我国应该有摄影艺术学院和函授学院，要培养摄影教学的师资，出教材、出人才。"他还就中国摄影函授学院的师资力量与教材建设提出了以下要求："第一，要提高教材的质量，要吸收有理论水平的人来编教材；第二，教材的内容要增加，不到大专水平是不行的，主要的还是知识化（这里包括文化、文学和美学方面的知识），搞摄影没有文化没有知识不行……要摸清全国有摄影教育经验、有水平的人员名单，要不断培养新的师资，尤其要培养年轻人，这是有战略意义的事……要对全国已办起摄影专业的学校进行了解，信息要快，要好好鼓励和支持他们继续开办下去，有困难要帮助。只有将摄影教育办好了，中国的摄影艺术才有希望，没有文化的摄影队伍是不行的……中国摄影艺术学院要成

立, 函授学院也要并存, 在座的要有雄心壮志, 要考虑大的战略性问题, 要在世界摄影教育上作出贡献……"❶

（二）复旦大学新闻系的新闻摄影教育

复旦大学新闻系（现复旦大学新闻学院的前身）创办于 1929 年 9 月。当时, 复旦大学按照中华民国教育部颁布的大学规程"改科为系", 原中国文学科分别设立中国文学系与新闻系, 复旦大学新闻系（1988 年改为"新闻学院", 是国内第一例）正式成立, 成为我国历史最悠久的新闻学高等教育机构之一。

1949 年 8 月, 上海暨南大学奉令停办, 该校新闻系 58 人转入复旦大学新闻系; 9 月, 中国新闻专科学校解散, 该校 31 人经甄别考试后被复旦大学新闻系录取。1950 年 10 月, 已停办的华东新闻学院教师余家宏、杜月村等调入复旦大学新闻系任教。1951 年 9 月 11 日, 民治新闻专科学校停止招生, 12 位学生并入复旦大学新闻系。1952 年 9 月, 全国高校院系调整, 圣约翰大学新闻系停办, 教师汪英宾、伍必熙和学生 44 人转入复旦大学新闻系。

1953 年, 复旦大学新闻系开设新闻摄影课程, 1954 年由舒宗侨牵头建立新闻摄影教研组及摄影实验室。1956 年, 复旦大学新闻系摄影实验室正式成立。当时, 复旦大学新闻系全面学习苏联经验, 增加政治课程, 致使新闻专业课程比重有所下降, 将原有的"图片宣传""新闻学概论""新闻编辑""报纸群众工作"合并成一门"新闻工作理论与实践"。❷

1978 年, 复旦大学新闻系新闻摄影教研组编印的《新闻摄影: 摄影技术讲义（教学用书）》问世。1979 年 9 月, 王中复出担任系主任, 后又兼任复旦大学分校校长。王中主持系务工作后, 将教研组改为教研室, 分设新闻理论、新闻采访与写作、编辑与评论、文选与习作、新闻摄影、广播与电视 6 个教研室。除了舒宗侨, 在复旦大学教授新闻摄影课程的还有马棣麟、谢恩光和颜志刚等。

1985 年 12 月, 复旦大学新闻系新闻摄影教研室编写的《摄影基础教程》由复旦大学出版社出版, 内容主要是摄影技术技法。

1985 年第二届全国新闻摄影理论年会论文集收入了复旦大学新闻系颜志刚的论文《新闻摄影定义的探讨》。该文中明确提出, "新闻摄影是把照片和文字两

---

❶ 石少华. 在中国摄影函授学院汇报会上的讲话//石少华. 摄影工作散论. 北京: 新华出版社, 1998: 209-212.

❷ 参见复旦大学新闻学院网站。

种手段结合在一起的一种报道形式，它们是一个综合体，单取其照片是报道不了新闻的，读者不能从中获取明确的新闻信息。照片只能部分地而不能完全地告诉读者新闻对象是谁，在干什么，至于'为什么'、'怎么样'这一类新闻要素，在照片上更是无法作明确交代。现代新闻工作对新闻摄影的要求并不满足于单纯地提供新闻事实（这对其他新闻手段也一样），往往还要求提供在新闻事实中的原因和更深刻的含义。要做到这一点，单纯的照片，哪怕拍得再好，也是办不到的。这样讲并不是想强调在新闻摄影里，文字部分要比照片部分更重要，而是想说明，把新闻摄影的文字部分看成'附属地位''陪衬作用'是不恰当的……作为新闻摄影记者或者想成为新闻摄影记者的人，应该认识到新闻摄影工作是把拍照片和写文字结合起来的工作，而不仅仅是拍照片的工作，只会拍照片，不懂得写新闻性文字说明的人，便不能成为称职的新闻摄影记者"❶。

根据前述认识，他对新闻摄影的定义为："新闻摄影就是用摄影手段记录正在发生着的新闻事实（或与该新闻相关联的事实），结合具有新闻信息的文字说明进行报道。"❷

颜志刚的这篇论文引发中国新闻摄影学会时任会长蒋齐生对新闻摄影定义的重视和修改。1986年，蒋齐生在《再议照片"形象说话"与文字的关系》一文中将新闻摄影定义为：作为一种视觉新闻，新闻摄影是新闻形象的现场摄影纪实，以附有文字说明的新闻照片形式，传递信息。❸ 1990年3月，颜志刚著《摄影技艺教程》由复旦大学出版社出版，此后7次再版。但他对新闻摄影理论的研究没有进一步系统化，总体上还是着力于摄影技术技法方面的不断更新。

总体看来，复旦大学的新闻摄影教育也是以讲授摄影技术技法为主的，对新闻摄影理论和实务都讲述不够，研究也不多。

（三）暨南大学新闻学系的新闻摄影教育

暨南大学新闻学系成立于1946年，成立当天，暨南大学发布招生通告，称增设新闻学系已经获得教育部批准。在招生工作开展的同时，新闻学系积极选聘

---

❶ 颜志刚.新闻摄影定义的探讨//全国新闻摄影理论年会论文编辑组.1985全国新闻摄影理论年会论文集，1985：26-27.

❷ 同①29.

❸ 蒋齐生.再议照片"形象说话"与文字的关系.中国摄影报，1986（74）.1987年11月，蒋齐生又写了《新闻摄影的定义及其实践意义》一文，专门阐述了该定义的"要素""对实践的提示"和"当代新闻摄影的新变化"。参见蒋齐生.蒋齐生新闻摄影理论及其它.北京：中国摄影出版社，1996：53-58。

师资力量，物色教授人选。8月，聘请了中国历史上第一位新闻学博士学位获得者、报学名家、南洋报人、新闻学教授冯列山，他主持了暨南大学新闻学系的创建工作，被任命为文学院新闻学系专任教授兼系主任，任期自 1946 年 8 月 1 日—1947 年 7 月 31 日，月薪国币 600 元。9 月 21 日，暨南大学新生招考工作结束，公布了新生录取名单，共录取新生正取生 481 人，备取生 136 人，其中文学院新闻学系正取生 35 人。

冯列山（1907—1998），名立三，号瑞麟，1907 年 9 月 8 日出生于福建福安双峰村。其父冯文基，清末秀才，长期在闽沪两地经商，好结交文人雅士。冯列山在家乡读完小学后，于 1920—1925 年在福州读中学。高中毕业后，前往上海就读复旦大学中文系。在校期间，他学习了文学、历史和新闻学，并对新闻学产生了浓厚兴趣。1929 年 9 月，复旦大学新闻系成立复旦大学新闻学会，冯列山为"特别会员"，由此与新闻结下了不解情缘。❶ 1930 年 1 月，冯列山在复旦大学毕业，获得文学学士学位。毕业后，由于新闻兴趣进入上海《申报》工作。1942 年 9 月，冯列山被聘请为复旦大学文学院新闻系教授。1943 年，他迁居成都，出任燕京大学新闻学系教授。在燕京大学新闻学系教书期间，他教学相长，与学生密切交流，逐步深入研究新闻学。1951 年，他将自己在燕京大学新闻学系授课讲稿整理成新闻学著作《新闻讲话》，由新加坡南洋报社有限公司出版。

1949 年，暨大停办，新闻学系并入复旦大学新闻系。1958 年，暨南大学在广州重建，中文系在 1960 年开办新闻学专业。1970 年，暨大因"文化大革命"被迫停办，新闻学专业也随中文系并入华南师范大学。1978 年，复校后的暨南大学重建新闻学系。

20 世纪 80 年代，李茂兴❷在暨南大学新闻学系摄影教研室任教，讲授摄影课程。他曾参加全国第一、二届新闻摄影理论年会，其论文《摄影构图与绘画构图的异同》入选《1985 全国新闻摄影理论年会论文集》，文章末尾注明：选自《摄影构图研究——摄影构图浅说》第一、二节，作者是暨南大学新闻学系

---

❶ 开山之功．冯列山与暨南大学新闻学系的创建．（2016‐11‐14）［2019‐12‐20］．https：// xwxy. jnu. edu. cn/html/news/2016/1114/840. html.

❷ 李茂兴（1927— ），广东省艺专毕业。1959 年调到《广东画报》任编辑、记者。1978 年起任暨南大学新闻学系教师、讲师、教研室主任、副教授。1986 年曾为广东省高教成人教育撰写《新闻摄影》自学考试提纲，发表于《成人教育之友》杂志。

讲师。❶

李茂兴所著《摄影构图研究——摄影构图浅说》文稿共分为 11 个部分，内容包括以下方面：

其一，摄影构图在摄影造型艺术中的意义。其二，摄影构图与绘画构图之异同。其三，关于摄影画面的面积分配概念。其四，利用摄影机各种镜头不同视野，产生不同的画面透视效果。其五，常规构图规律的运用：黄金分割律，构图和剪裁。其六，关于摄影画面的构成：a. 突出主体、利用陪体、前景和背景等问题，b. 全景、中景、近景和特写的运用，c. 对称、均衡和对比等构图原则的正确运用。其七，摄影画面的明暗度和色彩调子的处理。其八，空间感、立体感、质感——光与影的造型。其九，线条美、空间美和虚实美在构图与造型中的作用。其十，几种习惯常见的构图：三角形构图、高平远构图、S 形构图、对称形构图、斜对角线构图等。其十一，结语：关于借鉴与创新。❷

文稿中举了意大利摄影记者乔治·洛蒂 1973 年拍摄的《伟人周恩来》等作为案例分析，也有几处提到新闻摄影记者应如何根据现场情况进行构图、取景。但是，总体而言，整个文稿没有以新闻摄影为主要研究对象，研究的还是"摄影构图"问题。文稿最后也提到，"摄影是渗透到每个领域的一门图像信息学，重视她的表现方法是必要的"，但是该文稿只研究了"摄影造型"或"摄影构图"的共性，没有给予新闻摄影的基本特性和基本规律以应有的关注。

1988 年 11 月，广东省新闻摄影学会编印了《广东省新闻摄影论文初集》，李瑞淦和李茂兴任责任编辑。其中收入了李茂兴的《我国高等院校新闻摄影教育初探》一文，文中指出，"新闻系过去以培养文字记者为主，新闻摄影课，只成为兼顾的范畴，在教学上没有提到应有重视的地位。师资力量不足，教学要求和新闻单位摄影专业实际要求脱节。教师在摄影基础理论和技术传授方面，虽比较重视，但对于当摄影记者的职业特点，教师本身没有现身说法的经验传授，学生的专业思想，建立得不牢固。所以，毕业的学生，除了对摄影工作有特殊爱好者外，多数就不愿从事新闻单位的摄影工作"❸。文中还说："'文革'后，广州暨南

❶ 李茂兴. 摄影构图与绘图构图的异同//全国新闻摄影理论年会论文编辑组.1985 全国新闻摄影理论年会论文集.1985：158-162.

❷ 参见李茂兴的《摄影构图研究——摄影构图浅说》相关内容。该书为 1984 年 10 月整理稿，1987 年 12 月印，油印，16 开，共计 45 页。

❸ 李茂兴. 我国高等院校新闻摄影教育初探//广东省新闻摄影学会. 广东省新闻摄影论文初集. 1988：100-110.

大学复办，设立了新闻系，不少来自港澳及海外的学生，在学毕四年之后，回到港澳或侨居地，从事新闻工作，大多数都做到文字、摄影一手抓。暨南大学摄影教研室在现有条件下，因应实际需要，按照报社新闻单位对摄影记者工作要求，去进行教学和实习，使学生有较多机会受到锻炼（课堂教学和实习训练时数比例达到1：4）。在毕业前的实习汇报，不仅在文字报道方面取得成绩，而且在新闻摄影方面也冲得上去，具体说，有不少图片见报。有个别毕业生毕业论文，也以在港澳采访摄影新闻图片为主题。"❶

在"为当前我国高等院校新闻摄影教育进言"部分，李茂兴写道："当务之急必须改革目前高等院校新闻系或新闻专业的摄影教学内容，在条件许可的情况下，应有领导地编写统一教材……当前，把新闻摄影教学列为文科重点改革项目之一也十分必要，新闻摄影是实用学科，必须采取学以致用，边学、边练、边用，达到学了用得上，关键之处在于使摄影理论和技能、技巧能为社会主义新闻事业服务。在学四年的大学生，要自觉培养自己既有文字采写水平，也有摄影采访的本领。"他还设计了72个课时的"新闻摄影采访与编辑训练"课程，内容包括摄影采访（突发事件及社会新闻采访、新闻人物和典型人物报道及系列照片专题采访）、各类采访（工业、农业、外事、文化、夜景、体育和舞台摄影）和图片编辑（画刊、画报和画册）；还有"摄影艺术造型知识"课程，其中除了摄影构图与造型技巧，还包括新闻摄影名作欣赏、艺术摄影名作欣赏等。课程构思很好，恐怕最终难以落实那么多课时和教学内容。

1988年12月，在陕西户县（今西安市鄠邑区）召开的第三届全国新闻摄影理论年会上，我曾遇见李茂兴和他的儿子李理（《羊城晚报》摄影记者）。李理的论文《"中性论"——新闻摄影报道面的反思》收入了该届年会论文集《过程论与新闻摄影》。

再后来，曾任职新华社，有近十年摄影记者经历的陈喆调入暨南大学新闻与传播学院教授新闻摄影、图片编辑、视觉传播、广告摄影等课程。他编著的《新编基础摄影教程》（第二版），主要内容是照相机、镜头、感光片、曝光与测光、景深与对焦、摄影用光、闪光摄影、色彩基本原理、滤光镜、感光片冲洗、照片的制作、数码摄影系统、摄影特技等。❷

---

❶ 李茂兴. 我国高等院校新闻摄影教育初探//广东省新闻摄影学会. 广东省新闻摄影论文初集. 1988：105 - 106.

❷ 陈喆. 新编基础摄影教程. 2版. 广州：暨南大学出版社，2010.

综上所述，暨南大学的新闻摄影教育长期以来也是以讲授摄影技术技法为主的，因课时所限，他们对新闻摄影基本理论和新闻摄影采访与图片编辑等实务也都讲述不够。

二、改革开放 40 年来新闻摄影高等教育的发展

（一）1980—1990 "黄金时代"

1978—1984 年是我国新闻摄影高等教育的恢复期，复旦大学、暨南大学和中国人民大学等高校新闻学专业的课程安排相差不多。以中国人民大学为例，在 23 门必修课中，文化基础课占 54.6%，政治理论课占 21.5%，新闻专业课占 23.1%。新闻专业课一般分为新闻理论、新闻史和新闻业务三大类，新闻摄影、新闻采访、新闻写作、报纸编辑、新闻评论写作等课程共同组成"新闻业务"，目的在于培养摄影技术、图片拍摄和编辑等具体操作能力。

1. 艰难的起步——中国摄影高等教育的"黄埔一期"

考虑到 20 世纪 80 年代初的历史背景，回过头来公允地看，中国摄影家协会对摄影高等教育重要性、必要性的认识是十分清醒的，也采取了积极的推进举措，但他们能做的事情是有限的。1988 年 11 月，第四届全国摄影理论年会在厦门召开。时任中国摄影家协会副主席的黄翔在开幕词中说：（中华人民共和国成立后）国家相继成立了戏剧、电影、音乐、舞蹈等高等艺术院校，正规地培养各种艺术人才。但摄影（包括新闻摄影和艺术摄影）仍然依靠短期培训班来培养人才，这种状况一直到 80 年代才稍有改变。❶ 80 年代初，中国摄影家协会 1 700 名会员中❷，有高等教育学历的只占 28%，高中程度的占 43%，其余只有初中程度。这样一个知识结构，要全面提高摄影作品水平有相当大的难度。只有狠抓摄影教育，特别是创办高等摄影教育才能解决这个问题。❸

20 世纪 80 年代初起，中国摄影家协会会员徐肖冰、陈昌谦、袁毅平、陈淑芬等，摄影高等教育界的徐国兴、李德良❹等，以及罗小韵等人对摄影高等教育

---

❶　中国摄影家协会组联部. 中国摄影家协会一九八八年工作文件汇编. 摄影家通讯, 1988 (1)：85.

❷　这个数据应为截至 1984 年底的数据。

❸　同①85 - 86.

❹　原中国人民大学哲学系教师，曾任北京经济管理学院院长、中国人民大学一分校领导小组副组长（建校初期分校领导班子称为领导小组）和中国人民大学一分校校长兼党委书记。

的重要意义形成了高度共识，大家共同努力，各找门路，试图早日在高等院校设置摄影专业，但都没有结果。就在此时，北京经济管理学院（后成为中国人民大学一分校）成立，来自中国人民大学哲学系的李德良出任校长。经中国人民大学新闻系的徐国兴沟通联系，上述有识之士与李德良多次见面商议。之后李德良多次打报告申请要办摄影专修班，又多次跑北京市教育局，最终确定了招生名额和招生对象（年龄不超过40岁的摄影工作者），并分配到全国各省市和国家有关部门。社会反响十分热烈，共有300余人报名参加了考试，计划录取75人。

1983年3月，由中国摄影家协会组织入学考试，考试结束后，想要入学的人实在太多。在徐肖冰、陈昌谦、罗小韵的协调努力下，当时分管教育的北京市副市长白介夫答应"了解一下，协调一下"，最终保住了98名学生的入学资格。❶正式录取的98名学生来自全国各地，加上6位旁听生，共计104人，入学后分为两个班：一班班长是江志顺❷，党支部书记是丁红谱；二班班长是郑永泽，党支部书记是王振民。大家一起在位于崇文区（2010年并入东城区）夕照寺街14号（此前是北京市117中学）的校园上课，互相学习交流，还一起看展览，开阔眼界。

回头来看，40年前，有那么多人热心参与，想方设法，摄影高等教育才得以艰难起步，真是令人感慨感动！此外，当时正红火的"四月影会"对办成这个专修班也起了积极的推动作用，大家一起努力把这件事做成做好，都有一种对中国摄影未来发展的美好期待。

在回顾创办摄影专修班的过程时，李德良的一番话既令人感动，又发人深省。他说："大家确实做了一件功德无量的事。有些人搞摄影已经很有造诣了，也有一定名气了，但他没有学历，文化基础、科学理论差了些，所以就需要办这个摄影专业来进行系统的教育……所以就这么办起来了中国第一个摄影专业……我们说教育是不朽的事业，一个就是它培养了人，这个人创造了物质财富和精神财富。还有一个就是它体现了一种精神，一种人类向前发展的精神……一个搞教育的人，他莫大的欣慰就是他的学生对社会做出了贡献。"❸

---

❶ 参见《同学的我们——中国人民大学一分校83级摄影专修科30周年（1985—2015）毕业纪念》之"来龙去脉——人大一分校摄影专修班成立始末纪实采访"的内容（10～12页）。

❷ 江志顺（1945— ），四川省安岳县人。曾任解放军报社总编室高级记者、摄影组组长，少将军衔；中国摄影家协会理事，中国新闻摄影学会副会长。

❸ 参见《同学的我们——中国人民大学一分校83级摄影专修科30周年（1985—2015）毕业纪念》之"我们的人大一分校校长李德良"的内容（17页）。

我们一般把中国人民大学一分校 1983 级摄影专修班的创办认定为新闻摄影高等教育的起点，因为这个班的大多数学员在上学前后均在新闻单位从事新闻摄影工作。该班毕业生论文集《摄影艺术与美学》收入了 13 篇论文，包括杨佐桓❶论文《试论社会美与新闻摄影的关系》、侯贺良❷论文《关于摄影的艺术语言》等。该书"后记"中写道："撰稿者是多年从事摄影艺术创作，并积累了丰富创作经验的中青年同志，他们通过理论学习，对摄影艺术及美学理论勇于探索，颇有见地。"❸

为期两年的摄影高等教育和培养，对当时这些年轻摄影人的职业生涯具有重要意义。他们毕业后又回到全国各地开坛讲课，薪火相传，成为摄影"布道者"，对此后我国摄影事业的发展发挥了积极作用。

2. 20 世纪 80 年代中国摄影教育大事记

《中国摄影教育八十年代大事表（草案）》❹ 梳理了自 1980 年起我国摄影教育的 18 件大事，这里"拣重点"做一个介绍。

（1）第一期摄影讲习班。

1980 年 7 月 11 日—8 月 25 日，中国摄影家协会在北京大学举办了第一期摄影讲习班，这是中国摄影家协会自 1956 年成立以来的第一次。讲习班学员共计43 人，来自各省市自治区。学员年龄都在 40 岁以下，一般都有五年以上拍摄经验。北京高等院校摄影学会❺会员及中央直属机关工作人员 60 余人参加了旁听。

讲习班历时 45 天，有 33 人参加了讲授，包括摄影家吴印咸、黄翔、袁毅平和吴寅伯，文艺美术界人士冯牧、王朝闻、黄永玉、孙美兰、钱绍武、王春元等。讲习班的课程分为五大类：其一，文艺与政治、生活等的关系，讲授的目的是解放思想；其二，摄影技巧和技术；其三，专向拍摄（风光、静物等）经验；

---

❶ 杨佐桓（1947—　），广东省大埔县人。1983 年进入中国人民大学摄影专业学习，毕业后任中国新闻社摄影记者。中国摄影家协会会员，曾任中国华侨摄影学会副会长。

❷ 侯贺良（1953—　），山东省济南人。1983 年进入中国人民大学摄影专业学习。从事摄影工作 30 多年，高级记者，中国摄影艺术最高奖金像奖获得者。曾任山东省摄影家协会主席。著有《摄影的奥秘》（山东教育出版社）、《摄影作品鉴赏》（中国摄影出版社）、《空中看山东》（五洲传播出版社）等。

❸ 司有仑. 摄影艺术与美学. 辽宁：辽宁美术出版社，1987：后记.

❹ 中国摄影家协会组联部. 中国摄影家协会一九八八年工作文件汇编. 摄影家通讯，1988（1）：59-64.

❺ 北京高等院校摄影学会成立于 1980 年 5 月 13 日，是北京 20 多个高等院校中专门从事宣传摄影的工作者的联合组织，在教育部领导下，由中国摄影家协会指导开展工作。参见中国摄影家协会组联部. 中国摄影家协会一九八八年工作文件汇编. 摄影家通讯，1980（1）：45.

其四，美学及作品欣赏；其五，暗房技术。课程安排和课外辅导，主要依靠北京电影学院、中国人民大学新闻系、北京广播学院和新华社摄影部的协助解决。❶讲课内容最终汇编成三本书即《摄影技术与技法》《各种题材摄影研究》《摄影构图与表现方法》，由中国摄影出版社出版。讲习班结束后一些学员回到单位，又用这些教材在各省办巡回讲习班，进一步扩大了讲习班的教育成果。

现在看来，尽管讲习班的课程设置、师资力量配置都没有把"新闻摄影"放在应有的地位上，但对当时来自新闻摄影工作岗位的学员而言，他们确实接受了前所未有的"高等"教育，对此后学员思维方式的变革、审美与文化素养以及摄影技艺等的提高，发挥了难以估量的作用。

（2）第二期摄影讲习班。

1981 年 9 月 15 日—10 月 30 日，中国摄影家协会和福建分会联合举办的全国第二期摄影讲习班在厦门鼓浪屿和福州马尾举办❷，也是历时 45 天，学员 80余人，均有一定创作经验，年龄不超过 40 岁；另有 100 余人旁听。

与第一期摄影讲习班相比，这次讲习班的课程有如下特点：其一，更加专注于摄影，所有课程均是摄影方面的内容。其二，技术技法讲得很细，内容也丰富。其三，增加了大量新闻摄影或与新闻摄影紧密相关的内容，包括新闻摄影、农业摄影、工业摄影、生活摄影、抓拍技术等。这一期讲习班的教学内容后来选编成集，书名是《摄影创作实践》（徐国兴编），1983 年 8 月由中国摄影出版社出版。其四，请了许多高等院校的摄影教师授课，包括中国人民大学新闻系摄影教研室的徐国兴、北京广播学院（现中国传媒大学）的朱羽君、北京电影学院的吕国庆等。其五，请了长期从事新闻摄影工作的知名摄影记者授课，包括新华社摄影记者孙忠靖、李基禄、杨溥涛和《人民画报》摄影记者茹遂初、何世尧，以及老一辈摄影家、时任《中国乡镇企业报》摄影部主任的狄源沧等。

（3）两年制摄影大专班在各地兴办。

前面提到，1983 年中国摄影家协会委托中国人民大学一分校（1985 年改为北京联合大学经济管理学院，1990 年并入北京工业大学）开办有大专文凭的两年制摄影干部专修班，从此我国才有了摄影高等教育。同年，中国摄影家协会还

---

❶ 中国摄影家协会举办第一期摄影讲习班结业. 摄影家通讯，1980（2）：9-10.

❷ 换地方是因为在鼓浪屿上课时，学员集体食物中毒，半个班的学员拉肚子。参见《同学的我们——中国人民大学一分校 83 级摄影专修科 30 周年（1985—2015）毕业纪念》之"来龙去脉——人大一分校摄影专修班成立始末纪实采访"的内容。

委托中央工艺美术学院（现清华大学美术学院）办了一年制的摄影干部培训班，招收 20 名学生。❶

1984 年 9 月，中国摄影家协会与当时的江西大学新闻系（现南昌大学新闻与传播学院）共同举办的摄影干部专修科开学，学制两年，共招收 94 名学生。该班共开设 21 门课程，其中摄影专业课程有摄影技术、摄影学概论、摄影创作基础、摄影美学、造型艺术作品欣赏、彩色暗房工艺等。此外，还请来复旦大学新闻系舒宗侨教授讲授"摄影史"。从课程体系和教师组成来看，江西大学新闻系所办的摄影大专班明显侧重新闻摄影方向。

与此同时，中国摄影家协会举办的中国摄影函授学院成立，建立了院务委员会并开始招收第一期学生，学制一年，没有学历，在全国共招收了 29 000 名学员，可见当时摄影教育的需求是多么大。为了完成教学，学院聘请了 280 多名兼职教师，出版《摄影函授教材》12 期，录制录像摄影教材 16 套。学习结束后，70％以上学员结业，并有 300 人获得优秀学员称号，选编出版了《当代摄影求索》学员论文集和《首届学员摄影作品选》。❷

1985 年 9 月，25 名两年制摄影专修科（大专）学员入读中国人民大学新闻系。1985 级新闻摄影干部专修班是该校历史上唯一的大专学历新闻摄影专修班，课程设置包括外语、政治、文化基础课、新闻学专业课和新闻摄影专业课。其中新闻摄影专业课包括摄影技术、摄影造型技巧、摄影采访和图片编辑、摄影专题等，较为完整和系统。这样的课程设置在此前的新闻摄影教育中是没有过的，可以说是新闻摄影专业教育的一次探索。

1985 年还有 8 所高校招收了摄影专业专科生：中国人民大学一分校面向应届高中毕业生招收 40 名广告摄影专科生，学制三年；江西大学新闻系举办第二期摄影干部专修班，招收学员 76 名，学制两年；鲁迅美术学院摄影系招收摄影艺术专修科学员 76 名，学制两年；武汉大学招收摄影艺术专修科学员 60 名，学制两年；南京师范大学招收摄影艺术专修科学员 60 名，学制两年；重庆师范学院招收摄影艺术专修科学员 60 名，学制两年；汕头大学招收摄影艺术专修科学员 30 名，学制两年；哈尔滨师范大学招收摄影艺术专修科学员 20 名，学制两年。

---

❶ 中国摄影家协会组联部.中国摄影家协会一九八八年工作文件汇编.摄影家通讯，1988（1）：47.

❷ 同①60.

（4）新闻摄影本科教育："昙花一现"却"影响深远"。

1985 年我国出现了摄影高等教育蓬勃发展的第一次高潮——中国人民大学新闻系新闻摄影专业恢复招生。当年 9 月，除了前述 25 名两年制摄影专修科（大专）学员入学外，还有 31 名四年制新闻摄影专业本科生，以及全国首届新闻学专业新闻摄影研究方向的硕士研究生黄少华和舒元成入学。

1985 年 9 月入学的新闻摄影专业本科生共计 31 人，均为北京生源，其中 29 人是为新华社摄影部委托培养的。1989 年 7 月，上述学生作为改革开放后我国高校培养的第一批新闻摄影专业本科毕业生步入中国新闻摄影界，从此改变了我国新闻摄影队伍特别是新华社新闻摄影队伍的组成结构（毕业后有 15 人入职新华社摄影部，在新华社不同工作岗位上成长为业务骨干）。这些人尽管数量不多，这段历史也十分短暂，但他们入职后所创造的辉煌必将载入中国新闻摄影教育史、中国新闻摄影史乃至中国新闻史。

1985 年 9 月，中国人民大学新闻系为中央电视台定向委培的 30 名广播电视新闻专业本科生入学，从而开启了中国人民大学新闻系广播电视新闻专业招生的历史。该班共计有 34 名学生，定向委培的学生均来自北京，毕业后绝大多数进入中央电视台工作。

1986 年 9 月，中国人民大学新闻系新闻摄影专业招收的 28 名新闻摄影专业四年制本科生入学。他们于 1990 年 7 月毕业后，大多数进入新闻媒体工作。

1986 年 9 月，南京大学中文系受江苏高等院校摄影学会委托招收的 49 名新闻摄影专修科学员入学，学制三年。❶

1988 年 7 月，中国人民大学招收的两名新闻学专业新闻摄影方向硕士研究生黄少华和舒元成毕业。国际关系学院委托培养的黄少华继续回到该院国际新闻系任教，教授新闻摄影专业课程。后来他又赴美国攻读了艺术（摄影）硕士和传播学博士学位，之后一直在美国高校从事视觉传播、新闻摄影、视频制作、新媒体传播等课程的教学工作。舒元成长期在中国新闻社摄影部工作，后移居香港，一直在报社等新闻媒体工作直至退休，于 2018 年 10 月 1 日在香港家中病故。

1988 年 9 月，中国人民大学新闻系新闻摄影专业面向全国招收的 29 名四年

---

❶ 中国摄影家协会组联部. 中国摄影家协会一九八八年工作文件汇编. 摄影家通讯，1988 (1)：63.

制本科生入学。他们是我国高等院校新闻传播学学科培养的最后一批新闻摄影专业本科生。

30 年后，前述连续三届新闻摄影专业本科毕业生大部分已成为中国新闻摄影界的重要力量。这也证明了系统的新闻摄影本科高等教育对于优秀新闻摄影工作者的成长具有重要意义。

遗憾的是，1988 年之后，教育部取消了新闻摄影本科专业设置。此后，中国人民大学新闻学院曾在新闻学专业下设置新闻摄影方向，继续培养新闻摄影专门人才。数字摄影时代，为顺应新技术发展，2009—2010 学年，人大新闻摄影方向新增了"视频与短片制作"等课程。这些新闻摄影方向的毕业生也已在摄影界小有名气，在学界和业界具有一定的影响力，但"成批量"的新闻摄影专门人才很难涌现出来了。

目前，一些艺术类院校的摄影院系或艺术类摄影专业也会开设一两门新闻摄影专业课程，但由于我国高等教育艺术类招生长期以来都对文化基础"降格以求"，致使艺术类摄影专业的学生很难具备新闻采访、编辑、写作等专业素养，也就难以把握新闻摄影这一"图文结合的新闻信息传播方式"，很难成为综合素质和文化素质高、专业能力强的新闻摄影工作者。

（5）中国摄影家协会多次召开全国摄影教育工作会议。

中国摄影学会（中国摄影家协会前身）自 1956 年 12 月成立之日起，始终重视新闻摄影高等教育。1985 年 1 月 16 日—19 日，由中国摄影家协会主持，第一次全国摄影教育工作座谈会在广东省珠海市召开。会议讨论了近两年来普及的摄影教学向高等摄影教育发展的情况和趋势、中国摄影函授学院的教学方针和方法，以及各省市自治区设立函授辅导站的具体措施。会议还提出了成立全国摄影教育委员会和高等院校摄影教育协助组的建议，以及开办高等摄影教育师资培训班的方案。❶

1985 年 11 月，中国人民大学一分校和中国摄影家协会联合在北京召开了第一次全国高等摄影教育协作会议。全国十多所院校派代表参加，会议交流了情况，并就师资、教材及相互协作等问题进行了研究。❷

1986 年 8 月，第二次全国摄影教育座谈会在北京香山举行。会议决定编辑出

---

❶ 金瑟. 全国摄影教育工作座谈会在广东省珠海市召开. 大众摄影，1985（3）：13.

❷ 中国摄影家协会组联部. 中国摄影家协会一九八八年工作文件汇编. 摄影家通讯，1988（1）：62.

版全国高校摄影系科学生论文集和作品集，筹办全国高校摄影系科学生作品展。代表们认为今后高等院校将发展本科的专修科，成人摄影教育将着重由函授、夜大和电大来承担。❶

1988 年 8 月，第三次全国摄影教育工作会议在山东牟平养马岛召开。《第三次全国摄影教育工作会议纪要》中指出，摄影教育八年来（1980—1988）的发展成果显著，但也存在一系列问题，比如教材老化、缺乏权威性，师资薄弱、难以保证教学体系的系统与完整，生源质量问题，缺乏必要的教学器材与设施，过分追求经济效益、收费越来越高等。❷ 总之，摄影教育事业在蓬勃发展中潜伏着危机。代表们认为，把提高质量作为中心环节来抓，在巩固中求得提高与发展，是我国摄影教育面临的迫切任务。❸

1988 年 11 月，第四届全国摄影理论年会在厦门召开。黄翔致开幕词，其中的"新时期十年的摄影艺术"部分第四点就是"方兴未艾的摄影教育"。他回顾了 1980 年后我国高等摄影教育艰难探索的历程并指出，"我们希望能够创造条件建立一所中国摄影学院，成为我国摄影教育的最高学府……总之，今后十年的摄影创作能否繁荣，主要取决于摄影教育工作，希望摄影界和教育界能组织一个常设机构，从事摄影教育的规划，把这项工作推向前进"❹。

令人遗憾的是，老一代摄影家们的清醒认识和真诚愿望长期无人问津，至今仍然被忽视。总体而言，在高等摄影教育规划和发展方面，摄影界十分被动，教育界自说自话，尤其是新闻摄影高等教育，与 20 世纪 80 年代相比，只能用"今不如昔"来概括。

（6）石少华的努力。

中国摄影家协会第一、二、四届主席石少华是中国共产党领导的新闻摄影事业的先驱。他曾任冀中军区摄影科科长兼摄影训练队队长，在抗日战争和解放战争时期为我国军队培养了一批摄影骨干。❺

中华人民共和国成立后，石少华也一直是我国新闻摄影教育事业的大力推动

---

❶ 第二次全国摄影教育座谈会在北京召开．大众摄影，1986（11）：16.

❷ 中国摄影家协会组联部．中国摄影家协会一九八八年工作文件汇编．摄影家通讯，1988（1）：65 - 70.

❸ 同②68 - 69.

❹ 同②87.

❺ 石少华．积极推动新闻摄影高等教育的创建与发展．人民摄影，2018 - 12 - 19（5）．周邓燕．石少华的摄影实践：1932—1945 年的创作与理论探索．人民摄影，2018 - 12 - 19（4）.

者。1956 年 12 月，中国摄影学会在北京成立。如前所述，中国摄影学会第一届理事会第一次会议当选为理事会主席的石少华在中国摄影学会成立大会上作了题为《组织起来，为繁荣我国的摄影艺术创作而努力!》的报告，明确提出，"我们要注意协助有关单位培养摄影事业的新生力量，组织会员对业余摄影团体进行辅导、到大学的摄影专业去讲课"❶。

在 1958 年为《大众摄影》创刊号所写的《让人民的摄影事业遍地开花结果》一文中，他满怀期待地提到，"人民大学新闻系和北京大学新闻专业合并之后，将设立一个新闻摄影专业，以便有计划地培养新闻摄影人才"❷。

1960 年 7 月 30 日，在中国摄影学会第二次会员代表大会上，石少华作了题为《争取我国摄影艺术的更大繁荣》的报告，他指出，"在培养摄影人才方面。根据过去的经验，举办短期训练班和在高等学校设立摄影专业都是好办法。然而，我们也要看到，训练班时间短，只能培养出初级摄影人才，供有关部门急需之用；而少数高等学校摄影专业招收新生的名额又有限，很难满足客观形势需要。为了解决这个问题，除了继续采用以上两种办法，还应设立专业的摄影学校，培养又红又专的摄影干部，另外，也要有计划、有步骤地对现有的摄影工作者进行轮训予以深造"❸。

1985 年 5 月 23 日，在由中国老年摄影学会、北京市摄影家协会、北京市劳动人民文化宫联合举办的"摄影艺术进修班"结业典礼上的讲话中，石少华指出，"这次举办'摄影艺术进修班'也是为了今后进一步开展摄影教育工作积累经验，准备师资力量。我们决心通过不断的努力，不断的探索，争取将来建立正式的摄影学院……（中国）应该有一所或更多所培养摄影人才的学院，以填补我国大专院校的空白，为年轻人提供系统地学习摄影艺术的机会，逐步改变我国摄影队伍的知识构成，提高摄影艺术的创作水平"❹。

1985 年 9 月 1 日，在《致天子山摄影艺术学院》的信中，他再次提出，"你们拟聘请我担任学院的名誉院长职务，经过认真考虑后，我同意。因为目前摄影教育事业还处于初创阶段，把这项工作办好，对摄影事业的发展，确有深远影

---

❶ 石少华. 摄影理论与实践. 北京：新华出版社，1982：231.
❷ 同①241.
❸ 同①268.
❹ 石少华. "摄影艺术进修班"结业典礼上的讲话//石少华. 摄影工作散论. 北京：新华出版社，1998：184-185.

响，所以我愿意贡献自己微薄的力量"❶。在这封信中，他还就学院长远规划与建设目标、校园建设、教材等提出了具体建议。

石少华晚年将"石少华中国摄影教育奖学金"设立在中国人民大学新闻学院，希望鼓励青年学生投身摄影实践和摄影理论研究，以推动中国摄影教育事业的发展。在石少华儿子石志民和中国人民大学新闻学院的共同努力下，"石少华中国摄影教育奖学金"的评奖范围进一步扩展，建立了"石少华中国新闻摄影学术奖"，用以奖励对中国新闻摄影事业的发展做出推动的学者、教育工作者以及新闻摄影工作者，同时也鼓励青年学生对新闻摄影展开探索。

（7）蒋齐生的努力。

蒋齐生一直关注高等院校新闻院系的新闻摄影理论研究，除了关心、关爱教授新闻摄影课程的教师，还十分看重新闻专业学生的新闻摄影理论研究成果。

1988年起，全国高等教育自学考试指导委员会新闻专业委员会开始组织《新闻摄影自学考试大纲》（彭国平主编，武汉大学出版社，1990年9月）和《新闻摄影》（彭国平主编，武汉大学出版社，1996年7月）的编写，蒋齐生被聘请为主审。正是在蒋老的主导下，由彭国平主编的《新闻摄影》在体例上有了重大突破——不再是单一的"摄影技术教材"，而是由技术部分和理论部分共同组成。后由我编写的《新闻摄影教程》（盛希贵编著，中国人民大学出版社）第一版（1999年）和第二版（2003年）又向前推进了一步，上编是"新闻摄影理论"，下编是"新闻摄影技术"。《新闻摄影教程》第三版（2009年）、第四版（2013年），又将教材分为新闻摄影理论、新闻摄影实务和新闻摄影技术三个部分。

由于《新闻摄影自学考试大纲》和《新闻摄影》教材的四位编写组成员❷只有我一人在北京工作，我成了代表编写组和蒋老保持联系的"线人"，曾先后去过他家里几次。最后两次去蒋老家里时，他已经坐在了轮椅上，说话很吃力。可是，他还是努力地与我交谈，关心教材编写组的情况、书稿写作的进度。

在《论蒋齐生：蒋齐生新闻摄影理论研讨会文集》中，四川大学新闻学院教师吴建《往来书信亦师长》一文写道："我与蒋齐生先生素不相识，时至今日也

---

❶ 石少华. 十多亿人口的中国应该有自己的摄影艺术学院//石少华. 摄影工作散论. 北京：新华出版社，1998：203.

❷ 我国第一本新闻摄影高等教育统编教材、全国高等教育自学考试教材《新闻摄影》编写组成员共计4人：主编彭国平，江西大学新闻系教授；陈书泉，四川大学新闻专业副教授；郭本初，郑州大学新闻系副教授；盛希贵，中国人民大学新闻学院讲师。

未谋一面，但这丝毫不影响我对蒋先生的崇敬之心，不影响我对蒋先生新闻摄影理论的接受和应用，也不影响蒋先生关心帮助我这后学的拳拳之心。"❶ 从该文公布的几封书信中，可以看出一位"体力不济"的多病老人对新闻摄影高等教育的勉励支持和对一位新闻摄影教育工作者的关爱、期望、鼓励、提携和指点。

在给吴建的信中，蒋齐生还建议他学习美国密苏里大学新闻学院的摄影教学方法："他们培训摄影记者的方法重点是采访实践……理论部分很简明扼要，要真实纪实，表现人物的心态、情态，要用抓拍法，要拍系列照片，要讲报道的深度，主要是在两天内完成报道专题，拍 10 个胶卷，然后自己选片、编版、写出说明和标题——把你的采访见闻与心得，你想告诉读者的事情与观点、看法都用照片去表现出来。这同我们的传统不大一样。我们的传统是节约胶卷，把事情用单幅照片报道出来。抓拍的功夫不过硬，就依赖于导演摆布……不会用系列片来报道新闻故事……你能否在教学中大胆地试用一下美国方法？强调用系列片说话……使他在拍摄照片时就想到他的照片如何见报，如何使读者从他的照片了解他的报道及意图。"❷

蒋老如此细致地为一位大学新闻摄影教师提出具体的教学建议，一方面体现了他对新闻摄影课程的关心和焦虑，另一方面也体现了他对高校新闻摄影教师的关怀。

（8）郑景康的努力。

除了石少华和蒋齐生，还有一位摄影家、摄影理论家和摄影教育家为我国新闻摄影人才的培养做出了卓越贡献，他就是郑景康。❸

1940 年底，郑景康到重庆八路军办事处见到周恩来，由周恩来介绍他前往延安，进入八路军总政治部担任摄影师。郑景康当时在延安是唯一的专职摄影师，他和吴印咸、徐肖冰、程默不同，后几位主要是拍摄电影，兼搞摄影。他在

---

❶ 吴建. 往来书信亦师长//中国新闻摄影学会. 论蒋齐生：蒋齐生新闻摄影理论研讨会文集. 北京：新华出版社，1997：215.

❷ 同①221.

❸ 郑景康（1904—1978），广东香山县（今中山市）人。20 世纪中国最著名的新闻摄影记者之一。中国摄影学会（中国摄影家协会前身）第一、二届常务理事。著有《景康摄影集》（上海人民美术出版社，1958 年 4 月）、《摄影讲座》等。1923 年就读上海美术专科学校，兼习摄影，1929 年到上海柯达公司服务处工作，成为专业摄影工作者。1930—1931 年在香港开设"景康摄影室"。1934 年在北平举办个人摄影作品展览，是中国较早举办个人影展的摄影家。1940 年底赴延安，在八路军总政治部、宣传部等单位工作，拍摄了大量反映党中央和边区军民革命斗争、生产建设的珍贵照片。中华人民共和国成立后，历任中央人民政府新闻总署新闻摄影局研究室主任、新华通讯社人像室主任、摄影部特派记者、研究员，中国摄影学会常务理事等职。

延安五年间，拍摄了毛泽东、朱德、周恩来等中共领导人的活动，还担任摄影新闻社和摄影研究小组的负责人。

1942年起，郑景康在延安开办摄影训练班。他编写摄影讲义，担任摄影研究小组的指导和培训工作，培养了一批革命摄影工作者。同年，他作为摄影界代表参加了延安文艺座谈会，在会上发表了关于开展抗日民主根据地摄影工作等的重要意见。抗日战争胜利后，郑景康前往晋察冀、山东、东北解放区工作，先后在《晋察冀画报》《山东画报》《东北画报》担任摄影记者，曾任晋察冀画报社摄影科副科长、东北画报社摄影部主任等职务。同时他也开办摄影训练班，培养了大批战地摄影记者。

1949年中华人民共和国成立后，郑景康在从事摄影创作的同时，还在新华社和全国各地举办新闻摄影训练班，培训摄影记者。1957年3月，北京举办了郑景康个人影展，这也是中华人民共和国成立后举办的第一次个人影展，对我国摄影艺术创作起到了推动作用。

（二）20世纪90年代新闻摄影高等教育课程体系的构建

从1992年开始，各地的电台、电视台都在增加频道，报刊等纸媒都在扩版，一大批报业集团也在这一时期组建，市场化成了新闻媒体的主要发展方向。业界的这些变革对新闻摄影教育提出了更高的要求，也在一定程度上促进了新闻摄影课程体系的初步建立和学科建设的逐渐完善。新闻摄影教育导入了传播学；新闻摄影学的研究也有了更加开阔的视野，改变了从前单纯从新闻业务角度看新闻摄影的局面；视觉传播与新闻摄影开始交叉融合；与新闻摄影相关的教材和著述内容更加丰富。

20世纪80年代末至90年代，南昌大学副教授袁雍文曾在江西大学新闻系开设新闻摄影理论课程。1997年，袁雍文在《蒋齐生的突出贡献及其新闻理论在我国高校的运用》中说："从1988年起在江西大学（1993年与江西工业大学合并为南昌大学）新闻系开出了新闻摄影理论新课。新闻摄影理论的教学框架，由'新闻摄影史论''新闻摄影的定义、特性、基本规律与实践要求''新闻摄影的形象观察与形象思维''新闻摄影的根本技法'等章节组成。每年根据新闻摄影的发展形势补充新的教学内容。"❶

---

❶ 袁雍文. 蒋齐生的突出贡献及其新闻理论在我国高校的运用//中国新闻摄影学会. 论蒋齐生：蒋齐生新闻摄影理论研讨会文集. 北京：新华出版社，1997：195.

"通过多年新闻摄影理论课教学实践，我先后从四届新闻学专业本科生和三届摄影专业专科生的试卷和口头调查中看到，与往届未将新闻摄影理论放在一个独立的重要位置上教学的效果相比，学生在认识上有两点显著提高：一是能从宏观上充分认识到新闻摄影对于新闻事业发展的重要性；二是能够领会到新闻摄影工作之所以是充满魅力与艰巨性的崇高事业，完全在于它具有反映现实、推动现实与保留现实的特性和社会功能，以及它无法超越时空的限制，来不得半点虚假。"❶

袁雍文总结说："社会主义市场经济体制的确立和不断完善，新闻事业的发展，对高等新闻教育提出了新的要求。为实现上述目标，大学新闻教育有着不可推卸的责任与义务。新闻教育要培养文字与摄影'两手硬'，新闻意识健全的新型人才，我以为新闻摄影教学改革'首当其冲'，而以蒋齐生同志的新闻摄影理论研究成果为指导，加强高校新闻摄影理论教学，无疑是新闻教育改革的重要一环。"❷

1996 年 7 月，前述 1987 年起由江西大学新闻系彭国平、四川大学新闻专业陈书泉、郑州大学新闻系郭本初和笔者组成的编写组，历经 10 年编写的摄影高等教育自学考试教材《新闻摄影》出版（彭国平主编）。这是我国第一本统编教材，将新闻摄影分为技术部分和理论部分，构成了完整的新闻摄影课程体系。理论部分共有六章：新闻摄影的定义、特性及其优势；新闻摄影在报纸上的地位与作用；新闻照片的主题与题材；新闻照片的表现形式；形象采访与现场抓拍；新闻摄影记者的修养。

1997 年，我撰写的《摄影与视觉传播》系列文章在《人民摄影报》连载发表。文章回顾了人类视觉传播发展的历程，总结了"摄影对人类视觉传播的巨大贡献"，指出"视觉是共享和参与某种感受和经验"，还探讨了"视读能力的提高与摄影的拍摄""黑白照片的信息量储存在哪里""摄影与时间""摄影与空间""摄影图片如何表现情节"等问题。这是国内研究者首次将摄影研究与视觉传播原理相结合。此后，我在中国人民大学新闻学院为硕士研究生开设了视觉传播研究课程，拓展了"新闻摄影研究"的范畴。

2003 年，中国人民大学出版社推出《新闻摄影教程》（第二版），"新闻摄影

---

❶ 袁雍文. 蒋齐生的突出贡献及其新闻理论在我国高校的运用//中国新闻摄影学会. 论蒋齐生：蒋齐生新闻摄影理论研讨会文集. 北京：新华出版社，1997：196.

❷ 同①197－198.

理论"部分有十个章节，其中"图片编辑"单独列为一章，增加了"新闻摄影的体裁及文字说明的写作"和"新闻摄影与道德、法律问题"两章，新闻摄影理论体系进一步完善。2009 年，中国人民大学出版社出版的《新闻摄影教程》（第三版）分为"新闻摄影理论""新闻摄影实务""新闻摄影技术"三个部分，其中"新闻摄影理论"部分共六章：视知觉理论和视觉教养；新闻摄影工作概论；真实是新闻摄影的生命；新闻摄影工作者的职业道德；涉及法律的相关问题；新闻摄影简史。2013 年，中国人民大学出版社出版的《新闻摄影教程》（第四版）也分为"新闻摄影理论""新闻摄影实务""新闻摄影技术"三个部分。"新闻摄影理论"部分共计五章：视知觉理论和视觉教养；新闻摄影工作概论；新闻摄影的真实性原则；新闻摄影工作者的职业道德；涉及法律的相关问题。摄影史作为附录。

将新闻摄影纳入视觉传播的范畴进行研究，顺应新媒体的发展，是中国人民大学版《新闻摄影教程》的特色，也体现了该校新闻摄影课程理论框架结构的不断完善及内容创新。

（三）进入 21 世纪：迟滞不前，严重缺位

1. 教学与研究进一步完善

进入 21 世纪，新闻摄影高等教育面临着挑战。一方面，大众传播媒介对懂摄影图片、鉴赏能力强、善于运用摄影图像和文字相结合进行有效信息传播的高水平人才如专职图片编辑、摄影总监、视觉总监等有大量需求；另一方面，高等院校培养的艺术类摄影专业毕业生因文化水平和新闻知识的局限而拍摄水平不高，表达能力欠佳，对"传播"缺乏正确的认识和理解，难以满足摄影传播工作的要求。这一时期的新闻摄影教育未能与新闻摄影实践同步发展。

2003 年，曾璜、任悦编著的《图片编辑手册》将"图片编辑"作为一个独立的学科进行了专门的、系统的研究和详细阐述，并涉及图片库、图片市场等新闻摄影产业化链条。❶ 2004 年，浙江摄影出版社推出的《报道摄影》一书从国际报道摄影格局来审视报道摄影，主要内容包括：从新闻摄影到报道摄影；报道摄影的题材、体裁和分类；报道摄影的技术和技法；图片说明写作；图片编辑的基本知识；图片传播和图片市场；与报道摄影有关的法律问题；报道摄影的未来。❷

❶ 曾璜，任悦. 图片编辑手册. 北京：中国摄影出版社，2003.
❷ 曾璜. 报道摄影. 杭州：浙江摄影出版社，2004.

2006 年，李培林编著的《现代新闻摄影——博弈图像时代》，涉及了"多元的图片报道方式"，包括新闻漫画、新闻图表、报纸插图等，以及"数字化的新闻图片传播"和"网络时代的新闻图片传播"等内容。❶

在新闻摄影高等教育教学方面，可将我国高校新闻摄影教育分为以下几种模式：

（1）摄影基础教育模式。受新闻摄影是艺术摄影重要部分这一观念的影响，新闻摄影只讲摄影器材、拍摄技术、构图用光、暗室冲洗等内容。

（2）摄影基础加新闻摄影理论模式。主要讲授摄影基础知识，再加上部分新闻摄影理论，但两者没有有机结合。

（3）新闻摄影系统教育模式。将摄影技术技法与新闻摄影实践有机结合，以培养新闻摄影实务能力为重点，并注重摄影史和新闻摄影理论教学。

毋庸置疑，第三种模式是合理的，应成为新闻摄影高等教育的发展方向。完善的新闻摄影学科体系应包括新闻摄影技术、新闻摄影实务、新闻摄影史和新闻摄影理论。在课程设置上，除了文化基础知识，还应该包括新闻学、传播学基础知识，摄影专业知识，文学、历史及新兴交叉学科知识三个部分。

2005 年，中国人民大学新闻学院设立了视觉传播研究方向，拓宽了新闻摄影教育的研究领域和范围。视觉传播是大众传播范畴的重要概念，是传播媒介不断向视觉化发展的必然产物。

2. 张蔚飞之问：谁该对新闻摄影高等教育严重滞后担责？

2002 年 3 月，在首届全国新闻图片编辑研讨会上，原《人民日报》高级编辑、曾任人民日报社华东分社摄影主管和图片网络中心主任的张蔚飞提出过这样的问题："摄影部主任和图片总监两个角色能否由同一个人担当起来？如果不由一个人来担当，那么图片总监与摄影部主任之间的关系、职责又该如何界定？如设专职图片总监，这个人选是由文字记者（文字编辑）来担当，还是从摄影记者中产生更为合适？"❷

2006 年，图片总监开始在报界走红，甚至出现了高薪争夺优秀图片总监的故事。可是，合格的图片总监却很少，优秀的更是凤毛麟角，于是，张蔚飞又提出了"图片总监何处寻"的问题。他呼吁新闻院校的师长们："不要再将新闻摄

---

❶ 李培林 . 现代新闻摄影：博弈图像时代 . 南京：南京师范大学出版社，2006.
❷ 张蔚飞 . 我所理解的新闻摄影 . 上海：复旦大学出版社，2007：37.

影作为选修课了，而是列为必修课，并有意识地多培养一些以新闻摄影为研究方向的学生，让这些学生在学校求学期间就将'新闻摄影'整明白，这样一出校门就能担当起摄影记者或图片总监。——我对银川会议 16 年来'图文并重，两翼齐飞'的办报理念为什么只在报界转悠，就是闪不进新闻院校大门这个问题始终不解。"❶

2006 年 8 月 11 日，张蔚飞在《中国摄影报》上发表了《问责新闻教育——银川会议 16 年来新闻摄影徘徊现状之我见》一文，指出："正是我们忽视了新闻院校在新闻摄影改革中的重要作用，才造成了今天任凭报界如何努力也踟蹰不前的局面……与报界 16 年来的不懈努力相比，我国新闻院校则表现出对新闻摄影教育的重视不够，改革力度不够，与办报实践接轨不够等多方面的毛病……新闻教育难道可以漠视十多年来我国新闻摄影在办报（网、刊）中的巨大变化，而依然踱着自己的方步？难道看着自己的毕业生不能适应办报（网、刊）实际而无动于衷？"❷

张蔚飞用"两个剪刀差"来描述"由于新闻院校在办学指导思想上的'重文轻图'而造成的"我国媒体的现实困境：

"一是活跃在一线的摄影记者各个身手矫健，苦活累活冲在前，每天把大量鲜活的新闻照片送到编辑部，但他们在政治把关、新闻判断、文字表述等新闻业务素养方面存在着明显的差距；而活跃在采访一线的文字记者呢，虽然他们拼着扎实的新闻业务功底，写出了不少好作品，但要他们拍一张新闻照片，哪怕是配图照片，也只能停留在'咔嚓'一下的水准上，毫无新闻摄影应有的表现力可言。二是一方面每年新闻院校的毕业生中有不少人找不到合适的岗位，另一方面报社却把较多的摄影记者岗位让给了没有经过正规新闻院校培训的人。

"这让文字和摄影在办报实践中难以融为一个整体，既滞后了新闻摄影前进的步伐，也从整体上影响了报纸（网、刊）新闻的有效传播……深层次的问题在于：新闻教育中新闻摄影课程短腿的问题，将会造成老总等媒体高层在制定办报（网、刊）方针时对新闻摄影的忽视……让老总建立起新闻摄影意识得从学校抓起。"❸

然而，现实就是这样充满讽刺意味，与 20 世纪 80 年代相比，我国新闻摄影

---

❶　张蔚飞. 我所理解的新闻摄影. 上海：复旦大学出版社，2007：37 - 38.

❷　同①90.

❸　同①90 - 91.

高等教育最近 30 年止步不前，甚至是在倒退。直到今天，我国的近千个新闻传播院系（专业）又有哪个能回答得了或经受得起张蔚飞的责问？

3. 消失在风中的"三声呐喊"

早在 2003 年 9 月，我就在《让更多的摄影记者登上世界舞台——对我国摄影记者素质教育的思考》一文中呼吁"改进新闻传播类高等教育专业设置、课程设置"❶。我在文中指出，摄影队伍建设的核心是人才培养，现代化人才培养的主要途径是教育。应当把摄影教育尤其是高等摄影教育摆在优先发展的战略地位。但目前的高等摄影教育处于十分尴尬的地位：第一，教师人员老且少；学生选拔难；课程设置不尽合理。第二，新闻传播行业对摄影专门人才尤其是图片编辑和摄影总监的需求在增加，但我国高等院校专业目录中却只有艺术类的摄影专业，而没有新闻摄影专业或传播摄影专业。第三，摄影界高谈阔论高等摄影教育者众，真正采取有力措施，付诸实际行动者寡。第四，"图文并重，两翼齐飞"的办报思想已提出并实践了十几年，"读图时代"已然来临，我们培养的人才没有做到"两翼齐飞"。摄影教育界在做什么？新闻教育界在做什么？面对传播全球化的发展趋势，什么样的传播人才能适应媒体发展的需要？目前，这些问题还没有得到应有的重视和研究。

我提出的建议如下：高等摄影教育人才的选拔应当更加看重综合素质，尤其是文化水平、外语水平。在特殊素质方面，应当注重视觉判断能力、理解能力、摄影语言的把握能力、表达能力和沟通交流能力的考核。选拔符合上述条件的优秀人才，加以全面培养，素质与能力并重，动手能力与理论素养并重，创新能力与表达能力、传播能力并重，才能培养符合传播全球化要求的合格人才。为此具体建议：第一，设新闻摄影专业第二学士学位，招收外语专业本科毕业生攻读新闻摄影第二学士学位，使毕业生"多专多能"。第二，增加外语课程，采访、写作课程率先实现"双语教学"。第三，顺应传媒视觉化、传媒一体化的发展趋势，增加视觉传播课程和影像传播课程，培养复合型人才。第四，制订短期培训计划，全面加强在职新闻摄影队伍文化素质教育和外语培训，以适应国际采访和交流的需要。上述方案，均离不开高水平的师资队伍建设。❷

2011 年 1 月 7 日，《中国摄影报》发表了我写的另一篇文章《今不如昔的新

---

❶ 盛希贵. 让更多的摄影记者登上世界舞台：对我国摄影记者素质教育的思考. 新闻战线，2003（9）：63-65.

❷ 同①.

闻摄影高等教育——新华社一则招聘启事引发的思考》。我在文中如此提问："新闻摄影实践领域的悲哀：业界还有没有穆青？新闻摄影理论研究的悲哀：世上还有没有蒋齐生？"我在文章最后道："1988 年以后，中国人民大学新闻学院停止了本科新闻摄影专业招生，没有继续培养近 20 年来中国新闻事业发展过程中急需的新闻摄影专门人才，令人遗憾！如何'弘扬光荣传统，不断改革创新，突出办学特色，提高办学质量，培养更多创新型人才'值得新闻教育界认真研究。"

2011 年 11 月 11 日—14 日，第十届全国报纸总编辑新闻摄影研讨会在郑州举行。来自中央及全国各省、市、自治区 42 家主流报纸的 70 多位总编辑和新闻摄影工作者围绕"全媒体时代新闻摄影面临的挑战与对策"展开了研讨，为新闻摄影事业的发展出谋划策。我在会上作了《新闻摄影队伍建设与新闻摄影高等教育》的发言，再次指出，目前新闻传播界缺乏优秀的摄影记者，更缺乏图片编辑和图片总监，而且无人可选择、培养！然而新闻传播院系却没有人去培养，靠艺术类摄影专业的毕业生来做新闻摄影工作，则因为文化素质和新闻专业素养的制约，很难产生优秀的摄影记者和高水平的图片编辑。目前，网络传播和媒介融合时代呼吁集文字新闻写作、新闻摄影、视频、音频和网络传播技能于一身的复合型专门人才，可是这样的人才更没有人培养……一个令人十分遗憾的现实是：高等院校新闻院系数量极度膨胀，目前已达到 900 多个，但是新闻摄影的师资队伍却在萎缩！我估计在 900 多个新闻院系和教学点中，称职的专职新闻摄影教师不超过 30 位。没有一所高校有新闻摄影专业，新闻摄影教研室也在消失。新闻摄影教研组织的消失，意味着新闻摄影教学、科研更不能做到名正言顺……正如张蔚飞同志所言，可以毫不夸张地说，各院校新闻摄影教育的滞后，已拖了整个新闻摄影前进的后腿。❶

三、结语

经过 70 年，尤其是最近 40 年——特别是 20 世纪八九十年代新闻摄影界同仁的共同努力，新闻摄影高等教育在教学实践和理论研究上取得了很大的进步。

新闻摄影高等教育最为红火的时段毫无疑问是 20 世纪 80 年代，1983 年起，中国人民大学一分校、江西大学新闻系、中国人民大学新闻系等先后招收了新闻

---

❶ 盛希贵. 新闻摄影队伍建设与新闻摄影高等教育//中国新闻摄影学会. 构建新机制 促进大繁荣：第 10 届全国报纸总编辑新闻摄影研讨会论文集. 2011.

摄影干部专修科、新闻摄影本科和新闻学专业新闻摄影研究方向的硕士研究生，可谓"红火一时"！但是，其后便没有大的进展。

令人十分遗憾的是，"图文并重，两翼齐飞"的办报指导思想没能走进新闻教育的大本营，新闻摄影教育迟滞、停顿。尤其是在 1995 年"都市报"兴起之后，报纸媒体需要大量的摄影记者、图片编辑、图片总监等新闻摄影高级专门人才，可是高等院校新闻传播院系没有及时恢复或设立本科新闻摄影专业。没有新闻摄影专业本科教育，新闻传播学专业新闻摄影方向硕士研究生和博士研究生的招生也成为"无源之水"，没有充足的可选拔对象。

近 40 年来，全国高等院校新闻传播学专业数量增长迅猛，目前，全国新闻学、传播学教学点已近千余，专业教师短缺的矛盾十分突出，称职的新闻摄影专业课教师更是屈指可数。值得一提的是，进入新世纪以来，一些有丰富实践经验和深厚理论研究功底的摄影记者和图片编辑到高校新闻传播学专业兼职或任教，这些经验丰富、善于总结和传授的有志且有识的新闻摄影专业人士的加盟，必将有助于增强新闻摄影实务课程的教学效果，提高新闻摄影高等教育的质量。但是，绝大多数新闻摄影任课教师缺乏对新闻摄影理论的系统学习和研究，上课只能讲"摄影技术技法"和"新闻摄影实务"，这必然制约所培养的新闻摄影专门人才应有的理论深度和知识体系的完整性与厚度。

随着技术进步、媒介形态的变革和传媒业的发展，媒介融合时代的新闻传播学高等教育将发生一系列深刻的变革。一方面，新闻传播高等教育要从根本上更新理念，加强与飞速发展的新闻传播实践的衔接与互动，构建符合时代和社会发展需要，能满足未来新闻传播业发展和新闻传播理论研究等多层次需求的新闻传播学专业设置和高等教育格局。在新闻传播学学科本科层次至少要加大新闻摄影理论与实务、微视频及影像传播新技术、影像传播理论与实务等课程的比重；在硕士生层次，加强视觉传播研究、影像传播研究，加强新闻摄影理论和新闻摄影发展史、新闻摄影新技术及其应用研究、影像传播学、影像社会学等方面的重大课题和学术前沿问题的研究，并将最新研究成果应用于教学。另一方面，也要不断借鉴国外先进经验，适应时代和社会发展以及传播技术发展需要，树立整合传播意识，淡化专业界限，培养知识面宽、文化功底深厚、具有国际传播能力的复合型"全媒体"专业人才。

综上所述，新闻摄影高等教育远远落后于新闻摄影实践的要求，严重制约了我国新闻摄影事业的全面发展。当前，在新闻摄影专业的定位及设置、学科建设、教学研究和师资队伍建设等方面存在的顽疾和问题必须得到应有的重视，并努力加以解决。

具体建议如下：

第一，要在学理上弄清新闻摄影专门人才培养的定位。新闻摄影学科是新闻传播学学科的重要组成部分，而不是艺术学科的一个分支。图片与文字并重、静态图片与短视频拍摄并举的摄影记者还是应由新闻传播学学科来培养，因为"融媒体时代"需要的"全媒体记者"首先是"记者"，不是照相师、拍摄视频的技师或"艺术家"。

第二，顺应科技进步，调整摄影技术课程内容，对新闻摄影专业本科生也要强化摄影技术、视频拍摄技术和后期剪辑与制作课程的教学。随着照相机功能的演化，短视频拍摄已经成为照相机功能的一部分，摄影技术的教学应该既包括静态摄影，也包括视频拍摄，课时也必须增加。

第三，新闻摄影课程在新闻传播学本科高等教育中的地位应该强化，而不是弱化、虚化、淡化。大学新闻传播学院应该有新闻摄影教研机构、三到五人的钻研新闻摄影理论的教学团队和具有指导新闻摄影与视觉传播研究方向博士能力的专任新闻摄影教师。

第四，增强师资力量。目前，大多数新闻传播院系开设的新闻摄影课程仍然是只讲摄影技术技法，未能将"新闻摄影理论"和"新闻摄影实务"（摄影采访与图片编辑）讲全讲透，更很少涉及新闻摄影史论。这一方面是因为课时所限，另一方面是师资队伍中本身称职的不多，对新闻摄影史论学习和研究不够。想要认真负责地讲好新闻摄影，必须先培训新闻摄影教师队伍。

第三部分

新闻传播学基础教育守正创新

关于媒介素养与新闻教育的网上对话 *

陈力丹

一、媒介素养的两个层次

网友：陈老师，给我们一个媒介素养的定义吧。我觉得媒介素养是对公众说的，传媒人本身就有媒介素养，对吗？

陈力丹：媒介素养分两个层次：一个是公众对于媒介的认识和关于媒介的知识，另一个是传媒工作者对自己职业的认识、对传媒工作规范的了解以及职业精神。我想重点说的是后一个层次。

中国有三个职业拥有自己的节日：5月12号护士节，9月10号教师节，11月8号记者节。这三个节日的确立，说明我们社会认可了这三个行业的专业性。但是相比之下，传媒工作者是比较缺乏职业意识的。医护人员无国界的救死扶伤的职业意识在19世纪就已经形成了。教育工作者的职业意识形成的时间更早，可以用"点燃自己，照亮别人"来概括。在历史上一个很长的时期内传媒是党政机关的一部分，实行市场经济体制以后，它才逐渐变成了一个行业，所以现在其工作者的职业意识还是很薄弱的。

网友：媒介素养是不是应该纳入中小学的课本？

陈力丹：我觉得媒介素养的内容应该纳入中小学的课本。这个媒介素养是指一般公民对媒介职能的认识和关于如何正确使用媒介的知识。由于我们现在没有这方面的教育，公众一般把媒介看作一种纯粹的工具，企业把它看作推销自己产品的工具，这都是有偏差的。

媒介有自己的职责，按照哈罗德·拉斯韦尔的说法，媒介有三大功能：

第一个功能是监测社会环境。人们之所以接受传媒，就是想了解自己周边以及接触不到的世界发生了什么事情。当这个世界发生了打破常规的事情时，传媒

---

* 原载于《湖南大众传媒职业技术学院学报》，2007（2）：12-17。

有义务向人们报告。我们的传媒就像中国电影《鸡毛信》里立在山顶上的消息树和消息树旁边的小孩子一样，当发现鬼子要进村的时候，及时推倒消息树，发出"有情况"的信息。这是任何传媒的职责。传媒站的位置比受众高，如果发生重要的涉及人们生命的情况不报告，它就失职了。在这一点上任何媒介都是一样的，党报和大众化传媒之间只存在工作领域的差异。这种对传媒的认识应该从小学开始培养，让人们从小就认识到传媒是为我们服务的，有什么想了解的事情，可以向传媒了解。

第二个功能是使社会的各部分不断调整自己，建立协调的关系。我们社会的各部分靠社会关系来维系，小到一个家庭中的关系，大到党、国家和人民的关系都是社会关系。它需要各方面的人不停地接收信息，然后根据信息不断对自身进行调整，而接收信息的主要渠道就是现代传媒。报纸上发表反对家庭暴力的新闻，是要达到家庭和谐的目的；媒体上发表胡锦涛的讲话，是要达到党和人民群众之间相互了解的目的；商人们在媒体刊登广告是为了建立厂家和消费者的关系。媒体起到了这样一个协调社会各部分，建立相互的、和谐的关系的作用。这个关系是动态的，媒体每时每刻都在发布信息，人们每时每刻都在接收信息。这种调整职能，无论人们有没有意识到，都在不断地发挥着作用。

第三个功能就是传媒使社会遗产代代相传。这种功能是无形的，却无时无刻不在起作用。传媒发出信息实际上就是把社会的文化传统继承下来又传播出去，这个过程不是完全的继承，而是一种扬弃，不断地把社会的创新和一些外来的新接受的文化因素添加进去。

后来又有一位叫作赖特的学者补充了第四个功能，就是传媒的娱乐功能。实际上这个功能必须建立在前三项功能的基础上。如果没有前三项功能，传媒就丧失了自身的作用，它就不是传媒了，而是一个游戏厅或者电子游戏软件。在和平时期，传媒的娱乐功能成为媒介盈利的最大一块，也是大家非常重视的一块，但是目前中国的娱乐报道和娱乐节目还处于初级阶段，水平很低，在这方面我们应该借鉴欧美，特别是欧洲的民营台、公营台的经验。

在日本小学课本中，有与传媒业联系紧密的"报纸"这一课。上这个课的时候，老师除了在课堂上讲以外，还要带着小学生参观报社。日本的报社非常重视对社会进行传媒素养的教育。比如日本发行量最大的，也是全世界发行量最大的报纸《读卖新闻》（每天发行量是 1 300 万到 1 400 万份），每周有一天是专门的接待日，接待很多小学生免费参观报社运作的整个流程，让他们了解什么叫报纸。报纸上专门有一个版面由小孩子们编辑，小孩子提供的稿件和作业就在他们报社的走廊里贴着。报社的这个做法一举两得，一是为社会做了一些贡献，二是实际上培养了未来的读者，因为这些小孩子会向自己的家人宣传，长大之后也会倾向于订阅《读卖新闻》。这样的事情，我们的媒体应该主动去做，因为它对社会有好处，对这个媒体本身也有好处。

二、媒体人员的媒介素养

网友：媒介素养教育的目的是通过教育同媒体"作战"，鼓励学生认清并抵制大众传媒的影响。陈老师同意这种看法吗？

陈力丹：我基本同意。学生们提高了媒介素养以后，便有了自觉监督传媒的意识。传媒在我们的社会中具有重大的影响力，但是它自身毛病很多，并且缺少监督。现在传媒的职业规范尤为突出，这与我们的现行体制有关系。在这种情况下，需要公众对媒体进行监督，现在这种监督不太多。但是用"作战"这个词不太准确，公众和媒体之间毕竟不是对抗的关系，而是一种合作的关系。

现在中国传媒最大的一个问题就是传媒的编辑部和经营部门混岗，混岗以后造成了很多传媒工作规范的缺失。比如记者拉广告，还有传媒的新闻栏目拉广告。因为大家都这样做，于是都以为新闻栏目拉广告很正常，其实这种做法是违背国际新闻传播业公认的自律原则的。一旦某个公司资助了你的栏目，你便自然放弃了对它的批评权。

还有一些媒体从自己的经济利益出发，进行了过分的炒作，这方面也需要公众加以监督。近年传媒中出现了一种无人性的冷漠化的新闻，这种情况如果没有公众的监督，发展下去是很危险的。比如说一些媒体曾经报道过湖南一个饭馆出售"人乳宴"，记者采访的时候还挺有"法治观念"，按照商家提供的思路，首先审查"人乳宴"是否会引发传染病，是否违反卫生方面的法规。这些都被证明没有问题以后，他又接着问，工商管理方面是否有禁止的规定，得到的回答是查遍所有的文件都没有禁止出售"人乳宴"的规定。于是记者开始放心地报道，说请来品尝的湘菜大师，宣称味道好极了。当时各报还报道了商家给奶妈们冠以"营养师"称号这个事实，这是一种出售人乳合法的暗示。当这个事情受到批评的时候，我们的传媒以讨论的形式发表支持"人乳宴"的意见，说"人乳宴"不触犯法律，不是假冒伪劣商品，没有坑害消费者，人的奶有很高的营养价值，只要保证卫生，一试无妨，这些话都冠冕堂皇地出现在我们的报纸上了。这里我要问一下我们的记者：你们还是人吗？按照法律法规的要求办事，这是社会中衡量事物的底线，在这条底线上面还有一条线，那就是道德。母亲的奶汁是喂孩子的，怎么可以当商品出售呢？有人说："人血可以卖，人奶为什么不能卖？"说这个话的人本身就是丧尽天良，人血是用来救人命的，母亲的乳汁是喂养孩子的，这完全是两回事儿，这个道理其实大家都明白。我们的记者在报道这样的事情的时候，缺乏作为一个人的最基本的道德。如果没有社会的监督，如果让这样的事情再继续下去的话，记者就是没有人性的记者了。

一些报纸报道了哈尔滨出售"胎盘宴"的事情。还好，这次报道的出发点不是鼓励受众吃胎盘而是劝大家不要吃，理由是不卫生。为此记者还请教了专家。有一份报纸发表了社论，题目是《从"胎盘宴"看卫生监督的漏洞》。看到这篇文章，我感到我们的编辑和记者水平太低了。这个问题主要不是卫生的问题，而是一个社会道德问题。胎盘是人身体的一部分，怎么能够作为商品来出售呢？它可以制成药品治病救人，但是做成"胎盘宴"在饭馆里卖，这就涉及道德准则的问题了。我们的记者在报道、评论这件事的时候，脸不变色心不跳，缺少"人"的意识。

11 位中国民工在阿富汗被枪杀，很多记者敏感地想到了采访死难者的家属。有一位记者到山东去采访一位 80 岁的老太太，死者是他的小儿子，当时她还不知道。记者敲门的时候被死者的家人阻拦了，他们怕老太太受到惊吓。他退回去了。但是，村委会主任带着领导，后来还有一群记者浩浩荡荡来到这家，在村委会的要求下，这家人不得不打开了院门。在院子里他们还一再恳求村委会主任不要去采访老太太，因为老太太不知道这个事，但是村委会主任不理。最后，领导在老太太哭天喊地、非常悲惨的情境下完成了慰问，记者抓拍到了精彩的镜头。这也是一个利益权衡的问题。对于这样的事情，记者首先要尊重死难者家属的意见，不应该侵犯他们基本的权益，把他们最痛苦的场景暴露在光天化日之下，这是非常不道德的。退出去的记者后来给领导写了一个情况汇报，他所在报社的一个副总编对他说，你做得很对，因为作为一个人，你选择了一个正确的做法。

类似的事情在中央电视台报道别斯兰事件的时候也发生了。别斯兰事件是一个震惊世界的惨案，恐怖分子劫持了 1 000 多名人质，最后 300 多人被打死。中央电视台在报道这个事件的时候，竟然在荧屏上滚动播出：别斯兰事件中一共死了多少人？答案 A、B、C，通过联通发送到什么什么地方，进行有奖竞猜。这个事情要不是引起了国际社会的谴责，恐怕我们还会睁一只眼闭一只眼！一个星期内有关部门采取了措施，将中央四台制作这个节目的操作人开除，两个制片人免职。

这样的事情接连发生，反映了传媒工作者在选择事实的时候缺少基本的做人的道德底线。这就需要公众对传媒的所作所为有一种识别的意识并且进行监督。别斯兰事件就是由于网民迅速作出反应，批评了这种现象，造成了一定的舆论压力，再加上国际上的特别是俄罗斯方面的舆论压力，我们才采取了比较迅速的措施，及时作出了反应。

2005年，《东南快报》记者柳某为了拍照片在雨中等了一两个小时。他知道路上有一个坑，他就是要拍骑自行车的人跌倒的场面。报纸第二天刊载了五张这样的照片。对这件事情网上有两种意见，一种意见认为这个记者有新闻敏感，很好，另外一种声音批评这个记者违背了基本的职业道德。我觉得后一种意见代表了社会的理性。这个记者获得新闻是以伤害别人作为前提的，这违背了职业道德。在讨论刚刚开始的时候，网上意见几乎是一半对一半，但是经过网络上持续几天的组织讨论，这个事情终于以否定的结论告终。在这件事情中，公众参与了媒介工作，对媒介的行为进行了监督。通过监督、讨论，传媒工作者会慢慢形成一种意识。记者，特别是摄影记者，在遇到救人还是抢新闻这两难选择的时候，首先应该毫不犹豫地救人，其次才是本职工作。而这位记者恰恰相反，他明明知道有坑，却不告诉人家，就为了拍下这个人跌倒的场景，这是不道德的。当然我们现在不是责怪这位记者，因为这位记者在此前没有接受过媒介素养方面的教育。我们知道新闻有一个业务衡量标准，就是新闻价值。有些记者仅仅以实现新闻价值为目的而不考虑其他，这样的记者我们称作"极端职业主义者"，这是不应该提倡的。我们除了按照新闻价值选择事实、进行报道以外，还要考虑在报道这个事实的时候，是不是会有人因为被报道而受到伤害，如果有，那么记者应该谨慎行事。

主持人：陈老师，近两年来媒体在舆论监督方面深受公众关注，但是媒体的公信力也遭到公众的质疑，您怎么看？

陈力丹：舆论监督是传媒的一种职能，但是媒体也是一个利益单位，有时候传媒可能把舆论监督作为追逐利益的一个手段。当这种情况出现的时候，传媒的公信力就会遭到质疑。传媒应该为了公众的利益进行舆论监督，对于那些以吸引公众眼球从而得到利益为目的的所谓"舆论监督"，我们应该有所警惕。

舆论监督在选题上应该把涉及人民根本利益或生命安全的事情作为重点，但是有时候我们的舆论监督侧重于一些比较小的方面，比如名人的隐私。这些事情虽然也涉及公众利益，但是并不涉及最广大人民群众的利益。我想传媒之所以要炒作这种多少有点舆论监督性质的话题，与传媒的利益有关。这样的做法是不值得提倡的。

我们的传媒现在还存在一种叫作"传媒舆论逼视"的现象。2006年1月23日，沈阳《华商晨报》报道了一个穷人由于女儿患重病而向中国的六个富翁写信求援的事情，媒体同六个富翁一一取得联络，要求他们表态。这种做法从侧面反映了社会中的某些下层人群的困境，引起社会的关注，这是有意义的。但是媒体追着采访那些富翁，逼着他们表态，这就是违背职业规范的了。这些富翁本来和这个事情完全不相干，写信求援是一个穷人和几个富人之间的个人关系，媒体却把它作为一个社会事件来报道，这样的做法会造成一些无形的后患。到现在为止，我们没有理由说这些富翁的财富来得不正当，他们都是纳过税的。只要有人有困难，我们就用这种方式来报道，用这种办法来解决，就会造成一种新的"均贫富"，社会秩序就会打乱。在类似事件的报道上，我们的传媒需要总结经验和教训。

网友：陈教授，我不是新闻专业的学生，但我很希望在新闻界发展，请您给我一些建议，谢谢！

陈力丹：不是新闻专业的学生要在新闻专业发展，首先要读一些新闻传播专业的书，最好不是教材，而是专著。我在网上已经给硕士生和博士生开了书目，建议大家从中选一两本学术专著读透，写出一两篇读书笔记，而且要以发表作为目标，你脑子里就会形成一个较高的自我约束：这个东西要写得非常认真。

另外，最好能够到传媒单位实习一下，体验一下传媒工作，然后再去读新闻传播专业是很容易上路的。新闻传播专业学术积淀还是比较薄的，外专业的人进入新闻专业比较容易。同时你还要发挥原有专业的特长，学经济的可以重点研究媒介经济，学法律的可以研究新闻法治（包括现在的新闻官司），学社会的更好，因为社会学和新闻学在理论上几乎是相通的。

三、新闻院校：新闻传播专业设置

网友：有人说新闻专业的研究生最容易考。您对目前中国大学的新闻专业教育，包括本科生、研究生的教育怎么看？

陈力丹：中国的新闻传播教育在最近几年发展极快。20世纪80年代只有十来所大学有新闻专业，现在全国已经有 500 多所大学设置了新闻专业，新闻专业的教学点超过 600 个。这个发展速度和社会对于传媒工作者的需要有关，也和各个大学急功近利地扩张自己的势力范围有关。现在有新闻专业的大学中，几乎有 80％没有新闻专业出身的教师。发展速度过快恐怕会给未来的新闻传播教育带来潜在的危机。

研究生的扩张速度也令人担心。新闻传播教育本来是以本科生为主的，但是现在在一些主要的新闻传播院系，研究生的数量已经超过本科生，学科的教学质量和研究质量很难保证。新闻传播学是一个应用性学科，本来理论的积淀就不是很深厚，如此扩张之后，我感到新闻专业的水平总体上有所下降。于是出现一种情况，就是其他人文社会科学专业的人报考新闻专业的很多，并且很容易考上，而新闻传播专业出身的人很少能够考上其他人文社会科学专业的研究生。这种现象也说明我们这个专业的积淀还需要加厚一点，不然的话，可能在社会上形成不好的印象。

我参加过多次社会科学的评奖活动，新闻学、传播学的代表性成果在评奖会上给人一种低人一等的感觉。我作为新闻学派出的评委，真感到抬不起头来。2004 年我参加了北京市第八届哲学社会科学优秀成果奖的评奖，46 件作品里面，新闻学只占了 5 件。这 46 件作品里必须有 8 件被淘汰，评委们首先画圈决定淘汰谁。结果这五件新闻传播学的作品都有评委画钩。少数服从多数，第一轮淘汰了两件新闻传播学的作品。然后，需要在剩下的作品中评出一等奖、二等奖，我当时作为新闻学界唯一在场的评委，想为本学科拿到一个一等奖，可是讨论的时候，我刚一发言就遭到大家不约而同的批评，他们说你们的作品如何不科学，拿二等奖就可以了。最后，剩下的三件新闻传播学的作品只拿到了二等奖，而且没有一件是全票通过的。这说明我们新闻传播学现在的研究水平是很有限的。新闻传播学科要发展，需要巩固"阵地"，而不是再扩张"阵地"。如果再继续扩张"阵地"的话，恐怕新闻传播学的总体水平还会下降。

不过也有好的现象。现在主要的新闻传播院系正在有计划地培养那些新成立的新闻传播专业的老师，由全国最著名的新闻传播学者带他们，以学位班的性质培养。2005 年中国人民大学新闻学院就招收了这样一个班，经过层层筛选，只录取了 11 个人。专门给他们派最好的老师上课，导师由最好的老师担任，第二年他们回到原单位继续担任教学工作，第三年写论文，最后能够拿到正式的硕士毕业证书。他们所在的学校都是比较偏远的，我想他们就是"种子"，经过三年的培养，他们毕业以后回到单位能起到传播新闻传播学知识的作用。如果其他新闻传播专业比较强大的高校，像复旦、清华、北大、中国传媒大学也能够为新成立的新闻传播专业培养老师，对我们这个专业的未来发展是有好处的。

网友：新闻院校已经泛滥了，陈老师如何看待这个问题？您认为新闻界的"纯度"是否也受到了影响？

陈力丹：我希望教育部对这个问题有所控制，最好暂停报批新的新闻专业的设置点。现在的主要任务是巩固已有的新闻传播专业的教学水平和学术研究水平。传媒业现在急需各种新闻人才，但是实际上他们直接从新闻传播专业招收的学生并不多，因为他们需要各个不同专业的人到他们那里工作。另外，现在新闻传播专业的学生，特别是非重点大学的新闻传播专业的学生总体素质比较差。新闻传播业界想提高自己的总体水平，以后恐怕不一定以接收新闻传播专业的学生为主，而要考虑专业平衡问题，比如请工科学校毕业的学生来报道工业类新闻，请学经济的来报道经济类新闻。

新闻传播业界需要建立自己的培训机制，这一点很重要。即使新闻专业毕业的学生，来到新闻单位之后也有一个适应期。在这个适应期内传媒的老总不能只把他们当劳动力，还需要下点功夫，有计划、有目标地对他们进行培养。只有这样，这些人才可能发挥更大的潜力。现在有些单位把新来的人完全当作劳动力，把知识榨干了，可能就把他们炒鱿鱼了。这种做法不考虑将来，效果不太好。有些新闻单位这方面做得比较好，从新人一进来就对他们进行综合性的培养，提高他们的素质。《中国日报》人事部门有一个副处级的干部，专门负责培训每年新来的大学生。这些大学生专业水平已经很高了，但是报社依然每年都有计划地提升他们的知识水平。现在问题比较大的是市民化的报纸，因为这些报纸的工作量非常大，毕业生往往一进来就要挑大梁，报社没有针对他们的培训计划。有些市民化的报纸，人员流动率达到 30%，这从长远看不利于整个新闻行业的健康发展。

网友：陈老师，目前新闻学院中都会开"马克思主义新闻观"一类课程。您是这方面的专家，请问您认为怎么设置课程比较好？

陈力丹：马克思列宁主义是我们国家的指导思想，在中国研究新闻学不能不谈马克思主义。我想，马克思主义新闻观作为一个学术话题，还是值得研究的。我刚刚完成了《马克思主义新闻观思想体系》这本书，近 70 万字，2006 年 5 月 10 号出版。很多人一听马列主义，马上想到那些空话、套话，其实从马克思开始，无产阶级革命家和领导人在新闻理论上都有很多的建树。马克思、恩格斯在创立科学社会主义的时候给我们提供了非常丰富的思想材料，这方面我已经写过一本书《精神交往论》。我想进一步研究马克思主义新闻观还需要研究这以后的发展，以后的发展经过列宁阶段、斯大林阶段、中国毛泽东等老一辈无产阶级革命家这个阶段。列宁发展了马克思主义新闻观，但是也犯了错误。他在 1918 年的时候搞过没有商品交换的共产主义实验，取消了报纸的订阅制。他认为报纸实行分配制是向共产主义迈出一大步，并且规定报纸的任务就是宣传模范的劳动公社和批评落后的劳动公社，认为报纸传播新闻的作用最好降低到 1%。这些观点现在看显然是不正确的，可是我们在引证列宁的时候往往不考虑当时的背景，似乎凡是列宁说的话都是正确的。其实列宁本人从 1921 年起就纠正了原来的错误，恢复了报纸的订阅制，而且主张当时的中央机关报《真理报》登广告。列宁在实行新经济政策的时期，允许私人出版社、私人报刊出现，但是有法治化的管理。这些情况，往往被我们忽略了，1921 年以后列宁的论述我们不大注意。研究马克思主义新闻观，首先要恢复历史的本来面目，恢复列宁原来的思想。斯大林没有很好地继承列宁的思想，他禁止在党内进行思想交流，宣称"党的利益高于形式上的民主"。这个历史教训，必须深刻记取。

只有总结了过去的经验和教训，我们才能够在新的历史条件下真正贯彻马克思主义新闻观，把它落实到底。

以胡锦涛同志为总书记的党中央从 2003 年开始就从文化体制改革入手，对我们的传媒体制作了一系列的微观调整，稳扎稳打，谨慎而有序，我们在这方面的研究很少。胡锦涛的文化传播思想我觉得应该研究一下。2003 年中共中央政治局第七次集体学习，讨论的就是文化体制改革。最近胡锦涛号召大家学习 15 世纪以来的世界历史，而 15 世纪以来的世界历史就是现代新闻业形成的历史，因为现代新闻业 15 世纪末以后才逐步作为一个行业出现。

网友：如果要您给新闻专业的学生开书目的话，您会开出哪些必读书？哪些报刊？哪些电视栏目？

陈力丹：我已经给博士生和硕士生开了书目。给硕士生的书目列了 100 多本书，9 大类，每类下面有若干点。我给传播学方向的博士生开的书目列了 46 本书，介绍了大约 50 个传播学的网站，其中三分之二是国外的专业传播学网站。我给本科生上过一次专题课，主题就是"读书"。我建议新闻学本科生要读五本书。第一本是马克思的博士论文。不是要他们看懂，而是要他们感受一下什么叫学术。第二本是夏中义主编的《大学人文读本》（广西师大出版社），第三本是严凌君主编的《人类的声音——世界文化随笔读本》（商务印书馆）。读这两本书的目的是要求他们了解包括中国在内的世界政治、思想和文化的总体知识。第四本书是《无声的语言》，作者爱德华·霍尔，这是一本传播学的书，只有186页，讲述的是时间和空间在传播中发出的无声的信息，里面的内容都是我们生活中的常识和经验。读这本书的目的是让同学们感受一下传播学的应用性质，也就是说我们研究新闻学、传播学需要从实际出发考虑问题，因为它不是哲学。最后一本是马克斯·韦伯的《新教伦理与资本主义精神》，这本书是社会学的代表作，新闻传播学和社会学比较接近，读这本书可以了解什么是真正的学术。

如果说报刊，读书类报刊可以选择任何一种，大都不错，例如《中华读书报》、《读书》（月刊）。新闻类报纸，在北京的同学，建议读《新京报》和《北京青年报》，注意评论版，那里思想性东西多一些。电视我只看新闻节目，因为没有时间，例如中央1频道中午12点的《新闻30分》、晚上9点的《今天》，还有中央4频道的国际新闻。除了新闻节目，建议同学们多看看电视中与"发现""探索"等相关的科学和人文类的专题片，以提升自己的学术素养，少看那些水平很低的电视娱乐节目，白消耗时间。

四、其他

网友：陈老师，您的"力丹做学问"的网站我看了，是别人帮您建的吗？您写博客吗？

陈力丹：这是"浙江在线"给我做的网站，我没有时间写博客，现在我的主要东西不是在"力丹做学问"上，而是在中华传媒网的个人网页上。

网友：您曾经是中国社会科学院新闻与传播研究所的研究员，现在又在中国人民大学任教，您觉得社科院的学习氛围和高校相比如何？

陈力丹：现在看来我原来在研究单位的时候时间是相对比较多的，能够静下心来研究比较深的学术话题。到了高校以后，学生太多，应付教学和带学生已经把我累得筋疲力尽，研究课题其实是在掏空原来的积累，没有更多的新东西了。现在我一共带了大约三十个学生，都不敢布置任务，但是又不能不布置任务。布置一次任务就得收上十来份作业，每份作业都要修改几次，与学生几个来回交流，精力消耗太大。原来在社科院我每年带一到两个学生，现在每年十个学生左右。现在我比较苦恼的就是疲于应付，没有时间研究问题，长此下去的话，我的研究生命恐怕就要结束了。现在我的很多文章都是双署名，由我出选题、提供材料，和学生商量，由他写第一稿，然后我写第二稿、第三稿。这样东西出来得比较快，也锻炼了学生。但一般说来，这种选题大都是解释性质的，很少有创新，就是用已有的原理解释一些新现象。教育的本质是普及，在高校目前的氛围下搞学术提升，不大现实。

中国新闻史教学改革的新探索：
翻转式课堂的应用 [*]

赵云泽

翻转式课堂（flipped class model）是对传统教学模式的改革，一般上课形式为学生在课前阅读文献或者其他材料，完成相应要求，课堂上师生对相关内容进行讨论。这是一种侧重于培养学生阅读能力、分析能力、自主学习能力的教学方法。它需要师生一起研究、探讨问题，从而获得相关知识的掌握。翻转课堂使教学流程更加科学和灵活。将学习相关基本知识的时间移到课前来完成，"翻转课堂为研讨式教学提供了时间与空间"[1]。这种模式明确以"学生学习效果"为核心，改变以往"重教轻学"模式的方法。衡量教学质量高低的维度不再是教师讲授的质量，而是学生学习的效果。

翻转式课堂产生于美国。1990年，哈佛大学教授埃里克·马祖尔（Eric Mazur）创立同辈互助的教学模式；2000年美国迈阿密大学教师莫里·拉吉（Maureen Lage）和格兰·普拉特（Glenn Platt）在讲授"经济学入门"时采用了"翻转教学"的方法；2000年，卫斯理·贝克（J. Wesley Baker）在第11届国际大学教学会议上发表了论文《翻转课堂：使用Web课程管理工具成为课堂的主导》。此后，这一教学模式逐渐受到重视，开始在全球流行。

笔者在美国访学期间也多次观摩、体验这种教学模式。2013年回国后，即开始在中国人民大学新闻学院的中国新闻史的本科课堂上进行这种教学模式的实践，到2015年秋季学期结束，笔者已完整地实施三个周期，后两个周期在实施中均在前次基础上略有调整。现将自己对这种教学模式的思考就教于方家。

---

* 原载于《新闻大学》，2016（2）：122 - 128。

[1] 曾明星，蔡国民，覃遵跃，等. 基于翻转课堂的研讨式教学模式及实施路径. 高等农业教育，2015（1）：76 - 81.

一、中国新闻史教学实施翻转式课堂的必要性

（一）打破传统的"重教轻学"模式

从笔者自身的经验以及接触到的同行的反映来看，当下中国新闻史本科教学面临的一个重要问题是同学们对这门课程的价值认可，通俗地说即这门课对今后从事新闻实践有多大用处。这样的疑惑对于教师是不存在的，新闻史对于从业者的职业认同感的建构，对于新闻传播规律的探寻，甚至对于新闻传播业务理念的提升，其重要性都是不言而喻的。然而对于刚刚步入大学的本科同学来讲，这门课程的"功用"受到质疑不足为奇。我想其中一是因为新闻学院是偏实践的学院，另外一个重要的原因是我们传统的中国新闻史教学模式"重教轻学"。教师讲完、同学听完，这个过程也就结束了，而不像业务课程那样"学而即用"带来的成就感强。

综观我国各大高校的中国新闻史的教学，多沿袭这样的方式，一本教材、一个老师、一个学期。教师把知识单向度、机械地灌输给学生，学生的思维方式也被限定，久而久之不但无益于培养学生的创新能力、思考能力，甚至学生将厌倦、逃离。纵然也有名师能够旁征博引，讲得栩栩如生，但同学们的学习效果也仍然令人担忧，被同学们广泛记住的往往是包袱、幽默，以及历史人物的传奇性故事。大部分学生难免落入"上课听笑话，考试看教材""一周一学期"的俗套。所以，我认为有同学对这门课程的价值产生怀疑的根本原因是他们没有真正进入对历史思考的轨道，解决的办法就是改变我们的教学方式，使同学们从被动地"听"的状态转变为一起"思考""讨论"的状态，从而加深对历史的认知。当然，这种教学状态的改变首先需要从教师开始，即教师应先将知识成体系地转变为"可思考""可讨论"的内容。

而且，在传统的教学模式中，所有学生都被教师看作无差别的服务对象，是一个整体；实际上，我们通过讨论发现，即使同一个班级中，同学们各自的知识素养、学习能力也是千差万别的，高考分数的接近只能说明他们对高考知识范围掌握水平的接近。在翻转式课堂中，这种差异通过讨论显著体现了出来，也只有在一对一的探讨中，每个同学才能获得老师有针对性的帮助，适应他们千差万别的需求。

（二）数字时代必须做出的改变

当下中国新闻史教学面临的另一个重要的问题是，同学们对于感兴趣的历史

知识可以轻易从互联网中获得。依循传统教学模式，教师传授知识的地位将受到巨大挑战。甚至出现学生手握移动终端、轻易指出教师讲授中个别历史细节的差错的现象也不足为奇。国际电信联盟把诞生于数字时代，具有五年或更多上网经验的网络化青年称为"数字原生代"。中国的"数字原生代"涵盖了大部分的大学生人群。当代中国的大学生多出生于 1990 年后，他们的成长与手机和网络普及同步。❶ 在这样的背景下，这门课在课堂上具有不可替代的内容时才有继续存在的价值。这种不可替代的内容显然不是单向传播的东西，而应该是基本知识层面之上的深层次讨论，是探讨蕴含于历史之中的规律和智慧，是思想的碰撞和分享。而同学们能够从图书馆及互联网上获得的内容，应该布置给同学们在课前学习，从而加强知识获得的效率，使得课堂更有深度，同时也根本不用再排斥对互联网的使用。

（三）解放教师，实现"教学科研一体化"的梦想

"教而不研则浅，研而不教则空"，教学科研两者相辅相成，互相促进，共同提高。❷ 这本是大学教师科研教学相得益彰的一种理想模式，但是在传统的中国新闻史的教学中，在限定的"教学大纲""指定教材""规定有限课时"内，教学很容易陷入几年如一日循环的境地，内容刻板、陈旧。学生学习时间仅仅局限于课堂上，根本无法使课堂内容有深度地展开。教师讲课努力方向也往往成为提高演讲能力。这种浅层次的、经年反复的授课模式对教师的科研基本无益。

此外，在传统课堂上，学生所接触到的知识面的宽窄直接取决于教师个人的知识储量。加之应付期末考试，教材往往是他们主要的学习内容。这也使这门课变得枯燥。实际上历史事件都是纷繁复杂的，历史人物也都具有多面向。而多数教材限于篇幅，往往一两页纸交代了一个重大历史事件，几个段落描述了一个历史人物，使得历史人物都成为"脸谱式"的，事件都是简单概括的。目前新闻史的研究成果已经非常充盈，多数教材限于篇幅是无法涵盖这些优秀成果的。而翻转式课堂中教师不再是"知识"和"学生"的中介，教师通过布置精选文献的阅读和进行开放式的讨论，使同学们获得更开阔的了解历史的空间。

翻转式课堂相对于传统课堂而言，在促进教学科研一体化中的优势是显而易见的。教师和学生在翻转式课堂上围绕着相关问题进行探讨，由于学生在课前进

---

❶ 吴猛，田丰."数字原生代"大学生的手机使用及手机依赖研究. 青年研究，2014 (2)：73 - 82.
❷ 蒋道明. 论教学科研一体化实施的几个载体. 上海教育科研，2007 (10)：74 - 75.

行了大量的阅读，这种探讨就可以将问题引向深入。教师的备课和科研活动真正地融合为一个有机整体，甚至教师的科研水平决定着课堂的讨论水准，在这种模式下教师提高教学质量和科研能力的努力方向是一致的。

在翻转式课堂中，同学们也进行着自我检验，很多同学开始时感觉"想得很多，但是说出来就会觉得很少"，经过锻炼之后，他们会慢慢地"想得更深入、表达得更清楚了"，获得了各方面能力的提高，由此也对课堂更加满意。在这样的课堂中，同学们会为讨论中碰撞出来的精彩观点所吸引。这样的观点，既可能是来自教师，也可能是来自同学，同学们的潜力也会被有效激发。同学们通过对大量经典文献的审视和批判，进行历史与现实的对话，这正是社会科学中一种学术创新思维的训练，让同学们尽早步入这种轨道，也是大学教育的本意。

（四）本科规范化教学模式的新型尝试

很多同行认为目前国内很多研究生的课堂正在使用这种方法，笔者认为虽然形式上颇为类似，但实质不尽相同。它们的本质区别在于，本科课堂是规范性较高的课堂，尤其是作为新闻传播学的核心基础课，知识的体系性、覆盖面、课时、考核、教学大纲的执行等都有严格的规定，其突出的目标是"学习"。而研究生的课程突出的目标是"研究能力"，基本上没有以上限定，课堂形式可以比较灵活松散，也无须将知识体系从"讲授版本"转化为"讨论版本"，而是师生可以直接一起进入"研究版本"，直接面对"生鲜材料"。因此，本科的翻转式课堂是"研讨式的学习"，而研究生的文献研讨课是"专题性的研究"。因为研究生的课堂侧重"研究"，所以再探讨"教学方法"实乃画蛇添足。而对于本科教学改革来讲，如何在坚持规范性的前提下，探索一套将"讲授版本"的知识转化为"讨论版本"的知识进行学习的方法是具备探索的必要性的，也是激活这门传统课程的一个新尝试。

二、中国新闻史翻转式课堂的设计

作为一种全新引进的教学形式，中国新闻史翻转式课堂需要从每一个教学的细节上做认真的考量，涉及教学形式的安排，教师、学生的任务，内容框架的重新设计等方面。

（一）翻转式课堂的准备和布置

1. 教师的准备

翻转式课堂不再以教师的讲授为主，但这并不意味着教师工作量会减少，相反对教师提出了更高的要求。

第一，教师应对所讲内容了然于胸。教师在这样的课堂模式下，可能不适合再使用其他教学辅助工具（如 PPT 等）。在讨论中，只有教师也全身心地投入其中，而不是置身于事外，才不至于冷场。此外，教师进行适当的讲授，将知识图谱清晰地展现于同学们面前也非常必要，这个环节靠教师的知识储备。

第二，教师对所讲内容应有充分的科研积累，能够满足、覆盖同学们在讨论中所涉及的知识的深度和广度。最关键的是能够发现本学科的前沿学术问题，引起同学们的注意，激发起同学们研讨的兴趣。

第三，教师要精挑文献。文献的质量直接影响课程的质量，整个课程的文献库建设也是一项耗时不小的工程。

2. 对学生的考核方式

我们在课堂实践中，采用了如下的考核方式：

第一，学生的平时成绩占总成绩的 40％。平时成绩的考核重点是阅读文献。考核方式主要是通过记录学生的发言次数、发言质量来考查学生阅读文献的投入程度。

第二，平时作业占总成绩的 20％。这是课堂讨论的后续，平时作业以小论文的形式呈现。

第三，期末考试成绩占总成绩的 40％。考试范围即讨论提纲，闭卷考试是为了促使学生投入更多的时间阅读文献，并将知识内化。当然，期末的试题一般宜考查同学们的分析、综合能力。

（二）内容框架的重新梳理

中国新闻史翻转式课堂的实施，其核心环节是课程内容的重新梳理，使每一讲都能够有和学术前沿接轨的方面、能够有讨论的空间。总体上既能够按照"问题意识"设置教学内容，同时又能够兼顾知识的系统性和全面性。这样才能够使得本科生的中国新闻史翻转式课堂的应用不仅仅停留在表面形式上。我们在教学实践中形成了自己的体系，现分享并求教于诸君。按照我们的学期日历，除了第一次课的绪论和最后一次课的总结以外，主体课程设计如下：

第一讲：中国古代的舆论沟通机制是如何运行的？

第二讲：近代在华外报给我们留下了何种遗产？

第三讲：国人是如何驾驭现代化的报刊的？

第四讲：辛亥革命前后的报业呈现出何种特点？

第五讲：中国的记者职业是如何演进的？

第六讲：五四时期的报业如何建构公共领域？

第七讲：中国民营报刊（时政类）的生存体现出怎样的特点？

第八讲：中国民营报刊（生活、文艺类）的生存体现出怎样的特点？

第九讲：中国国民党在大陆的新闻事业发展历程及其得失？

第十讲：中国共产党的办报传统是如何形成的？

第十一讲：1956年后新闻界如何走上了"左"的错误路线？

第十二讲：1978年后新闻界如何回归"新闻本位"？

第十三讲：当代新闻业的企业化改革给中国传媒业带来怎样的影响？

第十四讲：如何看待当下所进行的新兴媒介革命？

第十五讲：如何看待港澳台新闻事业发展所面临的问题？

在这样的课程内容框架之下，我们使得每一讲都是一个相对独立的"探讨专题"，同学们可以集中地就某一问题展开深入的讨论；同时，整个框架又是自成体系的，覆盖中国新闻史的全部范围。此外，每一讲还有若干个讨论的具体问题，这些问题多数是从文献中提炼而来的，当然还会涉及专题的核心知识点、学术前沿问题，以及需要同学们拓展思考的方面。一般一个半小时的课以七个左右具体问题为佳。

此外内容框架的设计及具体问题的提炼，还有几个关键点：一是讨论问题是课堂的核心议程，但在教学实践中，并非所有的问题都具备讨论空间。"讨论空间"包含两层含义，第一层是问题是否能够被讨论起来，第二层是问题是否值得讨论。二是在翻转式课堂中，探讨的目的不是让学生的知识"窄化"而形成共识，而是以扩充学生的知识量、开拓学生的思维为目标。这些讨论往往能够让师生们在交换意见的过程中对彼此的观点交叉印证，将各方信息去粗取精、去伪存真，从而完善自身的知识体系。

（三）翻转式课堂的课堂教学技巧

我们设计的中国新闻史翻转式课堂的一般流程如下：首先，教师对本讲所探讨的内容做梗概梳理和背景介绍，关键是要明晰本讲所要讨论的范围，激发同学们的兴趣，明晰讨论问题的价值。其次，按照布置内容和同学进行讨论。在讨论的过程中教师的主要作用是掌握讨论的整体节奏，在针对每一个问题的讨论结束后，教师应该进行相应的总结和提炼，以修正错误的观点、拓展同学们的视野。最后，在课程结尾时，教师应对本讲进行总结，并提炼出精彩观点。此外，我们还应该注意一些具体的教学细节：

1. 如何激发同学们的阅读兴趣？

（1）鼓励同学们要"向上看齐"。在传统的教学模式中，因为是教师讲授，所以只能顾及多数学生的水平。而翻转式课堂中，学习过程是每一位同学自己掌握的，教师在教学中应树立榜样，鼓励所有同学向最好的看齐，这样才能发挥所有人的最大能动性。

（2）尊重学生所表达的观点。多鼓励同学们发言，不要轻易否定学生的观点，应通过同学们的讨论使对错观点自然明晰。应就事论事，只对所探讨问题进行评价。

（3）通过平时成绩进行鼓励。教师可以通过记录学生发言等形式对学生发言和阅读文献的质量进行公平的考核。

（4）文献的布置先易后难。每一讲当中如此，整个学期的内容也如此。

2. 如何把握同学们的发言？

（1）对于没有阅读文献的同学不要逼问，否则不仅会让同学尴尬，也有可能会让同学讲出不着边际的观点，或者提出不着边际的问题。

（2）教师应适时提炼同学的发言，对其发言进行总结、升华，以节约课堂时间。

（3）注意发挥同伴学习的功能。可以将同学分为若干个学习小组，鼓励小组在课前先进行讨论。这样的同伴激励会使同学们学习更加有热情，课前小组的讨论会使课堂发言的质量更高。

（4）明确发言的规则。如鼓励先发言、多发言，但别人说过的观点不能够重复，不能为发言次数而发言，后面发言的同学表达的必须是新的观点，或者是对前面同学观点的补充或修正。这样的话，往往越往后讨论越深入、精彩。

3. 如何对待学生与教师、学生与学生之间的争论？

（1）学生产生与教师不同的观点和意见，在课堂讨论中会经常出现，这个时候需要教师掌握好以下方面：

第一，管理好情绪，保持耐心、理智以及对同学们尊重的态度。在讨论中有同学直接说"老师我不同意你的观点"时，教师应秉持一种不必将自己的观点一定作为标准答案的胸怀和态度，可以允许各自的观点都呈现，尊重不同意见，并鼓励同学们在经过充分讨论之后形成独立的思考、自己的判断。事实上，经过充分的讨论，大家的认识一定会更加深入和成熟。

第二，避免被"挂在黑板上"。教师一方面要苦练基本功，对所讨论内容烂熟于心；另一方面要善于引导，避免无谓争执，要将争论点转化为需要同学们一起讨论的机会。这种平等对话式的学习，更能激发同学们探索知识的兴趣。

（2）对待学生之间的不同意见，需要教师掌握好以下方面：

第一，教师应对学生们循循善诱，尽量不要打断、阻止学生之间的争论，因为同学们之间的争论大多数情况下有助于学生对知识的理解。

第二，教师应调节好课堂的氛围，掌控好讨论者的情绪，既要热烈又不要让课堂失控，把握好课堂讨论的方向和节奏。

三、七大学习原理检验翻转式课堂的学习效果

美国的苏珊·安布罗斯（Susan A. Ambrose）等学者撰写的《学习是如何运转的：基于研究的聪明学习七原则》（How Learning Working：7 Research-Based Principles for Smart Teaching）一书中总结出了七条关于大学生学习效果的原理。❶ 这些原理建立在科学、扎实的研究之上，我们认为利用这七条原理对中国新闻史翻转式课堂进行教学效果检验，不失为一条很好的理论检视的路径。

（一）学生既有的知识与学习效果有关

安布罗斯等学者在书中总结的第一条原理是关于"学生既有的知识如何影响他们学习"的。学生既有的知识可以分为"正确的知识""正确但不充分的知识""不当的知识""不正确的知识"。教师在学生的学习中应该识别学生既有知识的类型，并分别予以相应的指导。我们在翻转式课堂的讨论中会发现，同学们内化的知识储量是千差万别的。尤其是应用到讨论中来，这种差别立刻体现出来。翻转式课堂实现了教师与单个同学的交流，正是帮助每一位同学正确梳理他们既有知识的非常有效的途径。

（二）学习效果与学生的知识组织方式相关

第二条原理是关于"学生知识组织方式如何影响他们学习"的。教师可以通过提供知识框架、抽象原理模型、多种任务、概念图，向学生强调知识的深层特

---

❶ AMBROSE S A，BRIDGES M W，DIPITRO M，et al. How learning working：7 research-based principles for smart teaching. Jossey-Bass A Wiley Imprint，2010.

征，完善丰富学生的知识组织方式。笔者在翻转式课堂的教学实践中体会到，在讨论和对话中帮助同学们梳理完善自己的知识体系非常有效。当然，这首先对教师有较高的要求。教师要能够通过自己的开场讲解、讨论、总结等环节，帮助同学们建立起历史长河的图卷，知晓各个历史事件所处的坐标体系，将碎片化的知识体系化。经过这样的梳理之后，中国新闻史的课堂呈现的将不再是一门枯燥和烦琐的课程了，而将是一次一同游荡在历史的起伏跌宕之中，体验历史情景的历程。

（三）学习效果与学习动机相关

第三条原理是关于"哪些因素与同学们的学习动机有关"的。书中认为学习的动机由"对学习目标的价值判断""完成目标的预期"和"学习环境"三个因素决定。教师要巧妙设计一些学习任务，让学生能看到任务的价值，感觉到任务和自己生活的联系，同时难度要适当，帮助他们建立积极的预期，给学生选择、决策的权利和反思的机会，让学生能感受到教师和环境对自己的支持，从而激发、维持学生学习的动机。在中国新闻史的翻转式课堂之中，教师可以根据学生的具体情况，灵活掌握讨论话题的难易程度，适时把控同学们讨论的进度，激励精彩发言，从而更好地激发同学们的学习动机。在我们的实践中，一些同学正是由于在课堂发言中获得激励，从而对阅读文献和新闻史研究产生极大兴趣，以至于课程结束后继续保持对新闻史问题的研究，有的同学（本科生）还发表了自己撰写的新闻史论文。

（四）学习进程影响学习效果

第四条原理是关于"学生们学习的进程是如何推进的"。教师要科学设计学生的学习进程，促进学生的整合练习，并强调知识的迁移应用，充分讨论应用的条件，培养学生举一反三的能力。在中国新闻史的翻转式课堂中，我们可以做到在布置文献阅读和讨论中，注重先易后难逐步深入的方式。在讨论中培养同学们的知识迁移的能力，如进行现实问题与历史根源的对话，让同学们体验现实是由历史编织而成的道理，这样将学习和现实生活情境联系起来，可以使同学们进入"真问题、真思考"的轨道。

（五）适当的练习影响学习效果

第五条原理是关于"什么样的练习和反馈有助于提高学习效果"的。教师在布置学生练习时，要注意目标导向、难度适中、练习的数量和频率、学生的反馈。在中国新闻史课堂当中，一般不会涉及专门的技能性练习。但每次布置文献阅读和讨论的过程，都是对学生批判和创新思维的训练，并且会获得最为及时的反馈。从教学实践来看，一个学期开始时同学们的发言还稍显稚嫩，到这个学期后半部分，大部分同学已经能够学会先评判经典文献，然后再融入自己的想法进行对具体问题的讨论。这种习惯的养成对他们日后的学习会大有裨益。

（六）健康的学习氛围影响学习效果

第六条原理是关于"为什么课堂氛围会影响学生学习"的。书中认为课堂氛围对学生的学习影响至关重要，影响课堂氛围的因素包括："学生所处的发展阶段""学生与老师之间的刻板印象""教师的语气、教学大纲的设计、教学语言、学生在课堂上给老师的反馈等""教师与学生、学生与学生之间的互动""教学内容""教师所使用的案例、隐喻"等方面。在实践中我们发现，翻转式课堂更容易调节好课堂氛围。它使得教师更容易弄清学生目前所处的发展阶段，更注重师生的互动、学生的反馈，更能促进学生间积极的聆听，营造一种安全的、包容的、尊重的氛围，让学生放松地去表达自己的观点，积极投入到学习中。

（七）成为自主学习者

第七条原理是"让学生成为自主的学习者"。翻转式课堂始终是围绕这一任务展开的。在中国新闻史课堂的实践中，同学们不但能够很好地完成本门课程任务，在其他科目的学习中也普遍加强了自主学习的能力。翻转式课堂的灵魂正是在用知识的理性美去吸引学生自主学习。

四、存在的问题和挑战

笔者在教学实践中也明显感受到这种教学模式存在着一些问题和挑战。一是这种模式中比较强调教师的个人因素。在建立文献库和讨论大纲的过程中，往往一个教师所建立的文献库和讨论大纲是自己科研历程的缩影，因此要保证这种课程的推广，需要有更广泛的学者的参与和论证，以保证其规范性和质量能同时兼顾。二是对同学学习的自主性也有较高要求，尤其是在对分数不敏感的学校或者班级，调动同学们阅读文献的积极性可能更困难一些。笔者在中国人民大学所带的班级不同，学习效果也有差别。三是与教学环境的匹配可能也存在一定的问题。目前很多班级课程已满负荷，其中一个重要的因素是建立在同学们只"听课"的思路上。能否适当减轻课程的"量"，而更重课堂的"质"，留出同学们阅读文献的时间，也是在整体课程体系设计、培养方案中需要考虑的问题。

马克思主义新闻观教育的形成、推进及意义 *

郑保卫　叶　俊

习近平总书记在 2016 年 2 月 19 日党的新闻舆论工作座谈会上的讲话中，概括了在新的时代条件下党的新闻舆论工作要担负的六项职责和使命，即"高举旗帜、引领导向，围绕中心、服务大局，团结人民、鼓舞士气，成风化人、凝心聚力，澄清谬误、明辨是非，联接中外、沟通世界"。紧接着，他强调指出，要承担起这些职责和使命，必须把政治方向摆在第一位，牢牢坚持党性原则，牢牢坚持马克思主义新闻观，牢牢坚持正确舆论导向，牢牢坚持正面宣传为主。2016年 11 月 7 日，习近平在会见中国记协第九届理事会和中国新闻奖、长江韬奋奖获奖者代表时对新闻记者提出了四点希望，其中第一条就是要坚持正确政治方向，同党中央保持高度一致，坚持马克思主义新闻观，坚守党和人民立场，坚持中国特色社会主义，做政治坚定的新闻工作者。

习近平总书记在多种场合反复强调"坚持马克思主义新闻观"，并把这放在他强调的新闻舆论工作者要履行好职责使命必须做到的四个"牢牢坚持"之中，同时明确指出，新闻观是新闻舆论工作的灵魂，要深入开展马克思主义新闻观教育。这充分体现了马克思主义新闻观教育的重要性。

马克思主义新闻观教育是近些年来我国新闻战线一直坚持的学习教育活动，本文将通过对其形成和推进过程的梳理，阐明当前开展马克思主义新闻观教育的意义和价值。

一、"马克思主义新闻观教育"概念的提出及运用

无产阶级和社会主义新闻事业一向重视马克思主义在新闻工作中的指导地位。当年列宁在创办俄国社会民主工党机关报《火星报》时就明确指出，该报的

---

* 原载于《中国大学教学》，2016（12）：15 - 18。叶俊，中国社会科学院—上海市人民政府上海研究院专职研究员，中国人民大学新闻学院博士。

指导方针，一言以蔽之，就是马克思主义。中国共产党自成立起就把马克思主义作为指导思想，并且强调党的报刊工作要由真正忠于马克思主义的共产党人来主持。1948 年刘少奇在对华北记者团的谈话中，把学习马克思主义作为对记者素养的基本要求。近些年来，党的几代领导人都反复强调要加强对新闻工作者的马克思主义新闻观教育。

在我国，"马克思主义新闻学"和"马克思主义新闻思想"等概念在 20 世纪 50 年代就已经有人使用了。但"马克思主义新闻观"的概念则是在 20 世纪 90 年代才开始出现的。其背景是，20 世纪 80 年代中后期在我国出现了资产阶级自由化思潮，由于这股思潮没有得到及时、有效的遏制，致使其开始在社会上泛滥，并最终引发了 1989 年春夏之交的政治风波。当时，一些新闻媒体在这股思潮及风波中出现了舆论导向上的严重错误。

1989 年春夏之交的政治风波之后，我国新闻界开始总结和反思在这场风波中舆论导向方面的失误及教训。在此过程中，新闻队伍思想和作风建设问题被提到了十分重要的位置。正是在这一政治环境和社会背景下，新闻工作的政治要求再次被突出强调，"马克思主义新闻观"这一概念开始进入新闻领域，并日益受到重视。

考察我国马克思主义新闻观教育出现的脉络可以发现，这一概念的提出及运用与当时的政治环境密切相关。"马克思主义新闻观"概念的提出及运用，正是为了强化新闻工作者的政治意识，巩固马克思主义在新闻工作中的指导地位。

20 世纪 80 年代出现的资产阶级自由化思潮引起了新闻学术界的关注。新华社新闻研究所的林枫撰文提出，"对于现行的新闻理论应取分析态度，不宜一概否定"，"新闻观念要更新，但是不宜提新闻观念的全面更新、全方位更新"，"新闻要改革，喉舌的性质要坚持"，"新闻工具的舆论监督作用应当加强，但是不宜强调到不适当的地步"❶。数年之后，林枫认为，他的这些文章联系新闻改革的实际，初步阐述了马克思主义新闻理论和党对新闻工作的原则、方针，批判了僵化思想，着重反对资产阶级自由化思潮和资产阶级新闻观。❷

在 20 世纪 80 年代末到 90 年代初这段时间，新闻工作的"党性"原则问题

---

❶ 林枫. 新闻改革的若干理论问题：上. 新闻与写作，1987（5）：1-3. 林枫. 新闻改革的若干理论问题：中. 新闻与写作，1987（6）：1-3. 林枫. 新闻改革的若干理论问题：下. 新闻与写作，1987（17）：1-2.

❷ 林枫. 继续成为宣传马克思主义新闻观的坚强阵地. 新闻与写作，1994（9）：12-13.

被反复强调，出现了一批专论文章。从这些文章中可以看到，"马克思主义新闻观"概念的提出实际上是针对"资产阶级新闻观"而言的，具有很强的政治内涵。

到了 20 世纪 90 年代，马克思主义新闻观教育得到进一步强化。1995 年 11 月 8 日，江泽民在北京视察工作时指出，"根据当前干部队伍的状况和存在的问题，在对干部进行教育当中，要强调讲学习，讲政治，讲正气"❶。在 1996 年的全国宣传部长会议上，江泽民再次提到了 1989 年春夏之交的政治风波，认为在这次风波中，新闻媒体的舆论导向发生了严重失误，进而提出"要以正确的舆论引导人"❷。在这种政治环境下，新闻的意识形态属性进一步得到强化，增强政治鉴别力、政治敏锐性、政治责任感，成为对新闻工作者素质的基本要求。自觉地在思想上、政治上和行动上同党中央保持一致，成为新闻工作的重要原则，同时也成为马克思主义新闻观教育的核心内容。

正是在这一背景下，"马克思主义新闻观"的概念应运而生。林枫在 1997 年提出，"马克思主义新闻观，是社会主义新闻学的理论基础，是我国新闻工作的指导思想"。他认为，马克思主义新闻观的核心是"无产阶级党性原则"❸。

20 世纪末，在我国出现了马克思主义新闻观研究的一个小高潮。这同 1999 年的科索沃战争和中国驻南联盟大使馆被炸事件有着一定关联。这两个事件发生后，一向以"新闻自由"标榜的西方媒体，暴露出了其对新闻自由问题认识和把握上的双重标准，也显示出其虚伪性。

对此，《新闻通讯》杂志专门以特稿的形式推出了一组马克思主义新闻观研究文章，"旨在深刻透视西方所谓新闻自由的真面目，在新闻界广泛地进行一次马克思主义新闻观的再教育"，并强调"要理直气壮地加强对马克思主义新闻观的宣传，运用马克思主义新闻观的立场、观点和方法，剖析西方'新闻自由'的本质，深刻揭露西方所谓新闻自由的虚伪性"，认为"马克思主义新闻观的本质特点是，鲜明的党性原则"❹。丁柏铨等人撰文揭露了西方新闻界新闻自由的虚伪性，并指出，反观马克思主义的新闻理论，"它关于新闻自由、报刊客观性、真实性、党性及倾向性的阐述，既让人们重新正确分析西方新闻观，也可以帮助

---

❶ 江泽民. 江泽民文选：第 1 卷. 北京：人民出版社，2006：483.

❷ 同①501.

❸ 林枫. 讲政治 要坚持马克思主义新闻观. 新闻战线，1997（7）：3-4.

❹ 孙苏红，沈志强. 进行一次马克思主义新闻观的再教育. 新闻通讯，1999（7）：1.

我们认识新闻规律，办好新闻，为无产阶级事业服务"❶。由此可见，这次马克思主义新闻观研究的小高潮源自批判西方新闻理论中的一些虚伪观点。

综合起来看，"马克思主义新闻观"概念的提出及运用，一方面是出于加强对新闻工作者的思想政治教育的需要，要求新闻工作者讲党性，讲政治，把握正确的政治方向，另一方面也是出于对西方新闻观的批判。这两方面的内容确定了当时马克思主义新闻观的研究范畴和践行目标。

二、马克思主义新闻观教育活动的实施与推进

马克思主义新闻观学习和教育在新闻界的实施，最初是由广东和上海的媒体在 1999 年和 2000 年率先开始的。而 2001 年在全国范围内开展的马克思主义新闻观教育活动，正是在学习和推广广东、上海经验的基础上展开的。2001 年 2 月 27 日，中国记协在北京举行"开展马克思主义新闻观学习教育活动座谈会"。时任中宣部副部长王晨在会上指出，全国新闻界要进一步深入开展马克思主义新闻观教育活动，要把这一活动作为加强新闻队伍建设的根本措施，坚持不懈地开展下去。❷ 此后，《中国记者》《新闻战线》《中华新闻报》等报刊陆续发表相关文章，阐释"马克思主义新闻观"基本内涵，推动马克思主义新闻观的学习、教育和研究。

郑保卫在 2001 年发表于《中国记者》的《马克思主义新闻观的形成与特点》一文中，对马克思主义新闻观做出了定义："所谓马克思主义新闻观，是指马克思主义对于新闻现象和新闻传播活动的总的看法，它涉及诸如新闻本源、新闻本质及新闻传播规律等许多根本性问题。其核心是马克思主义关于无产阶级及其政党新闻事业的工作性质、工作原则和工作规律的一系列基本观点。"他认为，马克思主义新闻观的形成是一个过程，经历了由马克思、恩格斯奠基和以列宁为代表的苏联共产党人、以毛泽东为代表的中国共产党人继承、发展的长期过程，不断充实完善，逐步形成了科学的理论体系。而作为一个科学的理论体系，马克思主义新闻观有其科学内涵，具有"开放性、完整性、原则性、实践性"四大特点。❸

---

❶ 丁柏铨，屈雅红.牢固树立马克思主义新闻观：由西方主流媒体对科索沃问题的报道引起的思考.新闻通讯，1999（7）：13-15.
❷ 中国记协倡导新闻界深入开展马克思主义新闻观活动.新闻导刊，2001（2）：33.
❸ 郑保卫.马克思主义新闻观的形成与特点.中国记者，2001（5）：26-28.

马胜荣则从新闻实践的角度进行了阐释，他认为，马克思主义新闻观教育"是我们国家新闻事业发展的战略需要，也是在国际形势发生重大的变化之后新闻界所遇到的严峻挑战的需要"。他认为，马克思主义新闻观教育的核心是，"学好马克思主义新闻理论的基本观点，明确社会主义新闻事业的性质，坚定坚持党性原则、坚持正确舆论导向原则的立场，提高政治鉴别力和政治敏锐性"❶。

2003 年 10 月 28 日，中宣部、国家广电总局、国家新闻出版总署、中国记协结合学习"三个代表"重要思想，联合发布《关于在新闻战线深入开展"三个代表"重要思想、马克思主义新闻观、职业精神职业道德学习教育活动的通知》。该通知首次在中央文件中提出"马克思主义新闻观"的概念。通知提出，要通过学习教育，"使广大新闻工作者深刻认识新闻舆论工作在意识形态领域的特殊重要性，牢固树立马克思主义新闻观"，"用马克思主义新闻观指导新闻工作，始终坚持新闻工作的党性原则，坚持把正确舆论导向放在首位，坚持为人民服务、为社会主义服务，坚持新闻的真实性原则，坚持政治家办报办台；进一步增强政治意识、大局意识、责任意识，唱响主旋律、打好主动仗、掌握主动权，把好关、把好度、把好导向，贴近实际、贴近生活、贴近群众，为全面建设小康社会营造良好的思想舆论环境"。

在"三项学习教育活动"的推动下，为配合马克思主义新闻观教育，相继出现了一批马克思主义新闻观教材。马克思主义新闻观逐渐成为新闻院校和新闻从业者培训的一门课程。这期间，中宣部等新闻主管部门每年都会提出开展此项活动的意见要求，从而有效推进了马克思主义新闻观的学习、教育和研究活动。

后来，中宣部等部门又在新闻界组织开展"走基层、转作风、改文风"的活动，进而把马克思主义新闻观教育活动推到了一个新的阶段，使得我国新闻战线出现了许多新气象。

2013 年底，中宣部和教育部联合发出《关于地方党委宣传部门与高等学校共建新闻学院的意见》，并在复旦大学召开部校共建新闻学院现场会，由此拉开了全国范围内"部校共建"的序幕。部校共建，有助于宣传部门与新闻院校发挥各自优势，通过互动合作实现双赢效果。而部校共建的重点与核心是加强对新闻学专业学生的思想政治教育，这也使得它成为推进马克思主义新闻观教育的一个新渠道和新形式。

---

❶ 马胜荣. 必须加强马克思主义新闻观的教育. 中国记者，2001（3）：20-21.

三、马克思主义新闻观教育的意义及价值

从马克思主义新闻观概念的出现及运用可以看到，它是适应我国新闻队伍建设的实际需要而出现的。马克思主义新闻观教育活动的意义和价值，从根本上说，就是通过学习和践行马克思主义新闻观，培养和造就一支"政治坚定、业务精湛、作风优良、党和人民放心"的新闻工作队伍，着力提高我国新闻工作者的政治素质和道德修养，增强其责任感和事业心，从而更加自觉地坚持党性原则，坚持正确政治方向，做好新闻宣传和舆论引导工作，更好地为人民服务、为社会主义服务、为党和国家工作大局服务。

习近平在2016年2月19日党的新闻舆论工作座谈会上的讲话中强调，"要把马克思主义贯穿到新闻理论研究、新闻教学中去，使新闻学真正成为一门以马克思主义为指导的学科，使学新闻的学生真正成为牢固树立马克思主义新闻观的优秀人才"。这说明，党和政府对新闻人才特别是后备新闻人才的政治素质要求很高，对马克思主义新闻观教育看得很重。

进入新世纪后，面对国内外意识形态领域的复杂形势，面对媒体格局和传媒生态的深刻变化，身处纷繁复杂的舆论环境，我国新闻工作者如何才能坚定立场、辨明方向，迎接挑战，增强定力，需要有正确的思想和科学的理论做指引，而马克思主义新闻观就是指引当前我国新闻工作的正确思想和科学理论。通过学习和践行马克思主义新闻观，可以增强新闻工作者的政治意识和党性观念，使他们能够时刻保持政治敏锐和思想警觉，防止在新闻工作中迷失政治方向，偏离正确的思想轨道。另外，学习和践行马克思主义新闻观还可以有效防止道德滑坡和职业腐败现象。学习和践行马克思主义新闻观可以帮助新闻工作者自觉地把新闻工作作为为人民服务、为社会主义服务的岗位，努力做一个敬业守责、廉洁奉公的人。

总之，马克思主义新闻观有着鲜明的实践性和强大的生命力，新闻工作者只有坚持用马克思主义新闻观做指导，才不会偏离方向，才能始终站在党和人民的立场，勤奋工作，严以律己，真正做好"党的政策主张的传播者、时代风云的记录者、社会进步的推动者、公平正义的守望者"。

媒体转型时期新闻学教育
更应夯实文史哲基础 *

王润泽　　陈颖川

一、转型时期新闻学教育面临的挑战

问：中国人民大学新闻学院是全国顶尖的新闻学院，作为顶尖新闻学院的资深教授，请问您如何看待转型时期新闻学教育面临的挑战？

王润泽：转型时期新闻学面临的挑战，我认为可以从以下几个方面进行分析论述。第一，由技术引发的新闻的内容理念以及新闻生产消费的整个过程的巨大变化，直接导致"什么是新闻""新闻在社会中的角色和功能""如何进行新闻报道"等一些根本性问题的答案有了更多的可能性。表现在实践层面，就是使以往传统的新闻生产过程、新闻表现、新闻获取方式都发生了改变，这是转型时期对于新闻业务的挑战。比如，大家都在讨论媒介融合，但是业界实践并不理想，几乎没有一家媒体在媒介融合情况下实现了盈利或者实现了比以往传统媒体形式下更好的业务呈现，而传统媒体的盈利和受众量也在下滑。新媒体挽救不了传统媒体，新媒体在自己的领域做得比较好，但它无法融合传统媒体。所以在这样的大背景下，从实践中来的理论就只能根据以往的经验进行一些预测工作。第二个挑战是学界面临的问题。业务领域的挑战直接反馈给了学界，学界在分析我们现在整个新闻业所面临的困境时，提出了自己的一些看法。比如，学界会在新闻理念、概念以及新闻的社会功能、价值体现和构成等一系列学理问题上进行重新思考和界定。

在教学方面，面对媒体转型时期的大背景，甚至学生自己也能感觉到，理论与实践可能常常是脱节的。因为新闻学科是一个实践性非常强的学科，所以新闻学教育一直有一个问题，即新闻学毕业生到业界的时候会发现，学校教的东西与

＊　原载于《教育传媒研究》，2017（3）：12－16。陈颖川，中国人民大学新闻学院硕士研究生。

新闻传播学基础教育守正创新　185

业界的业务匹配度比较低。不过，如果我们新闻学院毕业的学生只追求到了媒体马上就能如鱼得水进行操作，那么我们进行职业培训就行了，不必进行高等教育和人才培养了。所以，我反倒觉得，在媒体转型的大背景下，实际上给学界一个更好的机会反思新闻学科到底应该教授给学生什么，它的定位是什么。

我认为，它是一种思维的训练，也就是对社会系统深入的认知能力，也就是如何发现社会各个层面的问题，分析这些问题和提供正确看待问题的视角。这种思维的训练更多地可能靠文史哲修养。这对新闻学专业的学生来说非常重要，正如新闻传播学专家施拉姆所说，"新闻学院会以这样的假设开始，即它所要造就的学生将是整个大学中最适合于理解和谈论他们所处的那个世界的学生"。这是美国人对于他们自己新闻学院的一种期许，这种情况也同样适用于中国。因为新闻媒介往往掌握着话语权，而新闻学院毕业的学生往往基本掌握着媒介，所以他们对于这个世界的看法往往会直接影响大众传媒对社会和大众的看法。

如果我们新闻学院的学生没有经过很好的文史哲训练，那么他们看待社会的标准只会从新闻学科的标准出发，会比较单纯和偏颇，必须有其他人文社会科学的标准，这样看待社会问题会更加深刻和具有历史眼光。另外，单纯就新闻学来说，中国近现代新闻业与西方有着千丝万缕的联系，而新闻理论的标准很重要的部分往往也是从西方引进的。

新闻学教育本身在于我们要培养什么样的新闻人才，不是技能方面的，而是更深层理念方面的。在技术方面，业界走在了学界前面，因此靠教育培养最新的技术能力可能是缘木求鱼。在理念方面，我觉得瞭望和监督功能是非常重要的，但这个度必须把握好。社会问题可以通过媒介反映呈现，但如果出发点是为了发现而发现，媒介呈现就失去意义了。当然，另一种可能是新闻学教育培养出一些犬儒主义者，这样的新闻人不会独立思考，没有任何自己的想法，这也可能发展成一个大问题。

实际上，在中国，一个优秀记者需要读的书可能比西方记者要多得多。不仅需要文史哲的训练，还需要党史的训练，更需要知道在中国如何去表达，如何做一个桥梁，既能够让上面接受，也能够让老百姓接受，对社会能够产生一种正能量。所以，实际上对新闻学专业的学生要求还是比较高的，相应地对我们的新闻学教育也提出了新要求。

这样看来，在现在整个社会大变革背景下，正是我们重新反思新闻学教育到底要给学生怎样一种训练的契机。学界追技术是永远追不过业界的，如果还是按照传统的那套方法教学生，教出来的学生到社会后将不能适应社会的发展。太阳底下无新事，如果非要说具体的方法，其实我们许多东西只是在技术和社会变革条件下换了一种表现方式和话语体系，在价值判断上还是为了人类的福祉和社会整体向前发展。对于每一个个体和学生而言，新闻学教育可能更多地应该给他一种发现问题、解决问题的思路。

当下，新闻学专业的学生最应该学习的还是沟通的学问，就是学会用各种各样的方式把自己打造成社会的桥梁，起到社会沟通纽带的作用。新闻学院的学生应该学会把这个社会最核心的问题最重要的东西反映出来，也能把政府各个部门、各个领域精英阶层的思想用大众能够明白的话语体系表达出来，锻炼培养自己的沟通能力。同时，也要能够将社会百姓最关心的事情讲明白、讲清楚。所以，我们的新闻学教育应该思考怎样转变，"术"的东西和"道"的东西都要教，"术"和"道"应该是统一的。

问："术"和"道"的统一似乎比较难达到，在实践过程中也容易出现理论与实务脱节的现象，甚至在媒体转型的背景下，"新闻无学"的观点被再次提出，您对这个观点是怎么看的呢？

王润泽："新闻无学"的观点不是第一次被提出来了，它在中国是有传统的。原因有二：一方面是因为西方的部分高等教育没有新闻学，他们认为新闻人才要到实践中去培养。另一方面与我们国家新闻学高等教育的发展历史有关系。不同于文学、哲学、历史学，新闻学高等教育的发展不过一百年左右的光景。这对于构建一个学科来说时间太短了，根基尚浅，许多不了解它的人对比其他历史悠久的学科就会觉得新闻无学。所以，社会上存在"新闻无学"的观点很正常，但这并不能也不应该影响我们新闻学的健康发展。因为一个学科若想要建立，就必须建立起这个学科独有的话语体系、理论体系和概念体系，而且必须能解决一批只有这个学科才能解决的问题。新闻学科当然也有这些要素，问题在于这个学科的根基比较浅，所以才会显得我们这个学科比起历史学、文学、哲学好像是无学的。但实际上，那些学科追溯到最先开始发展的源头阶段时，其研究的问题也不能称之为问题。

所以，我们需要给新闻传播学科足够的时间和耐心。社会如果没有健康的新闻传播，将会变成什么样子？所以这个学科一定有它建立的必要，也有它的社会需求，有它存在的价值，但你要给它时间，一点一点地把这个学科夯实在整个人文社会科学的大厦之中，它才能成长起来。说"新闻无学"这样话的人目光比较短浅，他们看不到一个学科在自身成长过程中的规律性，一个学科不是某一家报纸或者某一个互联网公司，一年两年不盈利就要完蛋。学科的建立不能这么急功近利。现在媒体转型时期发生了许多新案例，可能许多媒体要死掉，积聚了许多成功或失败的案例，我们新闻传播学科也可以从中吸取营养或教训，丰富和建构出自己的新理论框架和话语体系。

二、转型时期更需要夯实文史哲基础

问：文史哲基础能从哪些方面为新闻学教育做贡献呢？

王润泽：我认为，夯实文史哲基础最大的作用是在纷繁复杂的社会变革中能够抓取最根本的问题。我特别愿意举的一个例子是，路透社在招人的时候，从来不考消息或者通讯的写法，而是考文史哲的内容。所以，路透社的记者总是能够透过表象看到问题的本质。路透社曾经有一个独臂记者，他在采访描写诺曼底登陆的时候，同行的其他所有记者在单纯描述诺曼底登陆的现场，只有这个记者最后一句话写道："我们在诺曼底登陆了，第二次世界大战就要结束了。"这句话太厉害了。为什么一个记者能够看得这么深、这么准，能够对趋势作出这么准确的判断？这绝不是单纯的技术或业务训练所能赋予的，这是一种哲学的和历史的思考。原来我们培养人才，文字方面要求很高，现在有 VR 技术，可能我们对于笔头的要求没有以前那么高了。但是文史哲不分家，我个人反而感觉这种趋势是一种退步，文笔表达得好也一定是基于细致敏锐的观察。不管是微博还是微信等新媒体，如果能在有限的容量里准确、清晰、快速地把事情讲清楚和抓住本质，将会是非常好的一种素养。所以，夯实文史哲基础就是让我们在纷繁复杂的世界里，面对各个层面的大小问题，可以快速找到最核心、最重要的部分。现在技术的发展要求我们在一个很有限的容量中把事实表达出来，新闻学子怎样才能让你的东西看起来和别人的不一样，这就需要有看问题的深度。

哲学是世界观和方法论的统一，而新闻是把你看到的东西以大众能够理解、接受的方式呈现出来。新闻学子对传统媒介的各种话语表达方式（广播、电视、报纸、杂志）以及新媒体时代的表达方式，如果不够了解，呈现就不到位。不同媒体通过自己的"语言"体系呈现属于自己的拟态环境，媒体呈的环境与人的认知之间有一定的关联。当大家已经完全接受新媒体呈现的世界时，传统媒体如果还依旧呈现那种呆板的世界，那么肯定是不行的。

问：那么，您如何看待文史哲基础与新媒体的关系？

王润泽：文史哲基础可能更多的是提供给新媒体技术以人文价值观。因为技术自己也可以形成一套价值观，比如"更快、更多、更新"等，技术背后有一套自己的价值逻辑。但是文史哲，或者说我们人类有另一套自己的价值逻辑，这两种逻辑或者说价值观有时的确会发生冲突，但我们要明确一点，我们一定要用人类的价值观引领技术的价值观向前走，而不能变成技术的奴隶或者脑残粉。如果没有人文价值对其限制，技术就会变成脱缰的野马。举个例子，前一段时间有个新闻，讲用一台摄像机对一个人的话语和面部表情录制 20 分钟，就完全可以造出一套假的说辞，而且和真的一样，这将是一件很可怕的事情。这样我们就不能够相信任何录像、录音了，因为它们可以造假而都不具备法律效力，试想这样社会将变成什么样子。

当然新兴技术也有它的好处，比如降低电影制作成本。但这种技术会给社会带来怎样的困扰呢？技术如果再任性地继续发展下去，我们的真实性似乎又失去标准了。

综上所述，我们更需要文史哲逻辑帮助我们进行判断。当然现在技术已经发展到这个程度，我们在享受技术带来方便的同时，一定要理性地看待它、约束它。其实这种技术出现后，我们都可以想想对新闻会有怎样的冲击，我们作为坚守真实的行业如何保证新闻的真实，由此看来，新闻学教育的存在似乎更加有必要了。

三、新闻史教育的创新和改革

问：既然文史哲基础如此重要，那新闻史教育在新闻教育中的地位是否更应该夯实一些？

王润泽：的确是这样。在技术大发展的情况下，实际上正是我们夯实新闻理论和新闻史的研究以及加大它们在教学中比重的一个很好的契机。我不太赞成一些新的新闻学院成立以后，压缩新闻教育中新闻理论和新闻史的课程比例，更多地去追赶新技术，我觉得这种状态实际上非常危险。表面上看好像很实用，但新闻学院最后培养出来的学生不是为了毕业后拿到设备就可以精确地操作，而是能准确把握这个社会的律动，把这个社会最核心、最关键的问题反映出来。

对于业务技术，我个人认为可以接触和了解，但只要知道方向和原理就足矣。如果沉浸其中，让大部分新闻教育的力量、课程的安排去追新媒体，我觉得是舍本逐末。

事实上，新技术和新媒体的发展恰恰给新闻理论的教育和研究提供了新契机和新课题。太阳底下无新事，我们今天面临新媒体带来的冲击，其实与当年的第一次工业革命以及后来20世纪六七十年代的信息革命给我们带来的冲击是一样的。所以，我们可以对工业革命和技术革命给人类走向带来的变化进行反思总结。

新媒体给人类社会带来的弯路或者说负面影响，我们通过历史的研究和发掘可以努力去避免。比如19世纪末，经济的发展和印刷机大量出现的时候，最开始对媒体的道德水准有一个拉低作用，黄色报纸也是在那个时候出现的，对整个社会的价值判断也有一个拉低的作用，之后才慢慢调整过来。而且当印刷媒体大量出现的时候，假报道也变得特别多。其实这种情况在新媒体出现的时候也能看到，微信、微博上大家转载的许多东西，后来会发现逆转现象比较多。

所以，历史上所谓的"新媒体"，通过假新闻和谣言站位的比较多。因为在传统媒体界，新媒体要分一杯羹比较困难。这就会刺激一部分新媒体制造出大量似是而非甚至虚假的东西。当然，这样的东西最后肯定会被淘汰。

但从哲学层面上说，这些流行的新内容反映了社会某个层面或者人性的某个层面真实的东西，只是以前被传统媒体忽略了。新媒体把我们带到了各个层面的真实中，我们在各个层面的真实中穿梭可能会更快。有时这种带入并没有让我们变得更好，反而会使我们困惑迷茫，甚至许多新闻人会迷失在互联网海量的信息之中，承受巨大的信息压力，迷失在对社会的判断中。

因此，这就更需要文史哲基础和功底帮助我们认清现实，抓住核心和本质。新闻史教育作为新闻学教育中文史哲基础的重要一环，它的地位理应得到重视和提高。

问：新闻史教育在目前新闻学教育中应如何创新和改革？

王润泽：新闻史教育改革的速度一定比较慢。因为对于史学来讲，构建一套框架体系并不容易。新闻史教育的教材我们现在编了三本，第一本是最经典的以革命史为逻辑进行书写的第一代教材，现在这本教材还是最畅销的，而且被引用率也排在第一。因为新闻史的教学很难，与新闻业务、新闻理论的教学不一样。新闻史教学中，一位教师建立起一套教学体系后，很难被打破重建。因为教师的整个知识储备要扎实、厚重到一定程度，才有可能实现转变。一般来说，历史的教学和研究如果想实现一个大的转变，一个个体可能要用几年甚至十几年的时间才能够实现。

因为新闻史教育具有基础性特点，所以对新闻史教育改革和创新的呼声很高。但由于学科特性，进展几乎是最缓慢的。所以，我们第二本新闻传播史教材是用现代化范式来构建的，把新闻纳入整个社会的发展过程中，讲述新闻内部的发展，讲述作为一个行业或者职业是如何构建起来的。从技术、业务、管理、制度、理念的层面讲作为一个职业和专业领域是如何进步的，这样就会形成本体意识和专业意识。

第三种教材是新闻媒介史，完全是站在新闻本体的角度进行书写的。比如中国新闻史，近代以来宗教报纸起了很大的作用，外国人在华报纸起了很大的作用，那么这些东西对中国自身媒介产生了怎样的影响？在中国为什么政论报纸是作为第一批立得住的而且是对社会影响非常大的报纸类型？西方报业许多都是经济推动，为什么中国报业许多都是政治因素在推动呢？

这些都是站在媒介自身的角度来进行研究的，研究出来的成果与最后教给学生的东西不尽相同，所以新闻史教育改革需要更多的学术积累。既然现在社会给了我们新闻史教育这么大的机遇，社会和市场的需求、学生和业界的需求要求我们进行改革，教师们就不要有太多惰性。有一些新的年轻教师，在研究上他们的问题意识和视角已经很新、很好。那么就把个案一个一个研究透彻，带着问题意识把研究成果呈现给大家，一步一个脚印，这样就很好了。

新闻史教育的改革和创新需要漫长的时间，需要一代人甚至几代人的共同努力。但是从每一个个案的讲解上，改革和创新已经一点一点地显现出来了，只是从整个大的发展上我们没有太看得出来。新闻史教学领域，大家在积累量变，相信到一定程度质变就会出现了。学科的发展有其自身规律，所以要给新闻传播学科足够的耐心和时间，让它形成水到渠成的质变，这样教学改革的效果就显而易见了。

四、新闻史研究的创新路径

问：对于新闻史研究的创新路径，您还有什么建议和看法？

王润泽：就一般的论文层面来说，我个人认为确切的问题意识是重要的出发点。问题的抓取可以通过这样几个层面进行：

第一，关注关于新闻传播本体的、自身的只能是运用学科自身的概念、理论和框架才能解决的问题，而且是深层次的问题，不是以往描述性的历史研究，这是夯实新闻传播学科基础的重要思路。这个方面，宁树藩教授、丁淦林教授、方汉奇教授、童兵教授、吴廷俊教授等都提倡过。新闻学在中国不到一百年的历史，如此短暂的历史在人文社科的大家庭里注定是新生学科，我们要学会自己走路、独立发展，必须要有学科的主体意识。从每一篇论文、每一个概念、每一次思考出发，一点点深入，一点点进步，夯实学科主体地位。

即使是借鉴和利用别的学科，也一定是为我所用，而不能反过来，我们去给他人做嫁衣裳。跨学科的问题，就我目前的阅读范围和浅见，有两个特点：一种是用我们的材料，跨着别的学科的理论和问题，解决另外学科的问题，这个在社会学、思想史等方面比较突出；另外一种是借鉴其他学科的框架理论作为装点，但讲的还是传统问题，只是换了一种话语风格和体系，重新解读原来的问题，这种情况在新闻史研究中还是比较多的。

第二，不断开掘问题的深度。如果这是新闻学方面的问题，那还要进一步想一下，这个问题是不是中国独有的问题，能否从中挖掘出中国的时代特色？在不同时空条件下，甚至在相同文化背景而不同的时代，新闻所呈现的文化精神和内容是千差万别的。中央提出要有理论、道路、制度、文化的自信，学界也提出概念、话语体系等方面的自信，大力提倡研究和展示中国的经验以贡献于世界。我们中国新闻传播学界也要有这样的自信和自觉。在研究中，充分汲取材料中的有效成分，积极探索中国新闻学的特殊路径和推动中国社会发展的经验，真正指导业界当下和未来的发展。

另外，除史德、史实、史观等新闻史最基础的要素外，从技术层面看，目前新闻史研究中一个普遍存在的问题是对史料的解读，由此还需要注意做足三个层面的工作：第一个层面是对文本本身的解读，即对文本的正确理解和引用；第二个层面是对文本"小语境"的解读，即通过专业知识，对文本进行合乎学科逻辑的解读、判断和评价，即用当代的语言对文献对象进行适当的解读；第三个层面是对"大语境"的解读，即谁，为什么，在哪里留下的这个文献，是否有针对的问题或者潜在的问题，表达的意识是什么？对"大语境"的解读可以帮助我们真正与文献作者对话，与自己对话，与当下学者对话，也与未来对话。但目前的研究，大家对文献的解读还集中在第一个层面，表现在论文中使用大量的引号和引语，顶多涉及第二个层面的解读。实际上，文献解读的深度决定了文章和问题的深度。这方面，是研究创新最根本的功力。

第四部分

新闻传播学业务教学
探索发展

知识·能力·素质[*]

——寻求新闻评论教学的创新与突破

涂光晋

"评论是报纸的灵魂，是报纸的主要声音"❶，在组织舆论、反映舆论、引导舆论和进行舆论监督等方面，新闻评论始终起着其他类型的传播手段无法替代的作用。

进入新世纪以来，新闻评论得到前所未有的重视与拓展：越来越多的报纸开辟了言论版，广播电视的各个频道开办了不同类型的评论性节目，网络媒体开设了名目繁多的论坛、讨论区以及博客网站……新闻评论已成为新闻媒体及广大公众发表评论、表达意见、参与社会的重要方式。

新闻评论是我国新闻传播学一级学科中应用新闻学教学与研究的重要组成部分，也是我国新闻传播教育和新闻传播实践不可或缺的重点和支点之一。但由于课程内容及讲授要求等方面较其他新闻业务课程更具难度，致使一些新闻院系长期无力开设或外聘新闻界人士讲授这门课程。

在新闻评论的地位日渐显要、运用日益广泛的今天，新闻媒体对合格的新闻评论人才的需求日显迫切，对新闻从业人员评论意识与评论素质的培养成为一种现实的需要，新闻评论课程也面临着如何跟上新闻传播实践的最新发展，吸收国内外相关研究的最新成果，适应当代大学生的接受方式和接受心理，在课程建设上进一步创新与突破的问题。

一、课程定位的创新："专业教育＋素质教育"

作为一门新闻业务课程，新闻评论首先是对新闻学、广播电视新闻学等专业的学生——未来的新闻从业人员所进行的专业知识传授、思维训练和技能培养。

＊ 原载于《新闻战线》，2006（4）：58-61。

❶ 胡乔木．要加强地方报纸的评论工作//胡文龙，秦珪，涂光晋．新闻评论教程．北京：中国人民大学出版社，1998：215．

课程主要讲授新闻评论的基本理论、基本知识与基本技能，使学生较为全面地获知新闻评论发展的历史、现状与趋势，了解新闻评论写作或制作的主要环节与基本程序，熟悉包括报刊、广播、电视和网络在内的不同媒介、不同体裁新闻评论的基本概念、特点、写作（或制作）的要求与方法，掌握新闻评论主要体裁写作及制作的基本技能。

新世纪新闻评论实践的发展，对新闻评论课程提出新的要求：一方面是各类媒体新闻评论地位的显著上升与广泛应用，另一方面是学生就业选择更加广泛与多样。因此，新闻评论在定位于专业课程的同时，也应该成为一门媒介素养课程。也就是说，一方面，随着媒介竞争的加剧和传播技术的发展，新闻评论已成为各类新闻媒体思想力和影响力大小的重要标志，要成为一个称职的新闻工作者，应该全面掌握这种重要的传播手段；另一方面，新闻评论教学还是对人们清晰的思考能力和准确的表达能力的一种培养和训练，随着社会民主进程的推进，是否具有评论意识和评论能力，日益成为一个合格的公民思考力和行动力的重要体现。今天的新闻评论教学，不仅是一种专业或职业的知识传授或技能训练，也应该成为一种实现公众话语权、培养意见表达能力的教育，即新闻评论不仅是一门新闻学专业课程，也可以作为一门媒介素养教育的公共课程。对于新闻评论教学的这种更为开阔的理解和运用，与培养"厚基础、宽口径"的复合型人才的发展思路可能更为契合。

在具体操作中，则可以针对有代表性的新闻评论作品或围绕新近发生的典型事件，通过课上交流、课下作业等形式，引导学生进行事实判断、价值判断的讨论与训练，写作或制作分别代表媒体、编者或个人的不同体裁的评论，以培养学生对新闻事件或社会问题准确的判断能力、缜密的思考能力、清晰的表达能力和对常用评论体裁的运用能力。

二、课程思路的创新："媒介体裁＋传播系统"

以往的新闻评论教学侧重于从新闻评论的具体实践与实际需要出发，除介绍包括选题立论、说理论述、标题结构在内的新闻评论的运作流程和操作方式外，重点是对不同体裁的新闻评论进行分门别类的知识传授和操作训练。近年来，新闻评论已由单篇评论的构思与写作发展为对重大事件或问题的整体策划或专题策划，由对某类评论体裁、文章的写作或编辑发展为对评论栏目以至评论专版的设计与经营。如今的新闻评论，不仅囊括了各类评论体裁与样式，也成为有别于新闻报道的一大类特殊的传播系统。为此，新闻评论的教学与研究，不仅应该让学生了解新闻评论采集、加工、整合、传播的基本原理、基本知识与基本技能，掌握常用的新闻评论体裁（如小言论、时评、编者按语、主持人评论等）的写作与制作方法，对意见性信息的传播系统与传播规律也应有一个总体的认识与把握。

由此出发，在讲授新闻评论的历史与现状时，不仅应该关注不同评论体裁的演进，而且应该关注由此带来的新闻评论传播理念、传播内容、传播形态、传播方式和传播手段的变化。如广播电视述评中论据的纪实性、议论的参与性与观点的复合性，网络言论中选题的随动性、观点的多元性、交流的互动性等，既带来了不同于以往报刊评论的新的评论体裁与样式，也带来了对传统评论理念、评论方式与评论手法的新的突破。

从新闻评论体裁类型与传播系统的双重视角出发，我们在讲授与训练学生的评论思维与意见表达时，侧重于思维的基本规律、判断的基本标准和评论的基本原则；在讲授不同媒体或不同体裁新闻评论的写作或制作时，则强调不同媒体及体裁的特殊要求与特殊做法。

三、课程内容的创新："评论的多媒体延伸＋跨文化延伸"

与我国新闻评论的实践相对应，在很长的一段时期内，新闻评论的教学内容以报纸评论为主。改革开放以来，特别是近 10 年来，新闻评论从传统的报刊评论向广播、电视和网络延伸，一些更符合不同媒体自身特点的评论样式不断出现并日臻完善。

从 20 世纪 80 年代中后期起，随着各类广播评论节目的兴起和《观察与思考》等电视评论栏目的开办，中国人民大学新闻学院的新闻评论课程中开始增加广播电视评论方面的内容，先后开设了广播电视新闻专业本科生及研究生的广播电视评论课程。

90 年代末以来，随着互联网的崛起，包括网络媒体评论、论坛评论及自发言论在内的网络言论开始勃兴。自此，网络言论成为从事新闻评论教学者应该关注的研究对象，也成为人大新闻学院新闻评论课程新的教学内容。

世纪之交，报刊言论版开始出现并日渐普及，不同评论体裁的整合、不同栏目的设置与不同观点的交锋，构成了报刊新闻评论新的景观，同时使新闻评论的功能进一步扩大和延展——从以媒体为主的意见发布发展为媒体与公众意见表达与信息交流的共同平台。对于报刊言论版的介绍，近两年纳入新闻评论教学的视野。

过去在新闻评论教学中，不仅存在"重传统媒体的评论，忽视新兴媒体的评论"的倾向，而且存在"重国内问题的评论，忽视国际问题的评论""只讲中国的评论，不讲外国的评论"的问题。随着全球化、信息化时代的来临，在重点讲授我国有关国内外重大事件或问题的新闻评论的同时，我们加强了关于国外主流媒体新闻评论的教学内容，介绍国外基于不同媒介体制、媒介传统的不同评论理念与分类标准，分析有代表性的评论类型、评论作品与言论版，使新闻评论教学在更具系统性的同时，更具开放性。

四、教学方法的创新："案例教学＋互动讨论＋模拟训练"

新闻评论是一门应用性很强的专业课程，既强调学生新闻评论专业素质的培养，也重视学生新闻评论专业技能的训练。在讲授新闻评论的基本原理与基本知识的过程中，结合具体作品或案例，训练学生对于新闻价值与评论价值的敏感性与判断力，在传授知识的过程中培养学生的评论意识与创新思维。在讲授不同评论体裁、样式的特点及写作、制作要求的过程中，让学生动手与动脑相结合，课堂讲授与课上讨论相结合，作业练习与作业讲评相结合，网上答疑与网上互动相结合，以收到更好的教学效果。

为适应现代科技的发展特别是电子技术的发展，在教学实践中，人大新闻学院新闻评论课程将教学内容制作成 PPT 课件，将相关评论作品逐级链接，并综合运用网络、多媒体等现代化教学手段，通过案例教学、课堂讨论、模拟训练、网络互动等方式完成基本教学，辅之以课内外评论写作或制作练习、作业讲评等方式充实教学内容、巩固教学效果。

不同时期各类媒体的代表性新闻评论作品，为新闻评论教学提供了大量的经典案例，新闻评论的案例教学，要贯穿于评论思维训练、表达训练和写作训练等各个环节。如结合 2005 年发生的引起社会普遍关注的"佘祥林杀妻冤案"，首先让学生了解这一事件的背景、过程与结果，组织学生对这一事件的评论价值与评论角度进行课堂讨论；在佘祥林及家人获得国家赔偿后，让学生为这一后续报道配写一篇编后并进行作业讲评；再以有关这一事件的一篇代表性报刊评论为对象，布置学生写作一篇作品评析；最后，综合有关这一事件的报刊、电视和网络评论，组织学生对不同评论的优劣得失进行互动式专题讨论……此种结合刚刚发生的新闻事件及相关评论的案例教学，综合运用课堂讨论、模拟训练、写作练习和作业讲评等方式，有助于培养学生的评论意识、评论素养与评论能力，在价值多元化的今天，有助于学生领会和把握新闻评论"公正""公平"的原则，培养学生作为未来新闻工作者与合格公民的社会责任感与意见表达能力。而课后师生间及学生间的网上互动，适应了信息时代青年人的信息接收方式和接收习惯，有利于学生对课程内容的进一步理解。

五、教学团队的创新："教学型＋科研型＋实践型"

目前我国新闻传播教师队伍，特别是新闻业务教师队伍，基本上由两类人构成：一类是"从校门到校门"、拥有较高学历和较为丰富教学经验的"学院派"教师；另一类是拥有长期的新闻实践经历与丰富的新闻实践经验，转而到高校任教的"实践派"教师。就一般情况而言，前者更需要实践积累，后者更需要学术提升；真正实现教学与科研、理论与实践成功对接者为数不多。

要使包括新闻评论在内的新闻业务课程适合学生专业学习的需要，满足高校人才培养的需要，适应新闻单位工作实践的需要，不仅要有科学而系统的课程体系、新鲜而充实的教学内容、先进的教学理念和高科技的教学手段，还应具有一支高水平的师资队伍，出版一批优秀的教材与教学参考资料。

中国人民大学新闻系，即新闻学院前身，1955 年建系之初即开设了新闻评论课程，曾任《人民日报》副总编辑的第一任系主任安岗担任主讲教师。50 年来，人大新闻学院新闻评论课程始终保持三名以上主讲教师及较为合理的年龄梯队和职称梯队。

在教学团队建设上，我们坚持"走出去""请进来"：除提倡主讲教师在职攻读博士学位外，还鼓励教师与新闻实践部门保持密切的联系，直接参与新闻评论的栏目策划、评论写作（或制作）、作品评奖、业务研讨等新闻实践活动，使教学内容及时反映新闻实践的最新变化与发展，结合新鲜、典型的评论作品进行案例教学。此外，为使新闻评论教学与新闻评论实践尽可能保持同步，每轮课程都邀请新闻业界知名的评论员或主持人做新闻评论专题讲座，结合新闻传播的具体实践，建立教学部门与实践部门经常性的密切联系，增强学生对社会和新闻传播实际情况的了解，开阔学生的学科视野，提高学生的专业素养，加深他们对新闻传播前沿问题、前沿课题的关注和了解。

由于教师间学科背景、工作经历有所不同，人大新闻学院在教学团队建设中，注意让有多年教学经验与有多年实践经验的教师互补，让知识结构与能力结构互补，整合团队优势，实现资源共享。逐步改变以往教师"各自为战"的教学状况，加强教学交流研讨，在校、市及国家级精品课建设过程中，整合教学案例、参考材料、试题作业及其他教学资源，并将以上内容全部在网上公布，以求在全国范围内实现课程资源的共享。

自 20 世纪 80 年代中期至今，本课程的主讲教师先后撰写或编写了 15 本面向本科生、广播电视大学学生和自学考试学生等不同对象、不同类型的教材、教学参考资料以及学术专著；先后主持了"中国新闻评论发展研究"等国家社科基金项目和教育部重大科研课题的研究工作。以教学启动科研，以科研促进教学，在这种教学与科研的互动与并进中，最新的科研成果可以及时应用于教学之中，也使课程的教学内容、教学质量与教学视野有了进一步提升的可能。

由于新闻评论的特殊地位与作用，其与以传播事实性信息为主的新闻报道有明显的不同；同样，由于新闻评论特殊的教学目标与教学内容，其与新闻采访、写作、编辑等课程也有明显的不同。准确地把握新闻评论教学与新闻评论实践的联系与区别，新闻评论课程与其他新闻实务课程的联系与区别，并在实践中不断探索与创新，既是新闻评论教学的出发点，也是它的归宿。

试析"大广告"时代的我国广告教育*

倪　宁　谭宇菲

当今世界，经济、技术、社会、文化飞速发展，信息生产与交流、社会关系、生活方式瞬息万变，我国也不可避免地受到时代浪潮的洗礼，正在发生着翻天覆地的变化。近年来，"全球化""WTO""新媒介时代""新营销时代""2008年北京奥运会"等大事件和时代热点关键词，不仅成为领导者、专家学者们热议的话题，也实实在在地进入和影响着人们的日常生活。

反观时代变化的历程、大事件的发生发展以及迎面而来的未来世界，无论是广告从业人员还是广告学界的研究者，都不难发现其中广告的存在和不容忽视的作用。我国实行改革开放，其中一个巨大的变化就是广告以全新的面貌重新回到我国的经济领域乃至社会文化之中。这30年来，广告以多种"变身"必然而非偶然地渗透在我国经济发展、社会进步的各个阶段和每个领域，不觉让我们发现：一个"大广告"时代已经到来。

如何适应这样的一个新时代？广告教育、广告人才的培养是至关重要的。从厦门大学建立广告学专业算起，我国现代广告专业教育已经走过26个年头的历程，取得令人瞩目的发展。但是，应该承认，我国的广告教育还是处在一个不尴不尬的境地，需要突破、需要跨越。这些年来，我国许多有识之士都在积极关心着我国广告教育的改革创新，在探究、在思索，从不同视角寻求我国广告教育必然到来的变革之路。

从何入手？笔者认为，我国广告教育的进一步发展，不能仅仅停留在对专业教育特别是高校专业教育进行"就事论事"的摸索中，而是应该准确把握新时代条件下延展了的广告适用领域、作用、影响力，打破对广告的偏颇认知，对广告教育进行重新定位，以形成符合时代特征的广告教育观念，从宏观层面构建对我国广告教育的正确认知，才能进一步改善我国广告教育的层次结构、课程设置、

＊　原载于《国际新闻界》，2009（5）：10-13，25。谭宇菲，中国人民大学新闻学院2008级博士生。

师资队伍建设、学术研究、就业指导等具体问题。

一、正确认识"大广告"时代

我们所生活的当代，不同于以往任何时代的一个显著特征，是媒介技术的快速发展，随之带来革新浪潮的出现。媒介技术的发展，不仅仅是在技术层面发生作用，它还深刻影响着经济、政治、文化等领域，引导着社会转型的不断发生。安东尼·吉登斯在《失控的世界》中指出，"即时电子通讯不仅仅是新闻或信息传递的更快捷方式。它的存在改变了我们的生活结构"❶。秉承时代脉络特征，从广告的视角看，广告业的发展，已经将当下这个时代带进"大广告"时代。

概言之，"大广告"时代与传统社会相比，最根本的区别在于社会广告意识的转型，而社会广告意识转型是基于广告作为与媒介技术紧密相关的一种社会存在，在社会中的广度、深度和影响力等方面的渗透扩张不断强化来实现的。同时，"大广告"也提供了从广告的视角探讨社会发展的未来趋势的新思路。

具体说来，"大广告"时代的特征，主要表现在以下几个方面：

第一，媒介技术的迅猛发展，特别是网络、手机等新媒体的出现，使得社会成员个体成为明确的广告受众，极大地增强了广告的渗透力。此外，由于媒介某种程度上从"大众"向"小众"回归，将受众细分成更小的群体单位，加之媒体更新周期的缩短、新媒体的不断涌现、媒体类型的多样化、技术的复杂性，"做广告"的每一个环节都变得更为复杂。

第二，由于经济、社会、文化等领域相互勾连的程度不断强化，广告不再只是经济领域的辅助工具，而成为经济、社会、文化甚至外交、政治等领域不可或缺的手段和内容，从而实现了广告领域的延展。

第三，"大广告"时代还表现在广告构筑了自身从宏观到微观强大的影响力。从宏观层面来看，广告形成的权力体系影响着社会、文化、意识形态等各个方面；从微观层面来看，广告影响着家庭、社会成员个体的情感、习惯甚至具体的行为。

第四，随着广告实践对我国社会影响广度、深度的不断延伸，对广告的社会认知经历了一个从极端排斥、质疑观望、初步接受到主动采纳与客观评价相融合的过程，这是新技术影响下的广告客观实践对社会广告意识产生的必然影响。反

---

❶ 吉登斯. 失控的世界. 周红云，译. 南昌：江西人民出版社，2001：7.

过来，广告意识的转型对于引导和建立健康积极的广告运作体系、公正客观的广告评价体系有着十分重要的作用。

第五，为了更好地满足社会融合、信息交流的需求，广告与宣传、营销、公共关系等其他形式和手段的界限逐渐模糊。由于没能正确把握"大广告"时代的特征，曾经一度对"广告第一"还是"公关第一"产生过激烈讨论，实际上，具体的信息传播活动都是广告与其他传播手段相互融合、共同作用的结果。

基于对"大广告"时代的剖析和把握，本文将围绕这一时代背景展开对我国广告教育的探析。

二、正确定义广告地位，树立广告教育的自尊与自信

（一）广告地位及广告教育认知现状

从"大广告"时代特征的描述中不难看出，广告在时代发展和社会生活中发挥着举足轻重的作用，客观上来看，广告理应得到社会的认可和尊重。但在我国，由于根深蒂固的计划经济意识，以及广告市场的不规范运作，尽管我国现代广告业已"三十而立"，但广告运作整体水平较低、广告从业人员素质不够、广告法律法规不健全以及监管不力，广告因其负面影响受到批评、否定甚至排斥，广告消极的"刻板印象"影响依然存在，广告所扮演的社会角色仍然得不到客观公正的认可，广告的社会地位一直处于尴尬的局面。

由于广告的行业地位得不到重视，我国现代广告教育从 20 世纪 80 年代发端，在这 20 多年的成长过程中，尽管在体系架构、培养目标、人才规格、课程设置、教学内容、教材建设等方面已取得诸多成绩，但始终处在边缘化的位置，成为提升广告教育水平的最大阻碍。而且，从专业群体自身来看，由于缺乏对自我的认识、肯定和尊重，无论是广告专业教师还是广告专业的学生，在谈及广告行业发展及专业教育时，或多或少都显露着底气不足，表现出我国广告教育内在动力的匮乏。

（二）为广告进一步"正名"，树立广告教育自尊与自信

要解决我国广告教育的诸多问题，就应该首先树立广告行业的社会地位。从 1979 年 1 月 14 日上海《文汇报》刊登由丁允朋撰写的文章《为广告正名》开始，为广告"正名"的呼声就没有停息过。

从社会认识来看，当初丁允朋《为广告正名》一文中提到的广告就是"摆噱

头""吹牛皮""资本主义生意经"❶ 的认识，如今已经有了根本性的改变，但人们对广告作用的肯定，主要集中在经济层面，广告在政治、文化、社会生活等领域发挥的作用，既未得到正确认识，也没有得到充分开发利用。即便近年来我国公益广告迅猛发展，在维护社会公德、促进改善社会公共利益问题等方面发挥了重要作用，但仍不够规范，且带有商业色彩。这些都可能导致社会对广告片面的认识。在这样的一个广告无处不在的"大广告"时代，需要为广告进一步"正名"，加强全社会的广告素养教育，进一步认识广告的社会地位，给予广告行业一个客观公允的评价，进而树立广告的专业理想，为广告行业的发展和广告教育提供精神动力。

从广告教育自身来看，"广告学"至今尚没有应有的"名分"。尽管广告学专业在本科阶段榜上有名，但从国家学科目录中，找不出广告学专业的踪影，许多高级专门人才"出师无名"，"广告无学"的阴影犹存。而业界对广告专业培养方面仍有误解，认为主要是"写写""画画"的技艺，专业的学识背景、受教育的程度似乎并不重要。

业界对从业人员的选择取向与我国广告发展初期的特征相吻合，形成了以人际关系作为基础，以广告媒介购买业务作为利润主要来源，辅以简单的广告设计的运作模式。在这样的运作模式下，广告专业教育输送的人才，特别是初出校园毫无社会人脉的学生，确实没有任何优势可言。

但随着全球广告产业实践的飞速发展、相互融合，广告实践活动无论在地域空间还是在社会体系中都得到空前延展，涉及政治、文化、意识形态、经济、法律、管理等众多领域，广告在推动社会进步方面发挥着前所未有的作用。"写写""画画""请客吃饭"的运作模式已经不符合时代对于广告的要求，客观上要求高素质的专业人才作为智力支持，也即广告专业教育的意义所在。由此，从外部环境来看，无论是广告业界、相关政府机构还是全社会都应对广告教育和广告人才予以新的期待，从思想上和精神上给予支持，并提供相应的资源、人力、物力等方面的协助。从广告教育发展的内因来看，专业教育机构、专业教师、专业人才对广告教育的自尊和自信才是推动广告教育良性发展的根本动因。

---

❶ 丁允朋. 为广告正名. 文汇报，1979-01-14 (2).

三、"大广告"时代广告人才观的重新定位

(一) 我国既有广告教育及人才培养的再思考

我国广告教育发展的 20 多年，在实施专业教育的过程中，根据学校既有的专业优势和就业需求，各类学校在培养学生的广告理论、操作技能、创新思维等方面各有偏重，在学科定位、课程设置、师资结构等方面都存在巨大差异。对于广告教育应该培养怎样的专业人才，在学界和业界一直都存在着"重视理论"还是"偏重技能"、"国际化教育"还是"本土化教育"等激烈争论。

换一种思路，若能将广告教育及人才培养这一问题的讨论摆脱"就事论事"的束缚，放在社会大背景下来看，对广告人才培养目标、教育手段、培养方式等具体内容的分歧其实完全属于"仁者见仁，智者见智"的差异，因而在这一问题上的争论甚至于相互之间的否定、贬低就显得有些狭隘了。

事实上，对广告教育应该培养怎样的专业人才的讨论应从观念入手，引导广告教育及人才培养的正确方向，而实际的教育活动本就应该从各地、各类学校自身条件和社会需求出发，"因地制宜""因校制宜"实施多元性、多样化教育，形成结构合理、层次分明、各有所长的教育体系。

(二) 建立"大广告"时代以"素质"为核心的人才观

在"大广告"时代，由于社会对广告需求的不断增加，广告涉及领域的不断拓展，不仅广告专业人才需要适应商业活动的需求，在文化、政治等各领域也需要更高素质的广告专业人才队伍，人才不仅仅流向如媒体、广告公司等就业领域，企业、事业单位、政府部门等各行各业都需要高素质的广告专业人才，加上媒介技术不断提速的更新步伐，广告教育不仅几乎不可能培养出"广告全才"，甚至四年的大学本科教育都不可能将现有的广告理论、操作技能等完全教授给学生。乐观地看，广告人才的就业领域确是越来越宽了，但由于技术细分、市场细分，广告的大规模"机械复制"逐渐被消解，从"大众"向"小众"的回归相应地要求专业教育应培养广告"通才"。通过有限的专业教育培养适于时代需求的广告人才，这给广告教育提出了更高的要求。

笔者认为，为适应时代发展对专业人才的需求转变，广告人才培养应跳出固有的培养思维，转而建立以"素质"为核心的人才观，以指导教育实践的转型。这不是对"素质"教育这一观念的老生常谈，而是基于对广告专业教育的慎重考

量，秉承专业教育对学生、业界和社会负责任的严肃态度，对广告人才观的重新定位。以"素质"为核心的广告人才观，是坚持"通才"教育为原则，重视基础教育，帮助学生建立专业素质和职业素质并重的结构体系，并且这一素质体系具有较强的专业性、适应性以及自我调整、丰富发展的能力。

在现有的广告教育中，从广告的跨学科、综合性、应用性等学科特点出发，已基本形成加强学生对新闻传播学、社会学、经济学、心理学等学科的广泛学习，强化理论水平与操作技能的教育思路，"通才教育"已是耳熟能详的概括这一教育思路的核心名词。本文提出的坚持"通才"教育为原则，是指在传统的"通才教育"实践的基础上，重视培养学生兼收并蓄、融合转化的意识和能力，从而深化了"通才教育"的内涵。从教育实践来看，"通才教育"具体是从提升学生的"专业素质"和"职业素质"两方面来实现的。

之所以强调学生的"专业素质"，而不是"专业技能""专业知识"，是要建构学生从宏观到微观的专业素质体系，它不是知道大卫·奥格尔维、威廉·博恩巴克，懂得 IMC、UPS 理论，能够使用 Photoshop、Flash 软件就可以实现的，而是集合认知能力、接受能力、理解能力、理论体系、逻辑思维、批判意识、创造能力等素质的综合体系，让学生既有对宏观环境的认知和掌控能力，又有具体工作实践的能力，并能在富于变化的环境中不断调整、丰富和提高自我。

作为广告人才素质重要内容的职业素质培养往往被忽略，实际上，从已有的经验来看，广告专业毕业生的职业发展与在校的专业成绩并不成正比，被冠以调皮、贪玩之名的学生似乎更能胜任实际工作，这是因为除了专业素质之外，从事广告工作还需要综合社会关系、团队合作、精神意志诸多因素。因此，学生的职业素质培养是帮助学生顺利进入工作状态不可或缺的内容。

由此看来，广告"通才"既要打好基础，具有更新知识的能力，更重要的是要具备开放的意识、宽阔的视野，具备更新知识能力的愿望。

四、"大广告"时代广告教育的责任定位

相比广告教育建立之初，我国的广告专业教育已形成了基本的责任体系和教育框架，但仍存在责任结构不合理、定位模糊等问题，成为中国广告教育发展的制约因素，具体表现在以下几个方面：

目前，学校教育特别是高等院校承担了广告专业教育的绝大部分任务，确立了教学与科研并重的基本格局，根据人才需求，形成了高等院校到职业院校的培

养结构，在我国高校广告专业教育 20 多年的发展过程中不断探索与业界融合的各种模式。但由于政府相关部门对广告专业教育长时间不重视，广告专业教育存在的学科地位低、经费不足、师资力量薄弱等问题一直未能得到彻底解决，受到业界批评和就业压力的影响，部分学校教育功利地走入了"技能培养"的误区。

与此同时，尽管业界已经开始以授课、讲演、提供专业实习等多种形式参与广告专业教育，但以广告公司为主的业界仍惯以一种置身事外的态度指责广告专业教育水平的不尽如人意，从学校教育的理论结构、课程设置以及学生缺乏专业经验、操作技能水平低等各个方面提出对广告专业教育的质疑，甚至于否定广告专业教育。用人单位的"急功近利"也造成了广告专业人才特别是高学历人才进入业界的"尴尬"局面，从长远来看，更是对广告行业发展的巨大伤害。

实际上，我国广告教育想要取得长足发展，不应仅仅依靠学校教育来完成，也不可能是学校教育可以独立承担的，而应该建立相关政府部门、学校、用人单位和社会协同合作的教育结构和培养机制。

相关政府部门应给予相应的政策扶持、资源分配、决策引导，这对广告教育发展方向具有重要的指导意义，更是为广告教育发展提供了有力保障。学校教育承担着基础教育和理论科研的重任，旨在建立具有前瞻性和指导意义的专业理论体系，并帮助学生建立合理的专业素质体系。用人单位一方面承担了学校理论向实践转化的任务，另一方面需要通过实践性培养增强专业人才的实践能力。此外，全社会不仅要给予广告教育应有的认可和重视，也应为广告教育提供更多的物质条件和智力支持。

五、结语

回顾我国广告教育从发端至今的 20 多年，波折起伏，备受争议。不可否认的是，广告教育在瞬息万变、纷繁复杂的社会环境中，在建构和调整自身的同时，不仅影响着行业的发展，也深刻影响着社会的各个领域。因此，对广告教育的研究不能只是对其进行简单的褒贬评判。从时代背景出发，以客观公正的态度将其作为分析研究的对象，探究广告教育背后隐含的框架、内容和意义，建立对广告教育的宏观性认识，在今后的研究中仍将是重要的内容，也将对广告教育的具体内容产生深远的影响。

媒介融合环境下新闻实务教学的创新*

许向东

在我国新闻传播学教育中，新闻实务的应用特征最为明显。追寻其教学传统发现，新闻实务在教学模式、课程设计和教材编写上遵循的是新闻生产流程，由于和实际工作贴得近，经过这种训练的学生能够较快地适应各项新闻工作的需要。然而，计算机、互联网以及通信技术的飞速发展不仅推动了新闻传媒的变革，也给新闻实务教学的创新带来了挑战和机遇。

一、当前新闻实务教学所面临的困难

随着新闻传媒不断吸纳新技术，新闻传播活动日渐走上数字化、移动化和社交化的发展道路，这些变革也波及新闻传播教育，使得新闻实务教学在新媒体时代面临如下几个问题。

一是技能教学困难。近几年，基于对媒介融合的认同，各新闻院校在人才培养上提出了"全媒体""复合型"的目标，培养掌握多种媒体的专业技能是一项重要的教学任务。而技能教学主要是通过课堂教学和实验教学环节来完成的，但是，新闻院校毕竟不是专业媒体机构，实验设备的更新以及相关技能的讲授很难跟上业界的发展速度，尤其是网络新媒体技术，各种软件和硬件的更新所需要的资金恐非一般新闻院校所能够承担。即便解决了资金短缺和实验设备落后的问题，还有教授技术的师资问题。

二是跨专业办学困难。复合型人才不仅有技能上的要求，还有跨专业知识的要求。为此，一些新闻院系整合教学资源，和其他院系的优势专业联合开办实验班。如新闻专业与法学、国际关系、经济、体育等专业合作。这种构想基于两个考虑：第一是法治、国际、财经、体育等都是重要的报道领域；第二是新闻传媒越来越需要具有专业领域知识结构的人才。但是，要使不同专业的教学体系融会

* 原载于《中国社会科学报》，2018 - 03 - 22 (3)。

贯通难度较大。解决问题的根本在于两个专业的教师能否联合备课、共同研究问题，实现深度合作。而这所要花费的时间、精力则远远超过单独承担一门课程。因此，要想取得预期教学效果，需要一定的奖励机制作为驱动力。

三是跨界合作困难。为了落实产学研结合，一些新闻院校走出校园和知名企业搞跨界合作。而这些企业都有自己的企业文化和价值理念，合作后在教学内容的制定上往往侧重于与自己主业相关的领域，这就难免会影响新闻理念、职业技能等，新闻课程的安排也会受到挤压。更严重的是，一些与新闻专业格格不入的观念、思想还会影响学生的专业信念和就业取向，致使一些新闻专业的学生放弃本专业，转而跻身于金融、公关等领域，背离了新闻人才培养的初衷。

四是专业师资困难。由于高校教师聘用制度对高学历和科研成果等方面的严格要求，具有业界工作经历的新闻实务课教师凤毛麟角。而且为了适应学界的工作，他们不得不拿出更多的时间和精力应对教学和科研上的各种考核，这就难免对业界的实践情况逐渐疏于了解，出现认知陈旧等问题。为了实现业界和学界的合作交流，新闻院校常用的方法是邀请业界人员来做专题讲座。受限于业界专家的专长领域、时间安排等因素，外请业界专家进入日常的课堂教学实属不易，很难形成稳定的、系统的合作授课模式。

二、新闻实务教学的整合与探索

国内外一些新闻院校认识到，适应快速更迭的传媒界需要察势而谋、顺势而变，整合教育资源和新闻资源，才能探索出独具特色的新闻实务教学模式。

一是以课程创新跟进业界发展。课程创新涉及教学目标、教学内容、教学方法以及成绩考核等方面的改革，体现了新闻传媒的现实发展对新闻教育的内在要求。美国密苏里大学新闻学院为了培养学生在大数据时代搜索数据、分析数据和呈现数据的能力，积极整合教学资源，先后开设了"地图和信息图表制作""信息图表"以及"数据报道基础"等课程，后又在硕士阶段开发了"高级数据新闻"教学项目，形成相互配合又层层递进的数据新闻课程体系。不仅在课堂上引导学生掌握识别、获取、评估和可视化数据的技能，还要求选课学生在《密苏里人报》实习，并定期点评其他媒体的数据新闻作品。此外，该学院也认识到社交媒体平台在移动互联网环境中的重要性，开设了"社交媒体"课程，指导学生使用社交平台来寻找话题和对讲述新闻故事有帮助的内容，学会追踪报道内容的传播路径以及分析用户。

二是科学设计跨专业课程。为媒介融合发展而培养的复合型人才，表面上看培养的是对各种技术的适应能力，实际上培养的是对各种内容的适应能力，即某些领域、某些学科的行家里手。但是，这种专家型人才的培养仅靠新闻学院的教育资源难以胜任，需要在学校层面整合资源，加强学院之间、专业之间的融通，创新课程体系。美国哥伦比亚大学新闻学院的新闻和计算机硕士双学位项目由新闻学院和工程学院承担，在培养学生新闻报道与写作技能的基础上赋予其计算机科学和软件设计的工作背景。这个硕士双学位项目历时四个学期，比单纯的计算机项目多一个学期，比新闻项目多两个学期。申请该双学位要求有出色的计算机学科背景、广泛的数学或工程训练。另外，申请者还要有优秀的写作技巧并熟悉新闻报道的基本原理。哥伦比亚大学新闻学院把跨专业课程安排在高年级阶段，并对申请者提出了拥有相关专业基础的要求，而且适当延长学习时间。这种课程设计具有较高的科学合理性，比较符合学生的实际情况。相比较而言，我国新闻院校的跨专业课程一般安排在本科一年级之后，虽然也有面试筛选，但大一的课程都是校选公共课，学生们几乎没有专业上的概念，无任何专业优势可言，选拔的标准只能是当前各科成绩的学分绩和面试时的个人表现情况。

三是开发并推广网络教学资源。近几年，"慕课"（MOOC）等新型在线开放课程和学习平台迅速兴起，拓展了教学时空，扩大了优质教育资源的受益面。美国的奈特数字媒体中心提供了大量在线学习资源，除了传统的新闻业务课程之外，还包括如何制作数据可视化作品、如何利用社交媒体推广内容等。进入网站首页点击培训，可以查看课程目录，在选择一门课程后就能看到主讲人简介、在线获取录音、PPT课件以及主讲人发表过的相关文章等。2014年5月中国大学MOOC（爱课程网）上线，这是教育部"十二五"期间启动实施的以大学生为主要服务对象，同时面向社会公众免费开放的高等教育课程资源共享平台。目前上线的新闻实务类课程有新闻采写、电视编辑和深度报道，还有一些即将上线的课程在陆续筹备中。当前我国新闻实务的教学模式主要还是依靠传统的课堂教学，自主学习的方式还不够多。充分开发并推广网络资源共享平台，有助于为媒体从业者和新闻学子提供更自由的学习时间、更丰富的学习内容。

四是将"开门办学"落到实处。为新闻媒体培养出高素质的人才，新闻院校要与新闻业界实现无缝对接，其中，邀请新闻业界的校友来讲学是了解前沿动态最直接、最有效的方式。特别是历史悠久的新闻院校，校友资源更是一笔宝贵的教育资源。比如2017年11月中国人民大学新闻学院开始举办"校友讲坛"，这是一个面向全院学生的长期教学项目，定期邀请新闻业界校友重返母校，将自己的精品力作、宝贵经验与同学们分享，通过这种方式建立起学界与业界联系的桥梁，让同学们既立足理论，又接触实践。

在移动互联网的挤压下，传媒业正在积极地寻找生产领域的发展路径。新闻院校作为生产力的培育基地，也在顺势而变，做出相应调整。实务教学是新闻教育的重要组成部分，强调和优化实务教学不是培养"新闻技工"，而是提高同学们的专业知识和综合运用能力，使其能够适应媒介融合趋势并成为传媒变革和社会进步的推动力量。

中国广播电视教育的变革与反思[*]

高贵武　江灏锋

今年是改革开放 40 周年，也是中国电视诞生 60 周年。伴随着中国广播电视事业的发展，中国广播电视教育（简称"广电教育"）也已走过了不短的历程。从最初的职业培训到如今多层次、多格局的专业教育体系，中国广播电视教育经历了行业发展的剧烈变革。在政府推动下，广电行业的快速发展曾使得广播电视教育在全国遍地开花，而今，随着技术迭代、社会变革、市场影响，中国广电教育也和新闻传播教育一起陷入了何去何从的迷思。

一、发端于实践的广播电视教育

20 世纪二三十年代，广播自西方引至我国并逐渐产生影响，广播教育也随之兴起。1928 年，国民政府中央广播电台开播，国民政府后来为此专门成立了中央广播事业管理处。而在延安的中国共产党同样以培训的方式培养着急需的广播人才。广播电视史专家赵玉明在《中国广播电视通史》一书中提到，1935 年，中国共产党成立军委通讯学校，至 1937 年共办了 8 期培训，培养全军报务人员 80 多人。可以说，中国的广电教育发轫于无线电培训。

中华人民共和国成立后，人民政府高度重视广播电视事业，根据国际变化形势和国内建设需要，广电教育主要是全面学习苏联经验，跟随苏联探索具有社会主义国家办学特色的模式和道路。当时的广电教育普遍设有马克思主义理论课程，宣讲土地革命、抗美援朝等政治运动，主要服务于巩固新生的共和国政权和人民民主专政社会主义制度的教育需要，强调培养适合社会主义新闻事业的人才。在强调政治使命的同时，我国广电教育进一步强调运用新闻传播武器进行战斗的专业技能学习的重要性，北京大学、中国人民大学、复旦大学等高校当时都曾在广播教学中举办各类培养新闻专业技能的培训班。

＊ 原载于《中国社会科学报》，2018 - 05 - 03（3）。江灏锋，中国人民大学新闻学院博士生。

1958 年北京电视台（中央电视台的前身）试播，不仅标志着中国电视诞生，也催生了中国的电视教育，而北京广播学院（2004 年更名为中国传媒大学）的成立则使我国广电教育进入本科教育阶段。"文革"之前，在政府推动下，我国广电教育主要还是适应职业技能培训需求。"文革"期间，广电教育近乎停滞。"文革"之后，随着广播电视事业的全面恢复和蓬勃发展，广电教育又逐渐步入正轨。

二、与实践共进的广播电视教育

20 世纪 80 年代以来，我国广播电视事业迎来了繁荣期。为促进广播电视事业大发展，1983 年召开的第十一次全国广播电视工作会议明确提出"四级办广播，四级办电视，四级混合覆盖"的方针，极大地调动了社会各方面力量办广播电视的积极性。赵玉明在《中国广播电视通史》中指出，从 1983 年到 1988 年，全国广播电台、电视台的数量平均每年递增 30％以上，到 1988 年底，全国广播电台数量达到 461 座，比 1982 年增长 2.9 倍，电视台数量达到 442 座，增长近 8 倍。"四级办"的方针取得了显著成效，广播电视事业在这一时期焕发出生机与活力。

为适应日益增长的广播电视事业发展，广电教育此时出现了迅速增长的繁荣景象。自 1983 年开始，中国人民大学、复旦大学、厦门大学等高校陆续增设广播电视等专业。在课程设置方面，为适应市场经济需求和新闻事业发展，诸如广告学、大众传播心理学等课程逐步得到开设。

截至 20 世纪末，我国广电教育逐渐打破原有的职业教育框架，广电教育的相关专业越分越细、培养方向日益多元，广播电视新闻学专业点日益增多。2002 年北京广播学院、复旦大学等高校增设广播电视学博士专业。与此同时，广播电视新闻函授、新闻自学考试、夜大学、干部进修以及成人教育也在不断涌现。经过半个多世纪的发展，我国广电教育基本上形成了以中国人民大学、复旦大学、武汉大学为代表的综合性大学新闻院系办学模式、以中国传媒大学为代表的广电专业院校办学模式和譬如师范、财经类专业院校开设广电教育的办学模式，形成了以新闻函授大学、电视新闻教育、自学考试新闻教育以及新闻单位与新闻院校合作的专修班、短训班等多层次、多类型的新闻教育格局。

广电教育在繁荣发展的同时也出现了一些问题。一方面是教学质量不过关，课程设置安排不够合理；另一方面则是广播电视自身学理化不断发展，逐渐走向理论化道路，开始与实践出现一定程度的分野，导致学生专业能力与社会就业岗位要求不甚相符。同时，与广播电视事业发展紧密相关的信息传播技术和市场经济发展，也开始倒逼广播电视行业向着更加市场化和媒介融合的方向转型。与之相应，广电教育则面临着培养新型传播人才的挑战。我国广电教育进入了一个亟须改革和突破的发展期。

三、新媒体环境下的广播电视教育

在新媒体环境下，广播电视事业发展出现了新的变化和态势：一是市场新力量逐渐显现并开始发挥重塑广电产业格局的作用。我国广电产业化始于20世纪70年代末，历经20世纪90年代的广告经营改革、2000年前后的集团化改革到现今广电产业资源进一步向诸如光线传媒、星美传媒等一批优势民营公司集中，内容研发和创造力成为市场制高点。二是视听新媒体迅猛发展推动媒介融合。新媒体在互联网、数字和无线通信技术方面全方位融合，IPTV、手机电视、微信等新媒体迅速崛起，大大丰富了广播电视媒体的形态和发展空间。三是内容专业化生产与营销趋势明显。数字技术的飞跃发展拓宽了广播电视（音视频）内容的播出渠道。各大网络媒体机构纷纷进军内容制作和营销领域，采取差异化竞争战略生产自制内容，突出自身特色，同时打造平台以吸引专业生产内容，为广播电视（音视频）内容的生产和传播方式带来了全新的变化。

如今，新闻传播迎来了一个新的时代，数字技术、市场力量、全球化、媒介融合的变局等倒逼着我国新闻传播教育改革继续深化，专注数字媒体和新媒体技术的"新媒体学"正给传统广播电视学带来新的机遇，广电教育正在步入所谓的"后广电教育时代"。在广电教育发展过程中，理论教育与社会实践脱节、人文素养贫乏、技能学习不够专业精准的问题愈加突出。有专家指出，我国广电教育目前存在着课程设置缺乏学科特色、对技术操作的关注不够等诸多问题。因此，只有在扎根深厚人文素养的基础上，同时熟练掌握专业技能，具备技术思维的深刻洞见，才能带来新的发展，而这一切都为未来广播电视的专业教育提出了新的挑战。

面对新的挑战，美国等西方发达国家的广播电视教育已开始开设受众分析、内容营销、新闻创业等课程内容。受其影响，我国的一些新闻院校也开始了这方面的探索和实践，如清华大学以"清影工作坊"的形式来进一步增强学生的实践能力，促进学生课堂知识、田野经验的积累。而从2006年开始，中国人民大学新闻学院就以培养学生的全媒体传播能力作为目标，启动了"媒介融合趋势下新闻人才培养模式创新平台建设"项目，通过专业设置、课程设置、实验中心建设等措施推进本科教育改革，培养学生的媒介融合理念与全媒体传播技能。

如前所述，我国的广电教育走过了不平凡的发展路程。随着新媒体时代的到来，广播电视的实践已发生了巨大变化：一方面，传统广播电视遭遇了前所未有的发展困境，亟须广电教育为之提供实践发展的理论和方向；另一方面，广播电视的内涵与外延都在不断扩大，传统的广电教育已不能完全覆盖和适应新兴的广电媒体实践，这使得广电教育与广电实践之间的距离在不断拉大，也造成了广电教育不能满足实践需要的尴尬。从广电教育的历史发展和国内外当下对广电教育的调整来看，广电教育要摆脱这种尴尬，还是要与实践同步，在建构超越实践和指导实践的理论体系的同时，必须能够真正满足广播电视实践，特别是新媒体环境下新兴广播电视实践的需求。

数据新闻教学的新趋势 *

许向东

当前，信息剧增、计算机和互联网的快速发展使得大数据挖掘与分析成为可能，也促使数据新闻成为传统新闻生产的有益补充，培养具有数据意识和数据处理能力的人才也成了新闻业界和学界的共同目标。

一、新传播环境下数据新闻的新特点

随着传播技术的进步和传媒生态环境的变化，数据新闻在数据的采集、处理、发布等方面表现出一些新特点。

第一，自建数据库提高选题的独家性。媒体所用的数据属于公共资源，加上数据挖掘工具的开源性，使得数据所蕴含的新闻、知识、经济等价值要素也成为共有的东西，一味依赖公共数据就很难生产出独具特色的数据新闻产品。一些媒体为了使自己的报道与众不同，挖掘出不可复制、无法取代的有价值的新闻信息，开始创建自己的数据库、有针对性的数据集，从信源上为独家报道创造条件。

第二，挖掘数据中的情感因素以感染受众情绪。通常我们从数据中挖掘出来的不仅有关系信息、时空信息，也有情感信息。数据分析给予受众的不仅仅是定量的认识，也可以唤起受众的情感。一些媒体为了增加新闻的"温度"，引发受众的思想共鸣，通过图形、音视频等元素，借助讲故事的手法将复杂、抽象的情感因素呈现出来，提升了数据新闻报道的效果。

第三，强调交互性和沉浸化提升用户体验。良好的用户体验不仅能够激发受众的收受行为，而且能够使其参与新闻的再传播活动。当前，在数据新闻实践中提升用户体验的方法如下：一是通过交互设计来提升受众的阅读兴趣和参与积极性；二是把虚拟技术和数据可视化结合起来，实现新闻报道的"可视""可听"

---

* 原载于《中国社会科学报》，2018 - 11 - 01（3）。

和"可感"，为受众创造沉浸式体验，帮助他们对新闻事件了解得更清晰、更准确。

第四，借助社交平台拓展产品传播渠道。当前国内外媒体都非常重视利用社交平台进行延展性传播。数据新闻产品自身所具有的吸引力和信息价值，以及用户心理需求的满足、价值上的认同和产品形式的视觉愉悦度等都是促使用户转发、评论的要素。

二、中美数据新闻教学的现状与特点

为了应对传播科技的迅猛发展以及数据新闻的新实践，美国的新闻院校在数据新闻人才培养方面做出了有益尝试。

一是多数新闻院校依然侧重媒介融合人才的培养。2016年3月，哥伦比亚大学的查尔斯·贝雷特（Charles Berret）和斯坦福大学的谢里尔·菲利普斯（Cheryl Phillips）对美国113所新闻院校进行了调查，并发表了报告《数据和计算新闻学的教学》。研究发现，虽然这些院校专门以"数据新闻"命名的课程不多，但开设了许多跟数据新闻相关的课程，如计算机辅助报道、计算新闻、数字新闻或网络新闻等。另外，技能训练以讲授网页设计制作、图像和视频处理的课程较多，表明培养学生的多媒体融合技术和思维依然是教学的重点，数据新闻被看作媒介融合的一个新内容。

二是课程建设模式多样化。多数新闻院校固定一位教师来负责课程的所有教学内容。2014年春季学期，密苏里大学新闻学院初次开设数据新闻基础课时，采用短期培训的方式把授课集中在两天半。到了秋季，该学院实施了数据新闻硕士项目，课程体系包括融合新闻报道、计算机辅助报道、高级数据新闻、多媒体策划与设计、信息图表等。此外，美国西北大学和得克萨斯大学也开设了培养数据新闻技能的网络课程，整合了各种优质资源，大大提升了学生数据新闻的自主学习率。

三是重视技能训练，强调实践能力。美国的新闻教育有着较强的培养业务实践能力和新闻职业化传统。在哥伦比亚大学新闻学院推出的新闻和计算机硕士双学位项目中，要求学生除了掌握记者的所有基本技能，还要学习如何使用编程语言和数据分析工具，在数据采集、数据清理和分析、写作和可视化数据报道等方面接受严格的训练。密苏里大学新闻学院则要求选修数据新闻的学生在《密苏里人报》长期实习，并且通过各种项目把学生安排在《华盛顿邮报》《纽约时报》

等社会媒体实习。

2014 年以来，为了跟进业界发展，我国许多新闻院校开设了与数据新闻相关的课程，在教学模式上表现出如下特点。

第一，课程设计先理论后技术，遵循生产流程。我国新闻院校数据新闻的教学目标是培养学生的数据素养，使其掌握运用数据报道新闻的技能。课程内容都是从介绍概念入手的，然后按照从数据获取、数据清理到数据分析和数据可视化的顺序逐次展开。近两年出版的数据新闻相关教材也反映出多数院校在课程设计上不约而同地以数据新闻的生产流程作为讲授的内容。

第二，师资以本院教师为主，外请专家为辅。国内新闻院校里同时拥有编程、统计和新闻学科背景的教师寥若晨星，即便授课教师具有业界工作经历，在讲授数据分析、编程等操作原理与技术时也倍感艰难。受多种因素影响，业界专家很难承担一门完整的数据新闻课程，很难形成稳定的、系统的合作授课模式，只能以不定期的讲座方式来辅助常规教学。

第三，通过工作坊培训，提升教师的业务水平。最初的工作坊是为记者、美编或网络技术人员组织的，主要讲授数据新闻基本原理与应用技术。近两年，针对在校的教师和博士后，新闻院校也以工作坊的方式邀请国外知名院校的专业教师或业界专家来讲授理论与实操方法，同时设计了训练环节，帮助学员加深对数据新闻实践的认识和理解。

三、数据新闻教学模式的新趋势

当前，为了跟上数据新闻的发展步伐，国内外的一些知名新闻院校在教学目标、教学内容等方面不断调整，在数据新闻的教学模式上表现出一些新趋势。

首先，教学主体多样化。数据新闻涉及的专业领域较多，培养这种跨学科的复合型人才仅靠新闻学院难以为继，这就需要突破传统的办学模式。目前比较切实可行的方案有两种：一是积极整合社会资源。新闻院校与传媒、大数据公司合作，本院教师负责讲授理论部分，技术技能部分由业界人员来承担。设计授课内容、协调教学进度和各教学单元的衔接成为关键。二是在学校内部整合资源。新闻学院和统计学院、计算机学院等合作，创新课程体系，实行共同培养的模式。

其次，教学内容进阶化。随着数据新闻在业界的普及和制作水平的不断提高，教学目标由培养学生使用数据报道新闻的意识、掌握基本的操作技术上升为培养专门从事数据新闻的专业人才。近年，密苏里大学新闻学院的数据新闻课程除了讲授 Python 语言、Django 网络应用，还包括了关系数据库的应用等高阶课程。一些新闻院校进一步优化和完善教学方案，教学目标更精准，教学领域更广阔，如斯坦福大学推出了"公共事务数据新闻"，美国西北大学推出了"环境报道中的传感器新闻"等。

最后，教学导向人文化。在数据新闻教学领域，技术主导的倾向性体现在方方面面。一些院校在教学理念上把培养数据素养简单地理解为技术技能的培训。技术讲授和实操训练挤占了教授相关原理的课时，数据新闻中蕴含的人文精神被忽视。随着数据新闻实践中一些伦理法规问题的暴露，新闻院校意识到用数据讲述新闻故事依然要担负起社会责任，在报道中体现出人文关怀。数据新闻教学开始从过于侧重"技术导向"转向"技术与人文"并重。

无论媒介形态、报道方式如何变化，必要的职业精神和专业素养是从事新闻职业的基本条件，而这也是新闻教育的核心。任何课程建设、培养模式的改进，无不围绕着这个核心展开。培养服务大众的职业理想，保证新闻真实、客观、公正的职业精神，以及形成为实现这些理想所必备的职业素养，也是培养数据新闻人才的根本。

图书在版编目（CIP）数据

新时代新闻传播教育/胡百精主编.—北京：中国人民大学出版社，2020.4
（新世纪中国人民大学新闻传播学文丛/郭庆光，蔡雯总主编）
ISBN 978-7-300-27978-7

Ⅰ.①新… Ⅱ.①胡… Ⅲ.①新闻学-传播学-教育研究-文集 Ⅳ.①G210-53

中国版本图书馆 CIP 数据核字（2020）第 040461 号

新世纪中国人民大学新闻传播学文丛
总主编　郭庆光　蔡　雯
新时代新闻传播教育
主编　胡百精
Xinshidai Xinwen Chuanbo Jiaoyu

出版发行	中国人民大学出版社			
社　　址	北京中关村大街 31 号		**邮政编码**	100080
电　　话	010 - 62511242（总编室）		010 - 62511770（质管部）	
	010 - 82501766（邮购部）		010 - 62514148（门市部）	
	010 - 62515195（发行公司）		010 - 62515275（盗版举报）	
网　　址	http://www.crup.com.cn			
经　　销	新华书店			
印　　刷	涿州市星河印刷有限公司			
规　　格	170 mm×240 mm　16 开本		**版　　次**	2020 年 4 月第 1 版
印　　张	14.5 插页 2		**印　　次**	2020 年 4 月第 1 次印刷
字　　数	248 000		**定　　价**	59.80 元